全国食品药品监管人员培训规划教材

药品部分

药品流通监管实务

YAO PIN LIU TONG JIAN GUAN SHI WU

国家食品药品监督管理总局高级研修学院 组织编写

中国医药科技出版社

内容提要

本书是全国食品药品监管人员培训规划教材之一，主要介绍药品流通监管的历史沿革和发展、药品经营许可、GSP认证、处方药与非处方药分类管理、中药材专业市场和互联网药品监管相关政策和法规，结合实际对存在的问题、主要违法行为及法律责任进行了剖析。适合医药行业相关管理、生产人员阅读使用。

图书在版编目（CIP）数据

药品流通监管实务/国家食品药品监督管理总局高级研修学院组织编写. —北京：中国医药科技出版社，2015.1

全国食品药品监管人员培训规划教材

ISBN 978-7-5067-7277-8

Ⅰ.①药…　Ⅱ.①国…，②国…　Ⅲ.①药品-商品流通-市场监管-中国-教材

Ⅳ.①F724.73

中国版本图书馆CIP数据核字（2015）第015882号

美术编辑　陈君杞

版式设计　郭小平

出版　中国医药科技出版社

地址　北京市海淀区文慧园北路甲22号

邮编　100082

电话　发行：010-62227427　邮购：010-62236938

网址　www.cmstp.com

规格　787×1092mm 1/16

印张　15 1/2

字数　215千字

版次　2015年1月第1版

印次　2015年1月第1次印刷

印刷　北京市密东印刷有限公司

经销　全国各地新华书店

书号　ISBN 978-7-5067-7277-8

定价　47.00元

编委会

主　　编　李　民　公培献

副 主 编　刘本功　王立河

编写人员　（按姓氏笔画排序）

王立河　王春玲　王新建

公培献　巩海涛　刘本功

刘传民　孙缘萍　李　民

张延庆　宗凤玉　孟　坤

赵连松　信明喜　徐海星

常立照　韩凤华

编者的话

食品药品安全事关公众健康、社会和谐稳定和国家形象，已成为国家治理体系和治理能力建设的重要内容和国家公共安全体系的重要组成部分。食品药品监管事业发展，人才是根本，食品药品监管队伍担当着保护人民健康和生命安全的历史使命。当前和今后一个时期，食品药品监管队伍的建设和发展面临严峻形势：监管队伍的构成多元化，监管人员的知识结构和监管能力不适应监管专业化的需要。同时食品药品经济快速发展，监管压力增大，对监管队伍的应变能力和心理素质提出了更高的要求；高新技术在食品药品领域的广泛应用，监管法律法规标准的不断更新完善，要求监管队伍知识和能力更加复合，执法更加规范。

为适应食品药品监管新形势，国家食品药品监督管理总局高度重视监管队伍的能力建设，加大了对全系统干部的教育培训力度，并把教材建设作为重点工作。按照国家总局总体要求和总局赋予高级研修学院职能，总局高级研修学院组织相关监管专家，编写了《药品流通监管实务》培训规划教材。

该教材紧密围绕提升监管人员能力和素质这一主题，在内容上，突出了针对性和实用性；在形式上，力求体例新颖、操作性强，着重加强读者思考和解决问题能力的训练，突出案例分析，增强可读性，引导建立科学的思想、工作与学习方法。

由于各方面因素，该教材还需在监管实践中得到检验，不断加以完善、丰富和提高。国家食品药品监督管理总局高级研修学院将继续汲取各方面意见和建议，使这套教材更好地服务于食品药品监管事业发展。

国家食品药品监督管理总局高级研修学院
2015 年 1 月

前言

为加强药品流通监管人员能力建设，提升药品监管水平，方便药品流通从业人员了解掌握药品监管政策，我们组织编写了《药品流通监管实务》教材。本教材在国家食品药品监督管理总局高级研修学院的组织和指导下，由山东省食品药品监督管理局具体负责组织编写，编写人员既有多年从事药品流通监管的骨干，也有从事药品教学和药品经营的人员，他们在教材编写的过程中倾注了大量精力和心血。本教材依据目前药品流通监管的法律法规，结合药品流通实际，以能指导实际监管工作为主旨，具有权威性、可操作性、适用性等特点。

本教材每章包括主干内容和学习要点、学习小结、思考题几个模块。对药品流通监管的历史沿革、现状和发展做了简单介绍，对药品经营许可、GSP 认证、处方药与非处方药分类管理、中药材专业市场和互联网药品监管进行了较详细的阐述，对药品流通过程中存在的问题、主要违法行为及法律责任进行了剖析。本教材第一章由徐海星、宗凤玉编写；第二章由赵连松、巩海涛编写；第三章由信明喜、宗凤玉编写；第四章由张延庆、孟坤编写；第五章由王新建、孟坤编写；第六章由孙缘萍、王春玲编写；第七章由王新建、刘传民、韩凤华编写；第八章由常立照、王春玲编写。刘本功、王立河等进行了最后审稿。编写过程中，编者尽可能深入浅出地将理论知识与实际工作相结合，突出“全面”和“实用”的特点，使读者了解药品流通的基本知识、方法特点和监管要点。

由于编写时间较短，编者知识水平和经验所限，教材内容难免会有不足之处，请读者多提宝贵意见。

编　者

2014 年 8 月

目录

第一章

我国药品流通及监管概述

学习要点

了解药品流通及监管历史沿革、现状和国家药品流通业发展规划以及发展趋势。

导语

我国药品流通业经历了供求关系从供不应求向供过于求、经济形态由计划经济向市场经济过渡等阶段的发展，市场规模持续扩大，发展水平持续提升，社会作用不断增强，药品供应保障能力明显提高，多种所有制并存、多种经营方式互补、覆盖城乡的药品流通体系已经初步形成。

我国的药品流通监管体制随着社会的发展和政府职能的转化，经历了从行政命令为主到市场监督管理为主的巨大转变，法制化建设初见成效，药品供应得到充分保障，药品安全得到有效控制，监管体系更加健全完善，运转高效的药品监管体系已经基本建立。

第一节　药品流通历史沿革和现状

一、药品流通历史沿革

药品流通是指药品由生产企业售出，通过运输、储存、销售转移到消费者手中的活动、体系和过程，包括药品流、资金流、药品所有权流和药品信息流。药品流通不同于药品买卖、药品市场营销，属宏观经济范畴。

我国药品流通业，经历了供求关系从供不应求向供过于求、经济形态由计划经济向市场经济过渡等阶段。按照时间界限划分，大致可分为以下四个时期：

（一）计划经济时期（1949～1983年）

中华人民共和国成立初期，我国的药品流通业主要是私人经营，以中药为主，国营商业和供销合作社很少经营。据当时统计，全国有中药商户10.4万余户，是0.66万户西药商的15倍多，半数以上的城市居民和几乎全部乡村居民主要靠中医、中药治病。

20 世纪 50 ~ 60 年代，国家相继成立中国医药公司和中国药材公司，先后由卫生部、商业部分别或共同领导，负责中西药、医疗器械的商品流通、经营管理等。计划经济体制下，国营企业是药品供应的主渠道，国家对药品实行统购统销。全国医药产销计划需要逐级衔接、平衡，形成了由中国医药公司统一规划，一、二、三级药品批发站层层下达指标、层层调拨销售，具有典型的计划经济色彩的药品流通模式。此时药品市场秩序良好，药品供不应求。但同时存在渠道单一、效率低下、物流成本高昂、市场高度垄断等弊端，不适应经济发展的需要，制约了医药经济的发展。

小贴士

计划经济时期，全国有北京、上海、沈阳、天津、广州 5 个一级药品批发站；二级药品批发站设在地市级，全国约有 1000 余家；三级药品批发站设在县级，全国约有 3000 余家。在计划经济模式下，药品生产企业按计划将药品销向一级站及部分地产二级站，再由一级站（或地产二级站）调拨给下一级批发站，最后由三级站销往医疗机构和药品零售企业。

（二）药品流通改革初期（1984 ~ 1999 年）

1984 年，国家进行药品流通体制改革，打破医药流通国有企业专营、统购统销的局面，各级批发均可向药品消费终端销售，流通渠道呈现多样化、多元化和市场化的格局，严格的三级纵向流通管理模式开始分解，初步形成了大市场、大商业、大流通的局面。这一时期，药品流通形式开始改变规则，药品市场的主导权和主动权逐步向市场终端倾斜，买方市场开始形成，集体和民营企业开始进入药品流通领域。在加快医药产业发展的同时，也出现了“三角债”、“医药代表”、“皮包公司”等现象，药品供过于求，竞争加剧，假劣药品时有发生，市场竞争基本无序。

小贴士

三角债：企业之间拖欠货款所形成的连锁债务关系。通常由甲企业欠乙企业的债，乙企业欠丙企业的债，丙企业又欠甲企业的债，以及与此类似的债务关系构成。

医药代表：医药代表是负责相关药品的推广工作的人员，具有很强的沟通协调能力，实际承担了药品的销售工作。最早是合资药企引进的。

皮包公司：皮包公司就是没有固定资产、没有固定经营地点及定额人员，只提着皮包，从事社会经济活动的人或集体，也叫皮包商。用来意指那些从事非法业务和欺诈活动的集团。

（三）药品流通的全面发展时期（1999 ~ 2004 年）

1999 年，国家经贸委下发《医药流通体制改革指导意见》，明确医药流通体制改革的内容是机制创新和管理革新，目标是实现药品流通业产权多元化和现代化，标志着药品流通体制改革的开始，使药品流通产业全面进入改革发展阶段。这一阶段，国有医药商业主渠道一统天下的格局被彻底打破，各类资本纷纷进入，各种类型的药品流通企业如雨后春笋般出现，民营经济迅速发展，给药品流通业带来了活力。但也促使药品流通领域的竞争进一步加剧，由于长期以来的以药养医，加之价格管理、市场监管、招标采购和医保支付制度尚不完善，有关部门采取的“药品集中招标采购”等措施，未能使药品购销活动中的不正之风问题得到有效解决。

小贴士

药品集中招标采购是指多个医疗机构通过药品集中招标采购组织，以招投标的形式购进所需药品的采购方式。

（四）药品流通的战略调整时期（2004年至今）

这一时期，药品流通领域加快战略重组步伐，全面进入大变革、大调整时期，药品流通企业改革重组加快，国有企业开始改制、兼并、重组，一批大型民营药品物流企业崛起。国家对药品流通业的调控力度加大，出台了《药品经营质量管理规范》（GSP）等一系列药品流通行业新规，特别是2012年版《药品经营质量管理规范》（卫生部90号令）的实施，有力地推动了药品流通业的规范化、标准化。随着医改的深入和基本药物制度的推行，药品流通业加快生存模式、赢利模式、发展模式转变，跨区域销售、连锁经营趋势不断深化，中小企业逐渐向发展特色经营转化，批发企业逐渐推广代理配送制，出现了诸多新兴的业态和流通模式，如连锁经营企业、第三方药品物流服务、药品现代物流、农村药品供应网络建设、互联网药品交易等。全国多个药品现代物流企业投入运营，一些新的物流技术引入流通企业经营管理，药品电子商务逐渐成为药品现代流通的平台和新载体，我国药品物流企业正在向国际高水平企业靠拢。

二、药品流通行业的现状

改革开放以来，我国药品流通行业获得了长足发展：药品流通领域的法律框架和监管体制基本建立，药品供应保障能力明显提升，多种所有制并存、多种经营方式互补、覆盖城乡的药品流通体系初步形成。

（一）市场规模持续扩大

至2013年6月底，全国共有药品批发企业1.5万多家；药品零售连锁企业3460家，下辖门店约15.7万多家，零售单体药店29.7万多家，零售药店门店总数达45.5万家。2013年全国药品流通行业销售总额达13036亿元，其中，药品批发销售总额10429亿元，药品零售市场销售总额达2607亿元。城市社区和农村基层药品市场规模明显扩大。

（二）发展水平逐步提升

药品流通企业兼并重组步伐加快，医药流通大公司、大集团在医药市场的地位和作用越来越突出，行业集中度、市场集中度和经济效益集中度显著提高。2013 年百强药品批发企业销售额占全国医药市场总规模的 64.3%；零售百强企业销售额占药品零售市场总额的 28.3%。现代医药物流、网上药店以及第三方医药物流等新型药品流通方式逐步发展，扁平化、少环节、可追踪、高效率的现代流通模式比重开始提高。

小贴士

2013 年药品批发企业销售额排序（前 20 名）

排序	企业名称	销售总额（万元）
1	中国医药集团总公司	18660406
2	华润医药商业集团有限公司	7354395
3	上海医药集团股份有限公司	7100239
4	九州通医药集团有限公司	3334667
5	广州医药有限公司	2464551
6	重庆医药（集团）股份有限公司	2095114
7	南京医药股份有限公司	1868931
8	华东医药股份有限公司	1668175
9	四川科伦医药贸易有限公司	1476244
10	中国医药健康产业股份有限公司	1253710
11	浙江英特药业有限责任公司	1233491
12	天津天士力医药营销集团有限公司	1121538
13	云南省医药有限公司	957200
14	康德乐（上海）医药有限公司	827819
15	中国北京同仁堂（集团）有限责任公司	760304
16	哈药集团医药有限公司	701501
17	山东海王银河医药有限公司	684439
18	山东瑞康医药股份有限公司	592366
19	鹭燕（福建）药业股份有限公司	554101
20	同济堂医药有限公司	532691

数据来源于商务部《2013 年药品流通行业运行统计分析报告》

2013年药品零售连锁企业销售额排序（前20名）

排序	企业名称	销售总额（万元）
1	国药控股国大药房有限公司	570305
2	中国北京同仁堂（集团）有限责任公司	553017
3	重庆桐君阁大药房连锁有限责任公司	504613
4	云南鸿翔一心堂药业（集团）股份有限公司	383452
5	大参林医药集团股份有限公司	342488
6	辽宁成大方圆医药连锁有限公司	312062
7	深圳市海王星辰医药有限公司	311628
8	湖北同济堂药房有限公司	294226
9	上海华氏大药房有限公司	274320
10	益丰大药房连锁股份有限公司	211095
11	云南健之佳健康连锁店股份有限公司	167005
12	成都百信药业连锁有限责任公司	158952
13	哈尔滨人民同泰医药连锁店	113368
14	南京国药医药有限公司	106656
15	济南漱玉平民大药房有限公司	106111
16	江苏大众医药连锁有限公司	103371
17	深圳中联大药房控股有限公司	82706
18	四川太极大药房连锁有限公司	80778
19	吉林大药房药业股份有限公司	79508
20	甘肃德生堂大药房连锁经营有限公司	77425

（三）社会作用不断增强

2013年，全国药品流通行业销售总额13036亿元，占社会消费品零售总额的5.6%，占第三产业增加值的5.0%；药品流通行业从业人员约500万人，在方便群众购药、平抑药品价格等方面发挥了重要作用。药品流通骨干企业成为药品储备和应急配送主体。药品流通行业对相关产业发展的带动性增强，在国民经济中的地位日益显现，为维护国家安全、社会稳定和人民群众利益作出了重大贡献。

（四）存在的问题

由于长期实行的以药补医等体制性弊端，以及药品定价、采购和医保支付机制不完善等问题，加上药品经营入行门槛低、行业规划管理欠缺、市场竞争不充分等因素，导致药品流通行业存在以下问题。

一是流通组织现代化水平较低。药品流通行业集中度仍然较低，特别是药品零售连锁化率不高，跨区域扩展缓慢。现代医药物流发展相对滞后，管理水平、流通效率和物流成本与发达国家存在很大差距。同时药品流通企业数量多、规模小，集中度低，现代化发展缓慢。

小贴士

2013 年，全国药品批发企业 1.5 万家，全国药品批发百强企业平均销售规模 71.62 亿元。美国药品销售额占世界药品市场份额的 40% 以上美国药品批发企业总共只有 70 家；德国目前仅保留了 10 个大型药品批发企业，其中最大的前 3 家占国内市场份额达 60% ~70%；我国最大的前 3 家企业销售额只占同期医药商业市场销售总额的 28.8%。

二是行业发展布局不够合理。药品流通城乡发展不够平衡，发达地区和城区药品流通企业过度集中，农村和“老、少、边、岛、渔、牧”等偏远地区药品配送网络未能全面有效覆盖，药品可及性有待提高。

三是流通秩序有待规范。药品购销领域各类违规经营现象比较突出。中药材市场存在药材交易混乱、质量缺乏保障、市场管理缺位等问题。

三、药品流通业态

药品的流通比一般商品流通复杂。目前我国上万种的药品主要通过 4 种模式从生产商流通到消费者手中：一是制药企业→医疗机构→消费者；二是制药企业→零售药店→消费者；三是制药企业→批发企业→医疗机构→消费者；四是制药企业→批发企业→零售药店→消费者。而其中药品流通总量的 97% 主要是通过后两种模式完成流通的。其中药品批发企业和药品零售（含零售连锁）企业是药品流通环节的两种主要业态。

（一）药品批发企业

药品批发企业，是指将购进的药品销售给药品生产企业、药品经营企业、医疗机构的药品经营企业。

批发企业经过近十几年的发展，在国家政策和市场竞争双重导向下，医药物流成为商业批发企业的发展方向，代理成为商业批发企业重要业务功能，“一步到终端”的经营策略促使众批发企业尤其是快批企业转型为快配，第三方物流初露端倪，药品网上交易、中小企业药品经营联盟等经营形式成为药品流通的常见模式。

小贴士

快速配送企业采取国际先进的物流管理技术和先进的药品检测技术、加上最完善的信息网络和运输网络，确保将药品快速及时配送至使用消费环节。

（二）药品零售与零售连锁企业

（1）药品零售企业，是指将购进的药品直接销售给消费者的药品经营企业。

根据经营范围，药品零售企业可分为经营处方药、非处方药和专营非处方药的药店。根据隶属关系，可分为单体药店、批发企业零售分支和零售连锁企业门店。根据经营模式，可分为普通药店、超市药店、药品超市、药品专柜等。

(2) 药品零售连锁企业，是指经营同类药品、使用统一商号的若干个门店，在同一总部的管理下，采取统一采购配送、统一质量标准、采购同销售分离、实行规模化管理经营的组织形式。

单体药店是指由一个或数个股东出资建立的单独经营的药品零售企业。在乡镇等偏远地区还有个人出资的个体工商户性质的药品零售企业。

批发企业零售分支是指由药品批发企业出资设立的不具有法人资质的药品零售企业，与出资开办的药品批发企业存在隶属关系。

零售连锁企业门店是指由连锁公司出资设立的负责销售药品门店，或由他人出资设立的以加盟形式加入连锁公司，由连锁公司实行“六统一”管理的药品零售企业。

小贴士

药品零售连锁企业应是企业法人。由总部、配送中心和若干个门店构成。总部是连锁企业经营管理的核心，配送中心是连锁企业的物流机构，门店是连锁企业的基础，承担日常零售业务。跨地域开办时可设立分部。

思考题

影响我国药品流通业发展的主要因素有哪些?

第二节 药品流通监督管理体制历史沿革和现状

药品流通监管是指政府有关部门根据国家药事法规、标准、制度，对药品流通环节的药品质量、药学服务质量、药品销售机构的质量保证体系进行监督管理活动的总称。

一、药品流通监管的历史沿革

新中国成立以来，党和国家高度重视药品监督管理工作，随着社会的发展和政府职能的转变，我国的药品监督管理经历了从行政命令为主到市场监督管理为主的巨大转变。大体可分为五个阶段。

(一) 药品计划管理体制形成阶段 (1949～1956 年)

1949 年，中央人民政府成立时，设立了卫生部和地方政府的卫生行政部门。1950 年卫生部设置药政处，1953 年改为药政司，各省相应设置了药政处，地市设置药政科或在医政科中配备药政干部。各级药政机构负责药品质量监督管理。

1950 年，卫生部接管原设置在上海的药品、食品检验局，建立卫生部药品检验所，并新设生物制品检定所。至 1954 年，各省级卫生厅均设立省级药检所。1956 年，部分地市、少数县卫生局建立了药品检验所，全国药品检验机构系统基本形成。

1952 年，在轻工业部设立医药工业管理局；商业部设立中国医药公司，管理并经营西药和医疗器械。1955 年商业部设立中国药材公司，管理并经营中药材、中药饮片和中成药。

（二）药品监督管理体制频繁调整阶段（1957～1983 年）

1957 年，中国药材公司改变体制，由卫生部领导；1963 年改为卫生部、商业部共同领导，商业部统一经营。

1958 年，中国医药公司改为行政管理公司，更名为医药贸易局。

1961 年，卫生部药品检验所与生物制品检定所合并，成立卫生部药品生物制品检定所。

1979 年，国务院批准成立国家医药管理总局，由卫生部代管。原属于商业部、化学工业部、卫生部的药材公司、医药公司、医药工业公司、医疗器械公司均划归国家医药管理总局统一领导。

1982 年，国家医药管理总局划归国家经济委员会领导，改名为国家医药管理局，并在各省、市设立医药管理局或医药总公司，主管药品和医疗器械的生产经营，形成了药品生产、经营的管理系统。

（三）药品监督管理体制建立与法制化建设阶段（1984～1998 年）

1984 年，第五届全国人大常委会第七次会议通过的《中华人民共和国药品管理法》，以法律形式确立了我国药品监督管理体制，明确了各级卫生行政部门和药品行业管理部门药品监管权限，从法律上保证了药品生产、经营活动中药品质量监督机制的有效运行。

1988 年，成立国家中医药管理局，中药的生产经营管理职责划归中医药管理局。

（四）药品监督管理体制改革初期阶段（1998～2008 年）

1998 年政府机构改革中，国务院新组建国家药品监督管理局，原国家医药管理局行使的药品生产流通监管职能，卫生部行使的药政管理和药检职能，国家中医药管理局行使的中药流通监管职能，交由国家药品监督管理局行使。此后国家做出了改革药品监督管理体制，对省以下药品监督管理部门实施垂直管理的重要决定。

2001 年，第九届全国人大常委会第二十次会议修订通过的《中华人民共和国药品管理法》，2001 年 12 月 1 日起实施。在此及以后的一段时间内，国家相继出台了一系列配套药事法规，完善了药品法律体系，使各项监管行为均有法可依。

2003 年 3 月，第十届全国人代会通过了在国家药品监督管理局的基础上组建国家食品药品监督管理局的改革方案。4 月，国家食品药品监督管理局正式更名挂牌。

（五）药品监督管理体制深化改革阶段（2008 年以后）

2008 年 3 月，第十一届全国人民代表大会第一次会议，通过了新一轮国务院机构改革方案，国家食品药品监督管理局改由卫生部领导，对药品监管体制和职能做进一步调整。

2010年9月，中国药品生物制品检定所更名为中国食品药品检定研究院。

2013年，国家食品药品监督管理局和国务院食品安全委员会办公室合并成立国家食品药品监督管理总局，为国务院直属机构。其主要职责如下：

（1）负责起草食品（含食品添加剂、保健食品，下同）安全、药品（含中药、民族药，下同）、医疗器械、化妆品监督管理的法律法规草案，拟订政策规划，制定部门规章，推动建立落实食品安全企业主体责任、地方人民政府负总责的机制，建立食品药品重大信息直报制度，并组织实施和监督检查，着力防范区域性、系统性食品药品安全风险。

（2）负责制定食品行政许可的实施办法并监督实施。建立食品安全隐患排查治理机制，制定全国食品安全检查年度计划、重大整顿治理方案并组织落实。负责建立食品安全信息统一公布制度，公布重大食品安全信息。参与制定食品安全风险监测计划、食品安全标准，根据食品安全风险监测计划开展食品安全风险监测工作。

（3）负责组织制定、公布国家药典等药品和医疗器械标准、分类管理制度并监督实施。负责制定药品和医疗器械研制、生产、经营、使用质量管理规范并监督实施。负责药品、医疗器械注册并监督检查。建立药品不良反应、医疗器械不良事件监测体系，并开展监测和处置工作。拟订并完善执业药师资格准入制度，指导监督执业药师注册工作。参与制定国家基本药物目录，配合实施国家基本药物制度。制定化妆品监督管理办法并监督实施。

（4）负责制定食品、药品、医疗器械、化妆品监督管理的稽查制度并组织实施，组织查处重大违法行为。建立问题产品召回和处置制度并监督实施。

（5）负责食品药品安全事故应急体系建设，组织和指导食品药品安全事故应急处置和调查处理工作，监督事故查处落实情况。

（6）负责制定食品药品安全科技发展规划并组织实施，推动食品药品检验检测体系、电子监管追溯体系和信息化建设。

（7）负责开展食品药品安全宣传、教育培训、国际交流与合作。推进诚信体系建设。

（8）指导地方食品药品监督管理工作，规范行政执法行为，完善行政执法与刑事司法衔接机制。

（9）承担国务院食品安全委员会日常工作。负责食品安全监督管理综合协调，推动健全协调联动机制。督促检查省级人民政府履行食品安全监督管理职责并负责考核评价。

（10）承办国务院以及国务院食品安全委员会交办的其他事项。

小贴士

我国是一个具有高尚医药道德传统、重视药品质量管理的国家。早在西周初期就建立了医药行政管理制度，秦汉时期即已设立药丞官职。

唐朝医官苏敬等人集体编写的《新修本草》（唐本草），是世界上第一部由国家编制颁布的“药典”，比欧洲最早的纽伦堡药典早800多年。

宋王朝命裴敬元、陈师文等整理医管局所收方剂，编成《和剂局方》，后几经修订增补更名为《太平惠民和剂局方》，这是世界上最早由国家颁布的局方。“太平惠局”是当时销售成药的机构，“和剂局”是制造成药的机构。故《太平惠民和剂局方》的颁布，对成药生产、供应的质量管理具有重要意义。王安石为相时颁布了“易市法”，由政府控制市售药品质量，逐步规定对药品制剂进行监制、检查等责任制度，取缔伪药，法办制售假药者。南宋高皇帝曾发诏书规定：撰合假药、伪造贴字印记者，依伪造条法。

明朝李时珍的《本草纲目》，对我国传统药材的质量鉴定起到了重要作用，至今仍有很高的参考价值。

明朝以来，药品零售业逐步发展，除供应饮片外还自制成药。如一些百年以上的老字号，北京的西鹤年堂、同仁堂，苏州的雷允上等。中药界流传的“有方皆思古，无药不存真”、“炮制虽繁，必不敢省人工；品味虽贵，必不敢减物力”等，集中反映了对药品质量的重视。

旧中国，北洋政府和中华民国政府虽曾制定并颁布了《药师暂行条例》(1911. 1. 15)、《管理药商规则》(1919. 8. 24)、《中华药典》(1930)、《修正管理成药规则》(1942. 2. 5)、《麻醉药品管理条例》(1942. 8. 11) 等。但直至抗战胜利后，中华民国政府卫生部医政处内设药政科，省市一级除南京、北京、上海外，均未设立药政管理部门，药政管理机构单薄，人员很少，法规、条例不能得到贯彻执行，加之中药受到歧视，西药不能制造，舶来品和伪劣药品充斥市场，滥用和吸食麻醉药品和毒品成瘾者不计其数。

二、药品流通监管机构现状

我国目前药品监督管理的主要机构为各级药品监督管理部门，是国家药品监督管理的法定主管机构，分为国家级、省级、地市级和县级四级。

（一）国家药品监督管理部门

国家食品药品监督管理总局是我国负责药品监管的最高机构。负责对药品的研发、生产、流通、使用进行行政监督和技术监督。主要职责见前介绍。

（二）省级药品监督管理部门

各省级药品监督管理部门为省级人民政府主管药品监督管理机构。负责对省级行政区域内药品研发、生产、流通、使用进行行政监督和技术监督。（主要职责：略）

（三）地市级药品监督管理部门

各地市级食品药品监督管理局负责对本辖区内药品研发、生产、流通、使用进行行政监督和技术监督。（主要职责：略）

（四）县级药品监督管理部门

县级食品药品监督管理局接受上级食品药品监督管理局的业务指导，负责对本辖区内药品研发、生产、流通、使用进行行政监督和技术监督，监督本辖区内有关药品法律、法规、规章的实施情况，协助实施药品零售企业 GSP、药品分类管理制度和药品从业职业资格制度等。

小贴士

新一轮药品监管体制改革后，在县以下乡镇（街道）设立食品药品监督管理站（所），配备专职监管人员，极大增强了监管力量，壮大了监管队伍，为保障人民群众用药安全有效奠定了组织基础。

思考题

我国现行药品监管体制如何适应药品流通业的发展。

第三节　药品流通监管成效及存在的问题

一、药品流通监管成效

（一）药品供应得到充分保障

我国政府为医药产业发展积极创造开放公平的市场环境，大力推动医药产业实现持续快速健康发展。经过新中国成立近60年特别是改革开放30年来的不懈努力，中国不仅改变了缺医少药的局面，而且药品质量安全保障水平得到了明显提高。中国可生产原料药1500种，且多个药物品种产量位居世界第一，中国医药工业总产值和医药贸易大幅度增加。国家加快了现代医药物流和连锁企业建设，有效保障了公众用药的可获得性。

（二）药品质量安全得到有效控制

国家建立了药品不良反应报告和监测网络。积极探索推进药品再评价工作，对部分上市后品种开展安全性观察试验和回顾性分析调查。国家积极推进建立医疗器械不良事件监测和再评价体系，不断加大对已上市药品的质量监督抽验力度，促进药品质量安全水平稳步提高。

（三）药品安全监管的体制更加健全

目前，全国有县以上药品监管行政机构2700余个。其中，省级药品监管行政机构31个，地市级药品监管行政机构339个，县级（含直辖市区县）药品监管行政机构2300余个。建立药品技术监督机构1000余个。在新一轮机构改革后，监管人员大幅增加。通过建立乡镇食品药品监管站（所），并在社会上聘请药品安全协管员、信息员，大力维护农村药品安全，推进药品安全监督网建设。国家不断加大药品安全监管的财政投入，重点提高药品安全检验检测能力和水平，为药品安全监管工作提供技术支撑。

（四）药品安全监管法制建设更加完善

1984年通过的《中华人民共和国药品管理法》，第一次以法律的形式对药品研制、生产、经营和使用环节进行规定，明确了生产、销售假劣药品的法律责任，标志着中国药品监管工作进入了法制化轨道。2001年修订了《药品管理法》，统一了国家药品标准，形成了以《中华人民共和国药典》和局颁标准为核心的国家药品标准体系；加重了生产、销售假劣药品的法律责任；将药品生产、经营质量管理规范作为法定要求予以明确。国务院先后颁布了包括《中华人民共和国药品管理法实施条例》、《麻醉药品和精神药品管理条例》、《关于加强食品等产品安全监督管理的特别规定》等十余部与药品相关的行政法规，为加强药品监管，保证药品质量，维护人民群众用药权益提供了法律保障。针对法规实施中存在的假劣药界定模糊、物流环节和网上监管空白等问题，正在着手修订。

（五）建立健全各项药品安全监管制度

药品监管部门依法建立了一系列涵盖药品研究、生产、流通、使用各环节的重要监管制度：

（1）药品市场准入制度：对药品品种、药品生产、经营企业以及相关涉药人员实行审批和资格认证制度。

（2）药品质量管理规范认证制度：对药品研究（GLP、GCP）、生产（GAP、GMP、GPP）、流通（GSP）等环节实行质量管理规范认证，从全过程加强药品质量安全控制。

小贴士

GLP：英文 Good Laboratory Practice 的缩写，中文名称为《药物非临床研究质量管理规范》，是规范药品非临床试验全过程的标准规定。

GCP：英文 Good Clinical Practice 的缩写，中文名称为《药品临床试验管理规范》，是规范药品临床试验全过程的标准规定。

GAP：英文 Good Agricultural Practice 的缩写，在中药行业中文名称译为"中药材生产质量管理规范"，是规范中药材生产全过程，从源头上控制中药饮片、中成药及保健药品、保健食品质量的标准规定。

GMP：英文 Good Manufacturing Practice 的缩写，中文名称为药品生产质量管理规范，是规范药品生产和质量管理的标准规定。

GPP：英文 Good Hospital Preparation Practice 的缩写，中文名称为《医疗机构制剂配制质量管理规范》，是规范医疗机构配制制剂全过程，保证制剂配制质量的标准规定。

GSP：英文 Good Supplying Practice 缩写，中文名称为《药品经营质量管理规范》，是规范药品流通全过程，保证药品经营质量的标准规定。

（3）药品分类管理制度：国家颁布了《处方药与非处方药分类管理办法（试行）》，通过加强处方药管理，特别是控制滥用抗生素，并规范非处方药管理，对上市药品进行分类管理。

（4）特殊管理药品监管制度：国家制定了麻醉药品、精神药品、易制毒化学品、兴奋剂等的管理法规和相应规章，并且制定和完善管理品种目录，建立了各部门协作的全面监管体系，积极强化特殊管理药品的监管。

（5）国家基本药物制度：基本药物制度是保证“人人享有初级卫生保健”的重要基础，建立并完善国家基本药物制度，引入电子监管等现代管理手段，对满足广大人民群众基本用药需求，引导公众合理用药，保证药品质量发挥了积极作用。

（6）中药品种保护制度：国家鼓励发展中药和民族药物，鼓励研制开发临床有效的中药品种，对质量稳定、疗效确切的中药品种实行分级保护。

二、存在的问题

通过多年持续不懈地努力，中国的药品安全监管工作取得了显著成效。但是，作为世界上最大的发展中国家，中国的药品安全监管还面临着许多困难和问题。在医药产业结构调整和增长方式的转变、药品安全监管体制的改革、药品研制和创新能力的提升、药品安全风险的防控等方面，还有许多工作要做。主要问题如：

（一）用药安全问题仍存在很多隐患

一是药品质量安全存在问题。药品质量良莠不齐，不合格药品在一定程度和范围内依然存在；药害事件时有发生；非药品冒充药品的现象仍较普遍。二是不合理用药问题极为普遍。抗生素类药物滥用严重；儿童专用药品缺乏，用药安全问题突出；中药使用存在严重误区，随意增大用药剂量以及添加化学药物成分等问题普遍。三是农村药品安全问题尤为严重。农村药品供应、储存质量难以保证；不合理用药问题严重。

（二）药品流通仍存在许多痼疾

目前，我国的基本药物基本实现了招标配送和全程电子监管，进入了较为规范的制药企业→医疗机构→消费者和制药企业→批发企业→医疗机构→消费者的流通体系。而其他药物的流通仍存在很多痼疾，如挂靠经营、承包经营、过票经营等行为，这些行为通常游离于正常的药品流通体系之外，在药品的质量管理上不承担相应的责任，成为药品流通质量的重大隐患。

（三）尚未形成高效的药品市场统一监管体系

一是多头管理，政出多门。在我国现行的医药流通体制中，药品的定价、质量监督、医保药品目录的选定、药品集中招标的管理和药品生产、流通行业管理，分别由发改委、药监部门、社保部门、卫生部门、工信部门、商务部门进行负责，这种权力分配本身决定了解决药品流通领域问题的困难性和复杂性。二是执法机构不健全，监管遭遇瓶颈。我国药品监管对象极多，而基层执法人员素质低，专业人员少，技术设施严重落后，缺乏依法快速行政监督的能力。同时过度的竞争的产业格局使监督成本高昂，以及地方保护主义、监管水平不高、监管腐败等问题，也阻碍了有效的执法监督。

如何解决药品流通监管工作中的问题。

第四节　药品流通发展趋势

一、药品流通行业发展规划

商务部于2011年5月发布了《全国药品流通行业发展规划纲要（2011-2015)》。《规划纲要》明确了“十二五”期间行业发展的总体目标、主要任务：一是提高行业集中度，调整行业结构；二是发展药品现代流通和经营方式，加强对外交流合作；三是规范药品流通秩序，加强行业信用建设；四是加强行业基础建设，提升行业发展水平。为实现《规划纲要》确定的目标，保障《规划纲要》的顺利实施，采取四项保障措施：一是加强政策引导，改善发展环境；二是加强理论研究，培养人才队伍；三是发挥多方力量，形成工作合力；四是建立《规划纲要》的实施制度保障。

到2015年的具体发展目标是：形成1~3家年销售额过千亿的全国性大型医药商业集团，20家年销售额过百亿的区域性药品流通企业；药品批发百强企业年销售额占药品批发总额85%以上，药品零售连锁百强企业年销售额占药品零售企业销售总额60%以上；连锁药店占全部零售门店的比重提高到2/3以上。县以下基层流通网络更加健全。骨干企业综合实力接近国际分销企业先进水平。

二、药品流通行业发展趋势

中央提出加快建立药品供应保障体系，发展药品现代物流和连锁经营，规范药品生产流通秩序，建立便民惠民的农村药品供应网等任务，迫切要求行业必须加快结构调整，转变发展方式，实现科学发展。根据中央要求和商务部规划，药品流通企业的发展，将出现多种趋势：

（一）总体趋势

全国性和区域性的优势药品流通企业将通过收购、兼并、联合、重组、参股、控股等方式，利用产业基金、融资担保、信用保险、上市融资和利用外资等手段，拓展流通网络覆盖面，实现规模化、集约化和国际化经营。中小型批发企业将在做精、做细、做强上做文章，突出专业性、有特色，或选择与大型批发或零售企业联合，发挥其现有的基层药品流通网络的作用。探索组建企业间的战略联盟，推进医药代理、批发、配送、零售的一体化经营。

（二）药品现代物流

发展药品现代物流业的建设，是大型药品流通企业发展转型的方向，尤其对药品流通业在新医改政策下应对挑战具有重要意义。

现代物流泛指原材料、产成品从起点至终点及相关信息有效流动的全过程。它将运输、仓储、装卸、加工、整理、配送、信息等方面有机结合，形成完整的供应链，为用户提供多功能、一体化的综合性服务。药品的现代物流有其物流复杂程度高、产品安全性优先等自身特点。基本设施包括高位自动立体仓库、贯穿药品入库、存储、出库环节的自动分检系统、电子标签、仓库管理系统（WMS）、条码与射频技术、自动温湿度监控等先进物流设施设备。企业可通过现代化、机械化方式降低差错和物流成本，提高管理水平和药品配送能力。

（三）药品第三方物流

第三方物流又称为“合同契约物流”，是一种由供方与需方以外的物流企业提供的物流服务的业务模式。具有关系合同化、服务个性化、功能专业化、管理系统化、信息网络化的特点。药品的流通对专业化、社会化的第三方物流服务需求将会贯穿医药产业链的每一个环节。但目前在我国，药品的第三方物流，还受到机制、政策、技术和运作水平的制约。

（四）互联网药品交易

互联网药品交易服务是指通过互联网提供药品交易服务的电子商务活动，涵盖从药品信息发布和获取到在线交易、在线支付的全过程。互联网药品交易服务包括为药品生产企业、药品经营企业和医疗机构之间的互联网药品交易提供的服务，药品生产企业、药品批发企业通过自身网站与本企业成员之外的其他企业进行的互联网药品交易以及向个人消费者提供的互联网药品交易服务。药品交易服务类网站包括药品交易服务第三方交易平台、药品交易服务B2B网站和药品交易服务B2C网站。医药领域引进电子商务，是国际上的大趋势。

小贴士

药品交易服务第三方交易平台：第三方药品交易平台，是独立的互联网医药信息和交易服务系统。不参与医药生产经营活动，同行政机关、医疗机构、药品生产经营企业不存在隶属关系、产权关系和经济利益关系。

药品交易服务B2B网站：B2B（BtoB）是英文Business to Business的缩写，指企业与企业之间通过互联网进行产品、服务及信息的交换。进行电子商务交易的供需双方都是企业，他们使用了互联网的技术或各种商务网络平台，完成药品商务交易。包括发布供求信息，订货及确认订货，支付过程及票据的签发、传送和接收，确定配送方案并监控配送过程等。

药品交易服务B2C网站：B2C（BtoC）是英文Business to Consumer的缩写，简称“商对客”，是电子商务的一种模式（网上药店）。这种形式的电子商务一般以网络零售业为主，主要借助于互联网开展在线销售活动，直接面向消费者销售产品和服务。

（五）药品零售多元化

药品零售企业正处在竞争格局激烈的快速发展时期，将打破行业、地区和所有制的界限，实现产权多元化、经营多元化，形成国有医药流通企业、制药工业企业、外行业（如医疗机构）、外国企业等参资入股，各种大型连锁药品商场、连锁药品超市、普通商场或超市药品专柜、网上药店，以及单体药店等多种业态形式的，各具特色、优势互补的医药零售业新格局。零售药店的规模将进一步分化，企业将变得很大（规模化、多元化）或很小（专业化），或走向药店贸易联盟（PTO）。根据市场需求和企业的条件，医药零售企业还将积极拓展与健康相关的商品经营和服务范围，形成处方药、非处方药、美容护理、保健用品以及与健康无关的商品等多元化经营模式。

小贴士

药店贸易联盟（PTO Pharmacy Trade Organization）实际上是一个联合采购平台，通过群体议价方式为参与企业争取更多利润空间。对于区域性的中小企业来说，他们规模小、资金少，技术低，随着药品零售行业竞争的不断加剧，它们在药品零售业的疯狂洗牌中前途堪忧，为扭转被动，最终诞生了PTO药品采购模式。

（六）药品连锁企业规模化

药品零售连锁企业经过初创期、快速成长期、跨区域连锁发展期、集中度提高期，将进入全国性连锁药店发展期。企业通过合作、兼并、收购、联盟等形式，在国内的中心城市和农村开办连锁药店，建立配送中心，通过提升企业形象吸引资本投资者的关注，以加速提高连锁药店行业集中度，走上规模化发展道路。在全国医药零售市场有一定地位影响的医药零售连锁企业，将发展形成一批跨区域的、具有一定规模的大、中型医药零售连锁企业。

（七）药品经营联盟

中小型药品批发企业出于扩大和稳定药品销售的目的，随着新医改政策的出台和推行，加大联盟力度，探索联盟形式，建立自己能够掌握的区域代理联盟，以争取新机遇，创造新市场，开展具备联盟特征的代理联盟、营销联盟、OEM联盟等各种纵向联盟合作，开拓自己的生存发展空间。

贴士

业主导的OEM（Original Equipment Manufacturer）联盟，是指药品流
牌但不生产产品，而是利用自己掌握的关键核心技术负责设计和开
渠道，具体的加工任务通过合同订购方式委托产品的其他厂家生

产，之后将所订产品低价买断，并直接贴上自己的品牌商标，这种委托他人生产的合作方式简称OEM。这是社会化大生产、大协作趋势下的一种必由之路，也是资源合理化的有效途径之一，是社会化大生产的结果。

思考题

药品流通领域面临的形势及监管对策。

学习小结

本章简要介绍了我国药品流通业和药品流通监管的历史沿革以及现状。通过本章的学习，可粗略的了解当前药品流通业和药品流通监管所面临的局面，为药品流通行业发展和实施药品流通监管提供参考。

参考文献

[1] 吴阶平，等. 中华人民共和国药品管理实用全书. 北京：红旗出版社，1997.

[2] 陈文玲，等. 药品现代物流研究报告/中国药品现代市场体系研究与设计. 北京：中国经济出版社，2010.

[3] 杨洪万，等. 传统医药物流向第三方物流转型分析. 医药导报，2005.4(4)：351.

[4] 张扬. 浅析我国医药物流在新医改政策下的发展策略. 价值工程，2010(28)：12.

[5] 商业模式研究. 第三方医药电子商务网交易平台商业模式. 2009.

[6] 南方医药经济研究所. 2009年度中国药品零售市场发展蓝皮书. 2010.

[7] 医药信息集锦. 新医改时代中国药品零售市场发展趋势. 2010.

[8] 陈爱军. 中小型医药企业走向药店贸易联盟(PTO). 2005.

[9] 2011－2015年中国医药连锁零售市场深度调研与营销战略咨询报告. 中国产业研究报告网. 2011.

[10] 杨泽. 新医药政策下药品零售行业的竞争趋势. 2009.

（徐海星　宗凤玉）

第二章

药品的售卖制度

学习要点

1.掌握药品批发企业和药品零售（含零售连锁）企业在售卖活动中应遵循的通则和注意事项。

2.掌握麻醉药品、精神药品、医疗用毒性药品、药品类易制毒化学品售卖的注意事项。

3.掌握中药材与中药饮片、处方药与非处方药的售卖要点。

4.掌握蛋白同化制剂、肽类激素、含特殊药品复方制剂等国家有专门管理要求的药品在售卖中的有关规定和注意事项。

5.熟悉生物制品、进口药品及终止妊娠药售卖的要点。

6.了解放射性药品、药食两用中药材、用于保健食品中药材、中药配方颗粒的售卖事项。

导语

药品售卖，是指按照我国《药品管理法》及相关法律法规的规定，对药品进行销售买卖的行为。

药品经营企业是指经营药品的专营企业和兼营企业，包括药品批发企业和药品零售企业（含药品零售连锁企业）。我国的药品售卖实行行政许可制度，即凡是从事药品经营者，必须首先取得《药品经营许可证》。许可证规定药品经营的方式和范围。经营方式是指药品批发、药品零售。经营范围是指药品监督管理部门核准经营药品的品种类别。批发企业的经营范围有中药材、中药饮片、中成药、化学原料药及其制剂、抗生素、生化药品、放射性药品、血清、疫苗、血液制品和诊断药品等。药品零售企业的经营范围分为处方药和非处方药两个类别，包括中药饮片、中成药、化学药制剂、抗生素、生化药品、生物制品（除疫苗）等。药品经营企业必须依照《药品管理法》等法律法规的规定售卖药品。

第一节　药品售卖的形式

药品的售卖形式有药品批发和药品零售（含零售连锁）两大类。需要注意的是，药品零售连锁与药品零售的经营行为，既有相同之处，又有明显区别。药品零售连锁一方面具有药品批发经营活动上的某些特征，另一方面也具有药品零售的某些活动特征。为方便学习，本节分三种售卖形式进行讲解，即药品批发、药品零售和药品零售连锁。

一、药品批发

药品批发企业，是指将购进的药品销售给药品生产企业、药品经营企业、医疗机构的企业。具有药品批发企业合法资格的企业，方能从事药品批发业务。药品批发的特点是周期短、规模大、品种多、范围广。销售对象为药品生产企业、药品批发企业、医疗单位、药品零售企业等。药品批发不得直接将药品销售给消费者个人。

知识链接

药品批发对销售人员的要求：

（1）药品销售人员应正确介绍药品，不得虚假夸大和误导用户。

（2）药品销售人员不得兼职其他企业进行药品购销活动。

（3）从事药品销售的人员必须符合下列条件：具有高中以上文化水平，并接受相应的专业知识和药事法规培训，经职业技能鉴定考核合格后持证上岗；在法律上无不良品行记录。

（4）药品销售人员销售药品时，必须出具下列证件：加盖本企业公章的《药品经营许可证》、《药品经营质量管理规范认证证书》、《营业执照》等复印件；加盖本企业公章和企业法定代表人印章或签字的法定委托授权书原件；药品销售人员的身份证。

药品批发企业，必须按照《药品经营许可证》核准的经营方式和经营范围销售药品。在开展业务活动中，要注意以下几点：

（1）药品批发企业须将药品销售给具有合法资格的药品生产、经营企业和医疗机构，并对购货单位的证明文件、采购人员及提货人员的身份证明进行核实，保证药品销售流向真实、合法。

（2）药品批发企业应按规定建立药品销售记录，记载药品的通用名称、规格、剂型、批号、有效期、生产厂商、购货单位、销售数量、单价、金额、销售日期等内容。销售记录应保存最少5年以上。

（3）药品批发企业销售药品时，应当向购货方提供下列资料：加盖本企业原印章的《药品经营许可证》、《药品经营质量管理规范认证证书》和营业执照的复印件；加盖本企业原印章的所销售药品的批准证明文件复印件。

（4）药品批发企业销售药品，必须开具《增值税专用发票》或者《增值税普通发票》（以下统称税票），税票上应列明销售药品的名称、规格、单位、数量、金额等，如果不能全部列明所购进药品上述详细内容，应附《销售货物或者提供应税劳务清单》，并加盖企业财务专用章或发票专用章和注明税票号码。药品出库时，还应附加盖企业药品出库专用章原印章的随货同行单（票），包括通用名称、剂型、规格、批号、有效期、生产厂商、购货单位、出库数量、销售日期、出库日期和销售金额等内容。税票（包括清单，下同）应与随货同行单（票）的相关内容对应，金额应相符。

（5）药品出库时应当对照销售记录进行复核，对实物进行质量检查和数量、项目等核对，并做好出库复核记录，包括购货单位、药品的通用名称、剂型、规格、数量、批号、有效期、生产厂商、出库日期、质量状况和复核人员等内容。复核记录应保存最少5年以上。

（6）企业在药品出库时，如发现以下问题应停止发货，并报有关部门处理：药品包装出现破损、污染、封口不牢、衬垫不实、封条损坏等问题；包装内有异常响动或者液体渗漏；标签脱落、字迹模糊不清或者标识内容与实物不符；药品已超过有效期；经检查，存在其他异常情况。

二、药品零售

药品零售企业是指将购进药品直接销售给消费者的药品经营企业（通称为药店），具有药品零售合法资格的企业，方可从事药品零售业务。它的销售对象是每一个患者或顾客，具有经营网点多、服务受众多、顾客医药知识参差不齐、要求快捷方便等特点。

随着社会发展，我国的药品零售行业呈现出多业态并存、差异化发展的趋势，目前的经营业态主要有平价药品超市或大卖场（主要销售药品，以低价吸引顾客）、社区便利药店（主要销售药品、日用品等）、专业或专科药店（主要销售处方药或某一类药品）、药店加诊所（主要特点是药店和诊所双证经营）、药妆店（主要以药品与化妆品为主打商品）、店中店药店（主要在商场或大型超市内销售药品）等业态。总之，我国零售药店在保证药品质量的基础上，不断探索切实可行的经营模式，增强自身的经营特色和竞争能力，提高市场占有率和企业经营效益。

药品零售企业，必须按照《药品经营许可证》载明的经营方式和经营范围销售药品，在营业场所显著位置悬挂《药品经营许可证》、《药品经营质量管理规范认证证书》、营业执照、执业药师注册证等。销售药品时，要严格遵守有关法律、法规和制度，正确陈列、销售药品。同时，要注意以下几点：

（1）营业时间内，营业人员应当佩戴有照片、姓名、岗位等内容的工牌。执业药师和药学技术人员的工牌，应标明其执业资格或者药学专业技术职称。执业药师的在岗执业情况，应向顾客挂牌明示。在营业场所内从事药品销售相关活动的人员，必须为本企业在职人员，向消费者介绍药品时，应能正确介绍其性能、用途、禁忌及注意事项等，不得夸大药品疗效，更不得将非药品以药品名义向消费者推荐。

（2）营业场所内的温度符合常温要求。冷藏药品放置在冷藏设备中，并对温度进行监测和记录，并保证存放温度符合要求。

（3）销售处方药时，不得采用开架自选的销售方式。无医师开具的处方，不得销售处方药。处方要经执业药师审核后方可调配和销售。调剂人员对处方所列药品不得擅自更改或代用。对有配伍禁忌或超剂量的处方，应当拒绝调配、销售，必要时，需经原处方医生更正或重新签字方可调配和销售。处方的审核、调配或销售人员均应在处方上签字或盖章。非处方药无须凭处方出售，但如顾客要求，执业药师应负责对药品的购买和使用进行指导。

（4）药品拆零销售人员需经过专门技能的培训，所使用的工具、包装袋应清洁和卫生，出售时应在包装上注明药品名称、规格、数量、用法、用量、批号、有效期以及药店名称等内容，应给顾客提供该药品的说明书原件或者复印件，并做好专门的拆零记录。拆零销售的药品应集中存放于拆零专柜或者专区。

（5）企业人员应对陈列、存放的药品进行检查，重点检查拆零药品和易变质、近效期、摆放时间较长的药品以及中药饮片。发现有质量疑问的药品应当及时撤柜，停止销售，由质量管理人员确认和处理，做好相关记录。

（6）售卖药品时，应当开具标明药品名称、规格、生产厂商、数量、价格、批号等内容的销售凭证，做好销售记录。销售近效期药品的，应当主动向顾客告知有效期，并注意做好用药指导工作。

（7）药店销售非药品的，必须设非药品专售区域，将药品与非药品明显隔离销售，并设有明显的非药品区域标志。处方药、非处方药分区陈列，并有处方药、非处方药专用标识；外用药与其他药品分开摆放；经营第二类精神药品、毒性中药品种和罂粟壳的，不得陈列。

（8）药品零售企业严禁以任何形式出租或转让柜台。禁止药品供应商以任何形式进驻药品零售企业销售或者代销自己的产品。

（9）药品广告宣传应当符合《药品广告审查办法》（局令第27号）等规定。对实施电子监管的药品，在售出时，及时进行扫码和数据上传。

（10）药品一经售出，除药品质量原因外，不得退换。

小贴士

近年来，在上海、杭州等城市中的商业区、人流密集的街道、车站等出现了一种方便百姓购药的新型高科技电子售药系统——电子药柜，又称“自动售药机”。“电子药柜”是一套集物流、现金流、信息流为一体的新型药品配送系统，具有占地面积小、运行成本低、提供24小时服务等特点，采用超大触摸显示器，能使用图片、动画、影音等多媒体形式动态提供药品图片、药品使用说明书，并指导市民进行购药或自我药疗，操作界面非常简捷。“电子药柜”集成了最新的语音技术，市民在使用“电子药柜”过程，如有任何用药和健康问题，随时可以通过“电子药柜”上的热线语音系统向24小时执业药师进行咨询，让市民能更健康和安全的使用非处方药。同时，“电子药柜”通过最先进的无线通讯方式联网，通过控制管理中心实时监控每台的“电子药柜”的销售信息、药品信息，一旦发生缺货，缺找零币情况，“电子药柜”会自动马上通知管理中心补货和补币。缺点是经营药品的种类少，只能提供60种左右的非处方药；针对老年群体，人机交流略显困难等。根据有关规定，电子药柜的设立必须经市级药监部门批准，并在明显位置标示出设置单位的企业名称、《药品经营许可证》证书编号以及联系电话。电子药柜只能经营非处方药，且储存条件必须符合要求，应配置执业药师24小时咨询电话。

知识链接

药品零售企业不得经营的药品：

(1) 麻醉药品。如可卡因、芬太尼、美沙酮等。

(2) 第一类精神药品。如丁丙诺啡、三唑仑、司可巴比妥等。

(3) 终止妊娠药品。如卡前列素、卡前列甲酯、天花粉蛋白等。

(4) 蛋白同化制剂。如雄烯二醇、雄烯二酮等。

(5) 肽类激素品种（胰岛素及其类似物除外）。如促红细胞生成素、生长因子素、垂体促性素等。

(6) 药品类易制毒化学品。如麦角胺、麦角新碱、麻黄素等。

(7) 放射性药品。

(8) 疫苗类。

(9) 我国法律法规规定的其他药品零售企业不得经营的药品。

三、药品零售连锁

药品零售连锁经营实质上是药品零售经营的一种特殊模式。药品零售连锁企业的经营活动，由配送中心向门店配送药品和门店销售药品两个环节组成。配送中心应依法进行经营活动，只准向该企业连锁范围内的门店进行药品配送，不得对该企业外部进行批发、零售。门店亦应按照总部的制度、规范要求，承担日常药品零售业务。门店不自行采购药品。

药品零售连锁企业在经营活动中应注意与药品批发企业及药品零售企业售卖药品过程中共性的问题。

药品零售连锁经营，属于朝阳产业，国家倡导大力发展药品连锁经营。鼓励药品连锁企业采用统一采购、统一配送、统一质量管理、统一服务规范、统一联网信息系统管理、统一品牌标识等方式，发展规范化连锁，树立品牌形象，拓展跨区域和全国性连锁网络，发挥规模效益。随着医药卫生体制改革深入和医药分开的逐步实施，鼓励连锁药店积极承接医疗机构药房服务和其他专业服务。至“十二五”末，药品零售连锁百强企业的规模达到：年销售额占药品零售企业销售总额60%以上，连锁药店占全部零售门店的比重提高到2/3以上。

思考题

药品零售企业（含零售连锁企业）应如何售卖药品？注意事项有哪些？

第二节 中药材、中药饮片

中药是以中医药学理论体系的术语表述药物性能、功效和使用规律，并在中医药理论指导下应用的药物，包括中药材、中药饮片和中成药。

中药材是指采挖之后，未经加工或只经过烘、晒等简单方式加工后的中药原生药。中药材一般都需要经过进一步加工后，才能作为临床用药。

中药饮片是严格按照中药炮制规范，对中药材进一步加工后，可以用于临床煎服或其他治疗用途的中药。中药饮片，一般在药店、医院、诊所内根据医生的处方配售。

中成药是严格按照一定配方和操作规程，经过深加工制成，并经国家相关部门批准，有正式批准文号的中药制剂。中成药具有便于保管、服用方便等优点，但它不能做到随证加减，在治疗方面有一定的局限性。

一、中药材的售卖

（1）药品批发企业销售中药材。取得《药品经营许可证》、《药品经营质量管理规范认证证书》和《营业执照》的中药材专营或兼营企业可以售卖中药材。其售卖活动一般是由药品批发企业销售给药品生产企业、药品经营企业和医疗机构。

销售给生产企业的中药材，均是作为中成药或中药饮片的原料使用，销售给批发企业的中药材一般是批发企业之间的业务补充和调剂。由于部分中药材、中药饮片品种从定义和标准上来看，目前很难准确界定，所以一些不需要再经过加工、炮制的中药材就作为中药饮片销售给零售企业，直接进行调剂售卖。

批发企业售卖中药材应当注意的问题，除与药品批发要求相同外，在销售中药材时还应附有质量合格的标志。每件包装上标明品名、产地、供货单位。实施批准文号的中药材，在包装上还应标明批准文号。

（2）中药材种植企业销售中药材。随着科技的进步和经济的发展，我国传统中药的种植产业有了较大的变化，中药材的种植和生产正在朝着规模化、集约化的方向发展，涌现出一些有实力的中药材种植企业，其中有些企业已通过《中药材生产质量管理规范（试行）》（简称 GAP 认证）。中药材种植企业若销售本企业种植的中药材，不需要申领《药品经营许可证》。

（3）个人自产、自采中药材的销售。根据《药品管理法》规定，“城乡集市贸易市场可以出售中药材，国务院另有规定除外”。这条规定一般是指当地农民（或者药农）自产（或自采、自养）、自销的地产中药材。但对经营户数量、经营规模等没有规定。就是说凡农民（或者药农）自产、自采、自种、自养、自销的地产中药材，个人可以进入集贸市场售卖，不需要办理《药品经营许可证》。进入集贸市场的自产、自采、自种、自养、自销的中药材，必须是国家允许的品种。

知识链接

1. 在购销活动中，国家对以下两类中药材实行严格管理

第一类为野生、名贵品种：麝香、杜仲、厚朴、甘草，共 4 种。

第二类为产地集中、调剂面大的品种：黄连、当归、川芎、生地、白术、白芍、茯苓、麦冬、黄芪、贝母、银花、牛膝、元胡、桔梗、菊花、连翘、山萸肉、三七、人参、牛黄，共 20 种。

2. 国家实行进出口管理的中药材品种

(1) 实行出口管理的中药材品种　出口按照先国内、后国外的原则，国内中药材生产供应严重不足时应停止或减少出口，国内供应有余品种应鼓励出口。出口中药材必须经对外经济贸易部门审批，办理《出口中药材许可证》后，方可办理出口手续，目前国家对35种中药材出口实行审批管理，具体品种如下：人参、鹿茸、当归、蜂王浆（包括粉）、三七、麝香、甘草及其制品、杜仲、厚朴、黄芪、党参、黄连、半夏、茯苓、菊花、枸杞、山药、川芎、生地、贝母、银花、白芍、白术、麦冬、天麻、大黄、冬虫夏草、丹皮、桔梗、元胡、牛膝、连翘、罗汉果、牛黄。

(2) 实行进口管理的中药材品种　根据国务院1986年1月15日国发（1986）8号文件的规定，国家对以下13种中药材实行进口审批制度：首先取得《进口许可证》后，方可进口，具体品种是：豆蔻、血竭、羚羊角、广角、豹骨、沉香、牛黄、麝香、砂仁、西红花、胖大海、西洋参、海马。为进一步加强进口药材监督管理，保证进口药材质量，2005年3月2日召开的全国药品注册工作会讨论制定了《进口药材管理办法》。

小贴士

硫黄熏蒸中药材是以硫黄燃烧生成的二氧化硫（SO_2）气体直接杀死药材内部的害虫，抑制细菌、霉菌的活性，是传统习用且简便、易行的方法，适量且规范的硫黄熏蒸可以达到防腐、防虫的目的，但滥用或过度使用会对中药材及饮片质量产生影响，国家禁止以外观漂白为目的的硫黄熏蒸。当前种植农户小作坊分散式的硫黄熏蒸是一种落后的加工方式，应鼓励、支持、引导其走向规模化、产业化的加工方式，并逐步转向采用现代化、绿色环保的新技术来替代。

根据《中国药典》、全国各省市中药材标准、炮制规范以及《中药材手册》、《中国药材商品学》等专著、文献记载传统习用硫黄熏蒸中药材及饮片品种情况，考虑到山药、牛膝、粉葛、天冬、天麻、天花粉、白及、白芍、白术、党参等10种鲜药材质地的特殊性，其在产地加工过程中干燥十分困难，易腐烂生虫等，参照FAO及WHO制定的"食品添加剂通用标准"（第35届CAC大会2012年更新）第04.2.2.5项中对蘑菇、豆类、海藻类等干菜以及种子类产品中亚硫酸盐"以二氧化硫计不得过500mg/kg"的规定，结合国内相关研究数据，制订了该10种中药材及其饮片中亚硫酸盐残留量(以二氧化硫计)不得过400mg/kg的限量。

二、中药饮片的售卖

就经营范围而言，凡是具有中药饮片经营资格的药品批发、零售企业均可售卖中药饮片。批发企业可以将中药饮片售卖给药品生产、经营企业（包括批发、零售）和医疗机构。零售企业则是将中药饮片直接临方调剂销售给消费者。

由于中药饮片是国家基本药物目录品种，国家不断强化了对中药饮片的监督管理。有明确规定，批发、零售中药饮片必须持有《药品经营许可证》、《药品经营质量管理规范认证证书》，必须从持有《药品生产质量管理规范认证证书》的生产企业或持有

《药品经营质量管理规范认证证书》的经营企业采购。批发企业销售给医疗机构、药品零售企业的中药饮片，应随货附加盖单位公章的生产、经营企业资质证书及检验报告书（复印件）。严禁经营企业从事饮片分包装、改换标签等活动；严禁从中药材专业市场或其他不具备饮片生产经营资质的单位或个人采购中药饮片（《关于加强中药饮片监督管理的通知》国食药监安［2011］25号）。无论是批发企业还是零售企业，在售卖中药饮片活动中，都应遵守上述规定。

药品批发企业售卖中药饮片应当注意的问题，除与药品批发要求的内容相同外，在销售中药饮片时还应附有质量合格的标志，标明品名、生产企业、生产日期等。实施批准文号管理的中药饮片，在包装上还应标明批准文号。

药品零售企业售卖中药饮片应当注意的问题，除与药品零售要求的内容相同外，还应注意以下问题：

（1）药品零售企业经营中药饮片应配置所需的调配处方和临方炮制的设备。需临方炮制的中药饮片，必须按照《中华人民共和国药典》、各省（直辖市）中药饮片炮制规范进行炮制。

（2）中药饮片调剂售卖时应严格执行审方制度。在调配处方时，应当按照《处方管理办法》和中药饮片调剂规程的有关规定进行审方和调剂。对存在"十八反"、"十九畏"、妊娠禁忌、超过常用剂量等可能引起用药安全问题的处方，应当拒绝调配或由处方医生确认（双签字）或重新开具处方后方可调配。如在审方时对处方有疑问，必须经处方医生重新审定后方可调配。处方保存两年备查。

（3）在调剂过程中，对部分性能特殊的中药饮片进行单包处理。如单煎的人参等；烊化的阿胶等；先煎的石膏、制附子等；后下的沉香、薄荷等；包煎的旋覆花等，这些均需认真做好，并向消费者交代清楚煎服方法及注意事项；调配含有毒性中药饮片的处方，每次处方剂量不得超过二日极量。凡处方未注明"生用"的，均给付炮制品。

（4）中药饮片橱斗应定期清理，防止污染。中药饮片柜斗谱的书写应当正名正字；装斗前应当复核，防止错斗、串斗；应当定期清斗，防止饮片生虫、发霉、变质；不同批号的饮片装斗前应当清斗并记录。

（5）开展中药饮片煎煮服务的，应当有与之相适应的场地及设备，卫生状况良好，具有通风、调温、冷藏等设施。中药饮片煎煮液的包装材料和容器应当无毒、卫生、不易破损，并符合有关规定。

为加强中药材管理，提升中药产业发展水平，2013年10月，国家食品药品监管总局等八部门联合下发了《关于进一步加强中药材管理的通知（食药监〔2013〕208号）》，要求各地、各企业切实加强中药材的种植养殖管理、中药材产地初加工管理、中药材专业市场管理、中药饮片生产经营管理，重点解决标准化种植养殖落实不到位、不科学使用农药化肥造成有害物质残留；中药材产地初加工设备简陋，滥用硫磺熏蒸，掺杂使假、染色增重、污染霉变、非法提取等；中药材专业市场以次充好，以假充真，制假售假，违法经营中药饮片和其他药品等违法违规行为，促进中药材产业健康发展。

三、其他与中药相关品种的售卖

1. 药食两用中药材

在中药材中，有部分品种，既可作食用，也可作药用，通常称为药食两用或药食同源品种。消费者可根据自身需要，自行购买。同时它们又是进行食品或保健食品开发的重要原料。在商店、超市、副食店及在农贸市场中经营这些品种的，按调味品和食品管理，不需取得《药品经营许可证》。但是，药品批发企业凡是按药品的经营范围购进的药食两用类中药材，则纳入药品的管理范围，不再属于可食用的中药材，不能售卖给商店、超市、副食店及在农贸市场中经营这些品种的经营户，否则就属于销售给非法渠道。同样，药品零售企业凡是按药品的经营范围购进的药食两用的品种，也不能以食品的名义售卖给消费者。

为便于掌握，根据卫生部2002年《关于进一步规范保健食品原料管理的通知》，现将既是药品又是食品的中药材品种名单（共87种）列叙如下：丁香、八角茴香、刀豆、小茴香、小蓟、山药、山楂、马齿苋、乌梢蛇、乌梅、木瓜、火麻仁、代代花、玉竹、甘草、白芷、白果、白扁豆、白扁豆花、龙眼肉（桂圆）、决明子、百合、肉豆蔻、肉桂、余甘子、佛手、杏仁（甜、苦）、沙棘、牡蛎、芡实、花椒、赤小豆、阿胶、鸡内金、麦芽、昆布、枣（大枣、酸枣、黑枣）、罗汉果、郁李仁、金银花、青果、鱼腥草、姜（生姜、干姜）、枳椇子、枸杞子、栀子、砂仁、胖大海、茯苓、香橼、香薷、桃仁、桑叶、桑椹、桔红、桔梗、益智仁、荷叶、莱菔子、莲子、高良姜、淡竹叶、淡豆豉、菊花、菊苣、黄芥子、黄精、紫苏、紫苏子、葛根、黑芝麻、黑胡椒、槐米、槐花、蒲公英、蜂蜜、榧子、酸枣仁、鲜白茅根、鲜芦根、蝮蛇、橘皮、薄荷、薏苡仁、薤白、覆盆子、藿香。

小贴士

阿胶为马科动物驴的干燥皮或鲜皮经煎煮、浓缩制成的固体胶。具有补血，止血，滋阴润燥的功效。阿胶的分类归属较特殊，本身既为药食两用中药材，也为属批准文号管理的中药饮片，又为中成药。

生产阿胶所用原料皮必须为驴皮，严禁使用其他动物皮、制革行业下脚料和变质皮等，保证生产和标准符合GMP和《中国药典》要求。

2. 可用于保健食品的中药材（含滋补保健品）

所谓保健食品，是指具有特定保健功能或者以补充维生素、矿物质为目的的食品，即适宜于特定人群食用，具有调节机体功能，不以治疗疾病为目的，并且对人体不产生任何急性、亚急性或者慢性危害的食品。含中药材的保健食品，习称营养品、滋补品或保健品等，实际应统一归类为保健食品。

经营企业经营保健食品，无论是批发还是零售，均不需取得《药品经营许可证》，办理相关登记注册手续后，就可以售卖。例如：在商场、超市等非药品经营单位销售尚未实行批准文号管理的人参、鹿茸等滋补保健类中药材的，不需要领取《药品经营许可证》。但是，不是所有的中药材都可以做保健食品应用，根据《卫生部关于进一步规范保健食品原料管理的通知》（卫法监发［2002］51号）规定，中药材用于保健食品物品分为可用品与禁用品两类，品种如下。

可用于保健食品的物品名单（共104种）：人参、人参叶、人参果、三七、土茯苓、大蓟、女贞子、山茱萸、川牛膝、川贝母、川芎、马鹿胎、马鹿茸、马鹿骨、丹参、五加皮、五味子、升麻、天门冬、天麻、太子参、巴戟天、木香、木贼、牛蒡子、牛蒡根、车前子、车前草、北沙参、平贝母、玄参、生地黄、生何首乌、白及、白术、白芍、白豆蔻、石决明、石斛（需提供可使用证明）、地骨皮、当归、竹茹、红花、红景天、西洋参、吴茱萸、怀牛膝、杜仲、杜仲叶、沙苑子、牡丹皮、芦荟、苍术、补骨脂、诃子、赤芍、远志、麦门冬、龟甲、佩兰、侧柏叶、制大黄、制何首乌、刺五加、刺玫果、泽兰、泽泻、玫瑰花、玫瑰茄、知母、罗布麻、苦丁茶、金荞麦、金樱子、青皮、厚朴、厚朴花、姜黄、枳壳、枳实、柏子仁、珍珠、绞股蓝、胡芦巴、茜草、荜茇、韭菜子、首乌藤、香附、骨碎补、党参、桑白皮、桑枝、浙贝母、益母草、积雪草、淫羊藿、菟丝子、野菊花、银杏叶、黄芪、湖北贝母、番泻叶、蛤蚧、越橘、槐实、蒲黄、蒺藜、蜂胶、酸角、墨旱莲、熟大黄、熟地黄、鳖甲。

保健食品禁用物品名单（共59种）：八角莲、八里麻、千金子、土青木香、山莨菪、川乌、广防己、马桑叶、马钱子、六角莲、天仙子、巴豆、水银、长春花、甘遂、生天南星、生半夏、生白附子、生狼毒、白降丹、石蒜、关木通、农吉痢、夹竹桃、朱砂、罂粟壳、红升丹、红豆杉、红茴香、红粉、羊角拗、羊踯躅、丽江山慈菇、京大戟、昆明山海棠、河豚、闹羊花、青娘虫、鱼藤、洋地黄、洋金花、牵牛子、砒石（白砒、红砒、砒霜）、草乌、香加皮（杠柳皮）、骆驼蓬、鬼臼、莽草、铁棒槌、铃兰、雪上一枝蒿、黄花夹竹桃、斑蝥、硫磺、雄黄、雷公藤、颠茄、藜芦、蟾酥。

小贴士

近几年来，在保健食品售卖中，以非药品冒充药品进行销售的行为非常普遍，且产品销售额呈逐年上升趋势。所谓非药品冒充药品产品是指在标签、说明书中宣称具有功能主治、适应证或者明示预防疾病、治疗功能或药用疗效等行为以及产品名称与药品名称相同或类似的食品、保健食品、化妆品、消毒产品和未标示文号等产品。目前，非药品冒充药品的产品已进入经营、使用单位，采取大规模、集中式、连续性的冒充药品的广告宣传，欺骗消费者将该类产品误当作药品购买使用。

非药品冒充药品销售的行为，扰乱药品市场秩序，社会反响很大。2009年，国家食品药品监督管理局和卫生部下发《关于整治药品经营企业非药品冒充药品行为的通知》，重点对药品零售企业以食品、保健食品、化妆品、消毒产品和未标示文号等非药品产品冒充药品的行为进行全面治理整顿。2013年5月，国家食品药品监督管理总局印发了《打击保健食品“四非”专项行动工作方案的通知（食药监［2013］15号)》，制定了打击保健食品“非法生产、非法经营、非法添加和非法宣传”专项行动工作方案，整顿和规范保健食品市场秩序。在此次专项行动中，发现“四非”行为的，一律按法律法规规定的上限予以处罚；情节严重的，一律吊销生产经营者和产品的许可证件；涉及犯罪的，一律移送公安机关依法追究刑事责任；对存在安全隐患的产品，一律封存、下架、责令企业召回并监督销毁。

3. 中药配方颗粒

中药配方颗粒，先后称“中药新饮片”、“单味中药精制饮片”、“单味中药浓缩颗粒”、“免煎饮片”、“免煎汤剂”等，后统一命名为“中药配方颗粒”。所谓中药配方颗粒是用符合炮制规范的传统中药饮片作为原料，经现代制药技术提取、浓缩、分离、干燥、制粒、包装精制而成的纯中药产品系列，具有不需要调剂、煎煮，直接冲服，患者易于接受，服用剂量小、安全卫生、携带方便等优点。但同时，在中药配方颗粒生产过程中，由于药物成分比较复杂，在提取、精制时损失的成分比较严重，会给药物的疗效带来一定的影响。因此要加大对中药配方颗粒成分、质控等方面的研究，并依靠先进的生产工艺、设备和完善的管理，使中药配方颗粒为弘扬和发展祖国中医药文化做出贡献。

根据原国家药品监督管理局《中药配方颗粒管理暂行规定》（2001 年 7 月 5 日发布）的要求：为推进中药饮片实施批准文号管理，规范中药配方颗粒的试点研究，中药配方颗粒将从2001 年 12 月 1 日起纳入中药饮片管理范畴，实行批准文号管理。在未启动实施批准文号管理前仍属科学研究阶段，该阶段采取选择试点企业研究、生产，试点临床医院使用。未经国家药品监管部门批准的试点生产企业及未经相关省级药品监管部门备案的临床医院不能生产和使用中药配方颗粒。由于现在中药配方颗粒质量标准尚不明确和统一，因而至今仍未实施批准文号管理，所以中药配方颗粒还只能在试点临床医院使用，故目前药品经营企业不允许售卖中药配方颗粒。

小贴士

截至目前，经原国家药品监督管理局批复试点的中药配方颗粒生产企业共 6 家，分别是江苏江阴天江制药厂、广东一方制药厂、北京康仁堂药业有限责任公司、三九医药股份有限公司、四川新绿色药业科技发展股份有限公司、培力（南宁）药业有限公司。

使用单位是经省药品监管部门备案的二级以上医疗机构。

药品经营单位不允许销售，但是具备第三方物流条件的企业可以配送。

2013 年，国家食品药品监督管理总局办公厅通知要求“不得将尚处于科学研究阶段、未获得公认的安全性、有效性方面数据的科研产品，以及片剂、颗粒剂等常规按制剂管理的产品作为中药饮片管理，并不得为其制定中药饮片炮制规范。”

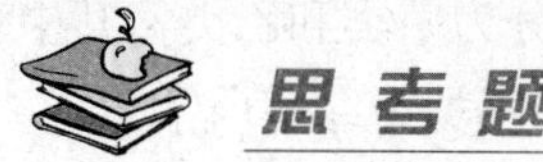

思考题

1. 如何售卖中药材、中药饮片？
2. 售卖其他与中药相关品种应注意什么？

第三节 处方药、非处方药

自2000年开始，我国实施处方药与非处方药分类管理制度。由于药品分类管理制度是在药品销售终端实施的，所以本节主要介绍处方药、非处方药在零售环节的售卖。

一、处方药的售卖

处方药是指必须凭执业医师或执业助理医师处方方可购买、调配和使用的药品。处方药英语称为 Preseription Drug 或 Ethical Drug。根据我国药品监督管理部门规定，目前，在药品零售企业必须凭执业医师或执业助理医师处方销售的药品包括：注射剂、医疗用毒性药品、二类精神药品、按兴奋剂管理的药品、精神障碍治疗药（抗精神病、抗焦虑、抗躁狂、抗抑郁药）、抗病毒药（逆转录酶抑制剂和蛋白酶抑制剂）、肿瘤治疗药、含麻醉药品的复方制剂、未列入非处方药目录的抗菌药和激素以及国家食品药品监督管理总局规定的其他必须凭处方销售的药品。

销售处方药的药品零售企业必须具有《药品经营许可证》。《药品经营许可证》、《营业执照》和执业药师证书应悬挂在店堂内醒目的位置，并在对应的位置设置明显的标示和如下警示语：“处方药：凭医师处方销售、购买和使用！”。处方药与非处方药应当分柜摆放。处方药不得采用开架自选方式销售。

进入药品流通领域的处方药，其相应的警示语“凭医师处方销售、购买和使用！”由生产企业醒目地印制在药品包装或药品使用说明书上。药品生产、批发企业不得以任何方式直接向病患者推荐、销售处方药。

售卖处方药必须配备驻店执业药师。执业药师负责对医师处方进行审核，签字后依据处方正确调配、销售药品。对处方不得擅自更改或代用。对有配伍禁忌或超剂量的处方，应当拒绝调配、销售，必要时，经处方医师更正或重新签字，方可调配、销售。

零售药店对处方必须留存2年以上备查。

二、非处方药的售卖

非处方药是指由国务院药品监督管理部门公布的，不需要凭执业医师和执业助理医师处方，消费者可自行判断、购买及使用的药品。非处方药英语称之为 Over The Counter，意为“可在柜台上买到的药品”，简称 OTC。非处方药分为甲类和乙类，其中安全性更高的一些药品划为乙类。甲类的 OTC 标识是红底白字，乙类为绿底白字。

甲类非处方药的售卖必须是具有《药品经营许可证》的零售企业，药品零售企业销售非处方药的，必须专柜（或专架）分类摆放，并在对应的位置设置明显的标示和忠告语，甲类非处方药、乙类非处方药的忠告语：“请仔细阅读药品使用说明书并按说明使用或在药师指导下购买和使用!”

乙类非处方药可以在普通商业企业售卖，但必须经过当地地市级以上药品监督管理部门审查、批准、登记，符合条件的颁发乙类非处方药准销标志。普通商业企业不得销售处方药和甲类非处方药。销售乙类非处方药时，应设立专门货架或专柜，并按法律法规的规定摆放药品。同时设置非处方药的标示和忠告语。普通商业连锁超市销售的乙类非处方药必须由连锁总部统一从合法的供应渠道和供应商采购、配送，分店不得独自采购。

非处方药专有标识

（彩色标识，标准色）

甲类非处方药专有标识

甲类非处方药专有标识色标 M100Y100

乙类非处方药专有标识

乙类非处方药专有标识色标 M100M50Y70

简述售卖处方药、非处方药的有关规定。

第四节 进口药品

进口药品是指由境外药品生产企业（包括港澳台地区）合法生产的、经我国药品监督管理部门批准进入到国内市场的药品。国家对进口药品实行注册制度。凡进口药品的，必须取得《进口药品注册证》或者《医药产品注册证》；进口中药材的，须取得《药材进口批件》；进口麻醉药品、精神药品的，必须取得麻醉药品、精神药品《进口准许证》；进口生物制品的，须取得《生物制品批签发合格证》。

一、进口药品的采购

1. 销售代理商

凡是在国内从事进口药品的代理商，包括总代理、地区代理等，必须按照国家食品药品监督管理总局《药品流通监督管理办法》、《进口药品国内销售代理商备案规定》等相关要求办理备案手续。取得代理资格的国内药品经营企业采购进口药品时，供货单位应当同时提供以下资料：

(1)《进口药品注册证》（或《医药产品注册证》或《进口药材批件》或《生物制品批签发合格证》）复印件；

(2)《进口药品检验报告书》复印件或者注明"已抽样"并加盖公章的《进口药品通关单》复印件；国家食品药品监督管理总局规定批签发的生物制品，需要同时提供口岸药品检验所核发的批签发证明复印件。进口麻醉药品、精神药品的，应当提供其《进口准许证》复印件和《进口药品检验报告书》复印件。上述各类复印件均需加盖供货单位原印章。

2. 药品购进

进口单位签订购货合同时，货物到岸地应当从允许药品进口的口岸选择，并向货物到岸地口岸药品监督管理局提出进口备案申请。口岸药品监督管理局审查全部资料无误后，向负责检验的口岸药品检验所发出《进口药品口岸检验通知书》。经检验符合标准规定的，口岸药品检验所出具《进口药品检验报告书》，准予进口备案，由口岸药品监督管理局发出《进口药品通关单》。进口单位持《进口药品通关单》向海关申报，海关凭口岸药品监督管理局出具的《进口药品通关单》，办理进口药品的报关、验放手续。进口麻醉药品、精神药品，海关凭国家食品药品监督管理总局核发的麻醉药品、精神药品《进口准许证》办理报关验放手续。

3. 药品验收

药品经营企业验收进口药品时，除执行国产药品的验收程序外，还必须有：《进口药品注册证》（或《医药产品注册证》）、该批次药品的进口药品检验报告书复印件，进口药材应有《进口药材批件》复印件，进口麻醉药品、精神药品应有《进口准许证》，进口生物制品的应有《生物制品批签发合格证》。以上复印件均须加盖供货单位原印章。进口药品包装的标签必须有以中文注明的药品名称、主要成分以及注册证号，并有中文说明书。此外还应有装箱合格证。

二、进口药品的售卖

批发企业销售进口药品时，按照国家有关规定应提供以下证明文件：《进口药品注册证》（或《医药产品注册证》）、该批次药品的"进口药品检验报告书"复印件。进口生物制品应有《批签发合格证》复印件，进口药材还应有《进口药材批件》复印件。以上复印件均加盖本单位原印章。

零售药店售卖进口药品时，须给顾客提供中文说明书，驻店执业药师做好用法用量、禁忌证、效期等方面的咨询服务。

根据国家食品药品监督管理总局《关于进口药品实施电子监管有关事宜的通知（国食药监安［2013］23号）》要求，境外制药厂商（即《进口药品注册证》或《医药产品注册证》“公司名称”项下企业）应按国家食品药品监督管理总局规定品种和期限实施药品电子监管，并应在我国境内指定一家药品生产企业、药品批发企业、其在境内设立的子公司或办事机构，作为其药品电子监管工作的代理机构。口岸药品监督管理局要按照国家食品药品监督管理总局规定的电子监管品种实施时限，在进口备案审查时对应实施电子监管品种按其标示生产日期查验产品赋码情况，未按要求赋码者不予办理进口备案，并通报其电子监管代理机构所在地省级药品监督管理部门。

小贴士

我国口岸药品检验所一览表

序号	口岸药品检验所单位名称	单位地址	邮编
1	中国食品药品检定研究院	北京市天坛西里2号	100050
2	北京市药品检验所	北京新街口水车胡同13号	100035
3	天津市药品检验所	天津市贵州路98号	300070
4	大连市药品检验所	大连市黄河路888-1号	116021
5	上海市药品检验所	上海市柳州路615号	200233
6	江苏省药品检验所	南京市北京西路6号	210008
7	浙江省药品检验所	杭州市机场路22号	310004
8	福建省药品检验所	福州市通湖路330号	350001
9	厦门市药品检验所	厦门市东渡海山路39号	361012
10	青岛市药品检验所	青岛市隆德路7号	266071
11	武汉市药品检验所	武汉市二七路72号	430012
12	广东省药品检验所	广州市惠福西路进步里	510180
13	广州市药品检验所	广州市西增路23号	510160
14	海南省药品检验所	海口市龙华路8号	570005
15	重庆市药品检验所	重庆市中山三路孟园22号	630015
16	成都市药品检验所	成都市双槐树街25号	610061
17	陕西省药品检验所	西安市朱雀大街187号	710061

思考题

简述售卖进口药品的有关规定。

第五节 特殊管理药品

《药品管理法》第35条规定："国家对麻醉药品、精神药品、医疗用毒性药品、放射性药品，实行特殊管理"。因此，这四类药品通称为特殊管理药品。由于药品类易制毒化学品和戒毒类药品的性质比较特殊，按照相关规定，国家对这两类药品也实行特殊管理。故本节按照麻醉药品和精神药品、医疗用毒性药品和放射性药品、按特殊药品管理的药品这三部分介绍特殊管理药品的售卖。

一、麻醉药品和精神药品

麻醉药品是指连续使用后易产生身体依赖性，能成瘾癖的药品。精神药品是指直接作用于中枢神经系统，使之兴奋或抑制，连续使用能产生依赖性的药品。目前，我国规定的麻醉药品有123种，第一类精神药品53种，第二类精神药品78种（我国生产及使用的具体品种目录附后，详见《关于公布麻醉药品和精神药品品种目录（2007年版）的通知》）。

国务院《麻醉药品和精神药品管理条例》规定：国家对麻醉药品和精神药品实行管制。除另有规定外，任何单位、个人不得进行麻醉药品和精神药品的经营活动。

（一）麻醉药品和第一类精神药品的售卖

麻醉药品和第一类精神药品定点经营企业分为全国性批发企业和区域性批发企业。全国性批发企业由国家食品药品监督管理总局批准，并在《药品经营许可证》核准经营范围。至2007年，获准麻醉药品和一类精神药品经营的全国性批发企业有三家，分别是：国药集团药业股份有限公司、上海市医药股份有限公司和重庆医药股份有限公司。区域性批发企业由省、自治区、直辖市的药品监督管理部门批准，并在《药品经营许可证》核准经营范围。区域性批发企业的数量，根据原国家食品药品监督管理局《关于调整麻醉药品和第一类精神药品区域性批发企业布局的通知（国食药监安［2012］362号）》要求，以设区的市级行政区域为单位，近3年麻醉药品和第一类精神药品年均消费额（以医疗机构购进金额计）在1000万元（含）以上且常住人口在500万（含）以上的，可设立不超过3家区域性批发企业；年均消费额在500万元（含）以上1000万元以下，或年均消费额在1000万元以上但常住人口不足500万的，可设立不超过2家；其他设区的市如需设立的，应不超过1家，对交通便利、本省（区、市）行政区域内其他区域性批发企业能够安全配送并保证供应的，可不设立区域性批发企业。北京、天津和上海市可设立不超过3家区域性批发企业；重庆市不超过16家，其中市区不超过2家。对因配送半径长或交通不便等特殊原因，确实难以保障医疗机构用药需求的地区，省级食品药品监管部门可根据实际情况适度增设区域性批发企业。

麻醉药品和第一类精神药品的售卖过程十分明确，即全国性批发企业可批发给区域性批发企业，区域性批发企业售卖给辖区内的医疗机构。药品零售企业不得售卖麻醉药品和第一类精神药品。

麻醉药品、第一类精神药品在售卖活动中，应该注意以下事项：

1. 全国性批发企业向区域性批发企业销售麻醉药品和第一类精神药品时，应当建立购买方销售档案，内容包括：

（1）省、自治区、直辖市药品监督管理部门批准其为区域性批发企业的文件。

（2）加盖单位公章的《药品经营许可证》、《企业法人营业执照》、《药品经营质量管理规范认证证书》复印件。

（3）企业法定代表人、主管麻醉药品和第一类精神药品负责人、采购人员及其联系方式。

（4）采购人员身份证明及法人委托书。

2. 企业向其他企业、单位销售麻醉药品和第一类精神药品时，应当核实企业或单位资质文件、采购人员身份证明，无误后方可销售。

3. 企业向医疗机构销售麻醉药品和第一类精神药品时，应当建立相应医疗机构的供药档案，内容包括《麻醉药品和第一类精神药品购用印鉴卡》、“麻醉药品和第一类精神药品采购明细”等。

4. 医疗机构向全国性批发企业、区域性批发企业采购麻醉药品和第一类精神药品时，应当持《麻醉药品和第一类精神药品购用印鉴卡》，填写“麻醉药品和第一类精神药品采购明细”，办理购买手续。销售人员应当仔细核实内容以及有关印鉴，无误后方可办理销售手续。

5. 企业应当确定相对固定人员和运输方式，在办理完相关手续后，将麻醉药品、一类精神药品送至医疗机构。在医疗机构现场检查验收。

6. 企业应当按照要求建立向药品监督管理部门或其指定机构报送麻醉药品和精神药品经营信息的网络终端，及时将有关购进、销售、库存情况通过网络上报。

7. 企业对过期、损坏的麻醉药品和精神药品应当登记造册，及时向所在地县级以上药品监督管理部门申请销毁，并由药品监督管理部门派人到现场监督销毁。

知识链接

我国生产及使用的麻醉药品为阿法罗定、可卡因、二氢埃托啡、地芬诺酯、芬太尼、氢可酮、美沙酮、吗啡、阿片、羟考酮、哌替啶、罂粟壳、瑞芬太尼、舒芬太尼、蒂巴因、布桂嗪、可待因、复方樟脑酊、右丙氧芬、双氢可待因、乙基吗啡、福尔可定、阿桔片、吗啡阿托品注射液，共计24种。

我国生产及使用的第一类精神药品为丁丙诺啡、γ-羟丁酸、氯胺酮、马吲哚、哌醋甲酯、司可巴比妥、三唑仑，共计7种。

我国生产及使用的第二类精神药品为异戊巴比妥、布托啡诺及其注射剂、咖啡因、安钠咖、去甲伪麻黄碱、地佐辛及其注射剂、芬氟拉明、格鲁米特、喷他佐辛、戊巴比妥、阿普唑仑、巴比妥、溴西泮、氯氮卓、氯硝西泮、地西泮、艾司唑仑、氯氟卓乙酯、氟西泮、劳拉西泮、甲丙氨酯、咪达唑仑、纳布啡及其注射剂、硝西泮、奥沙西泮、氨酚氢可酮片、匹莫林、苯巴比妥、替马西泮、曲马多、唑吡坦、扎来普隆、麦角胺咖啡因片，共计33种。上述两类精神药品品种包括其可能存在的盐和单方制剂及可能存在的化学异构体及酯、醚。

（二）第二类精神药品的售卖

第二类精神药品经营企业的定点由两部分组成，一是全国性批发企业、区域性批发企业如需开展此项业务，经企业所在地省、自治区、直辖市药品监督管理部门批准，在其《药品经营许可证》中加注第二类精神药品原料药或第二类精神药品制剂经营范围。二是经企业所在地省、自治区、直辖市药品监督管理部门批准，在其《药品经营许可证》中加注第二类精神药品原料药或第二类精神药品制剂经营范围的专门从事第二类精神药品批发的企业。

小贴士

部分特殊管理药品的处方限量

分类	剂型	一般患者	癌痛、慢性中重度非癌痛患者
麻醉药品、第一类精神药品	注射剂	一次常用量。麻醉药品仅限于医疗机构内使用。	不得超过3日常用量
	其他剂型	不得超过3日常用量	不得超过7日常用量
	控缓释制剂	不得超过7日常用量	不得超过15日常用量
第二类精神药品		不得超过7日常用量	对于慢性病或某些特殊情况的患者，处方用量可以适当延长，医师应当注明理由
医疗性毒性药品		不得超过2日极量	
哌醋甲酯		不得超过15日常用量	用于治疗儿童多动症时
盐酸哌替啶＊＊＊		一次常用量	仅限于医疗机构内使用
盐酸二氢埃托啡＊＊＊		一次常用量	仅限于二级以上医院内使用

注：标＊＊＊者为需要加强管制的麻醉药品

药品零售连锁企业如需经营二类精神药品，可向所在地设区的市级药品监督管理机构提出申请，批准的，发证部门应当在企业和相应门店的《药品经营许可证》经营范围中予以注明。除经批准的药品零售连锁企业外，其他药品零售企业不得从事第二类精神药品零售活动。

具有第二类精神药品经营范围的药品批发企业，可以向药品生产企业、批发企业和零售连锁企业以及医疗机构售卖第二类精神药品。药品零售连锁企业只能通过具有第二类精神药品经营范围的门店直接向消费者售卖药品。

第二类精神药品在售卖活动中，应当注意以下事项：

（1）从事第二类精神药品批发业务的企业在向其他企业、单位销售第二类精神药品时，应当核实企业或单位资质文件、采购人员身份证明，无误后方可售卖。

（2）从事第二类精神药品批发业务的企业和经批准从事第二类精神药品零售业务的零售连锁企业，应当按照要求建立向药品监督管理部门或其指定机构报送第二类精神药品经营信息的网络终端，及时将有关购进、销售、库存情况通过网络上报。

（3）药品零售连锁企业对其所属的经营第二类精神药品的门店，应当严格执行统一进货、统一配送和统一管理。药品零售连锁企业门店所售卖的第二类精神药品，应当由本企业直接配送，不得委托配送。

（4）售卖第二类精神药品时，应当凭执业医师开具的处方，并经执业药师或其他依法经过资格认定的药学技术人员复核。处方保存 2 年备查。

（5）不得向未成年人售卖第二类精神药品。在难以确定购药者是否为未成年人的情况下，可查验购药者身份证明。

二、医疗用毒性药品和放射性药品

（一）医疗用毒性药品的售卖

医疗用毒性药品（以下简称毒性药品），系指毒性剧烈、治疗剂量与中毒剂量相近，使用不当会致人中毒或死亡的药品。我国对毒性药品的售卖实行特殊管理（毒性药品目录附后）。

目前，对毒性药品管理工作中，实际面临着这样一个情况。现行的《医疗用毒性药品管理办法》，是依据 1984 年版《药品管理法》制定的，于 1988 年 11 月 15 日国务院第二十五次常务会议通过，并发布施行的。受时间的局限，这个管理办法与我国现行的市场经济体制和药品监管体制不能完全适应了。为加强对医疗用毒性药品管理，原国家食品药品监督管理局下发了《关于切实加强医疗用毒性药品监管的通知》（国药监安［2002］368 号），目前也作为毒性药品的管理依据之一。同时，各地对毒性药品的管理，也进行了积极的探讨和实践，有的省还补充了有关规定，如：山东、浙江、吉林等省先后发布了相应的管理办法。这些地方规范性文件，对于各地加强对毒性药品的管理起到了补充和完善的作用。在此依据《医疗用毒性药品管理办法》并结合国家局和各地的有关规定和要求，介绍毒性药品的售卖。

药品批发企业申请经营毒性药品，经省级食品药品监督管理局批准后，并在《药品经营许可证》经营范围中予以注明。其药品零售（含零售连锁）企业申请经营毒性药品，经设区的市级食品药品监督管理局批准后，并在《药品经营许可证》经营范围中予以注明。未经批准，任何单位或者个人均不得从事毒性药品的经营。

1. 药品批发企业售卖毒性药品的注意事项

（1）企业必须设置毒性药品专库或专柜，严禁与其他药品混放，专库或专柜必须双人双锁，并有安全报警、防盗措施。

（2）企业售卖毒性药品时，应当要求购买方提供以下证明材料，并建立对方销售档案。

①加盖原印章的《药品生产许可证》、《药品经营许可证》或者《医疗机构执业许可证》复印件。

②加盖原印章的购买授权书，授权书应当注明授权经办人姓名、身份证号码、购买毒性药品的品种、数量、用途。

③经办人的身份证复印件。

2. 药品零售企业售卖毒性药品的注意事项

（1）零售企业必须设置毒性药品专库或专柜，严禁与其他药品混放，专库或专柜必须双人双锁，并有安全报警和防盗措施。

（2）药品零售企业供应毒性药品，须凭盖有医生所在医疗机构公章的处方。每次处方剂量不得超过2日极量。

调配处方前，应有执业中药师进行处方审核。调配时，必须认真负责，计量准确，按医嘱注明要求，并由配方人员及复核人员签名盖章后方可发出。对处方未注明“生用”的毒性中药，应当付炮制品。如发现处方有疑问时，须经原处方医生重新审定后再行调配。处方当次有效，取药后处方保存二年备查。

（3）药品零售企业不得零售A型肉毒毒素制剂。

知识链接

毒性药品品种目录

1. 毒性中药品种（包括原药材和饮片，不含制剂），共28种：砒石（红、白）、砒霜、水银、生马钱子、生川乌、生草乌、生白附子、生附子、生半夏、生南星、生巴豆、斑蝥、青娘虫、红娘子、生甘遂、生狼毒、生藤黄、生千金子、生天仙子、闹羊花、雪上一枝蒿、红升丹、白降丹、蟾酥、洋金花、轻粉、雄黄。

2. 毒性西药品种共13种：去乙酰毛花苷丙、阿托品、洋地黄毒苷、氢溴酸后马托品、三氧化二砷、毛果芸香碱、升汞、水杨酸毒扁豆碱、亚砷酸钾、氢溴酸东莨菪碱、士的宁、亚砷酸注射液、A型肉毒毒素及其制剂。

其中，除亚砷酸注射液、A型肉毒毒素制剂以外的毒性药品西药品种是指原料药；毒性药品的西药品种士的宁、阿托品、毛果芸香碱等包括其盐类化合物。

（二）放射性药品的售卖

放射性药品是指用于临床诊断或者治疗疾病的放射性核素制剂或其标记药物，包括医用放射性核素发生器及其配套药盒、正电子类放射性药品、放射性体内植入制品、即时标记放射性药品、放射免疫分析药盒、其他反应堆和加速器放射性药品。放射性药品与其他药品的不同之处在于，这一类药品在分子内含有放射性，所放出的射线若掌握不好，能对人体产生损害。因此，对放射性药品的质量管理要比其他药品更加严格，以保证放射性药品既能用于诊断和治疗疾病，又不使人体正常组织受到损害。1989年1月3日，国务院发布了《放射性药品管理办法》，对放射性药品的生产、经营和使用实行特殊管理。2012年12月，原国家食品药品监督管理局以“《药品生产质量管理规范（2010 年修订）》放射性药品附录”形式，对放射性药品的生产管理、质量管理、储存、运输、安全、防护等进行了明确。目前我国放射性药品的流通管理模式是：对取得《放射性药品生产许可证》生产企业同时核发《放射性药品经营许可证》，就是说放射性药品是集生产与经营于一体的。具有《放射性药品生产许可证》和《放射性药品经营许可证》的企业，可以向具有《放射性药品使用许可证》的医疗机构供应放射性药品。

由于放射性药品供求关系的这种特殊性，其销售没有进入其他药品的流通渠道，不涉及本章所讲的售卖活动，故在此不再详细介绍。

三、按照特殊药品管理的药品

（一）药品类易制毒化学品的售卖

药品类易制毒化学品是指《易制毒化学品管理条例》（国务院令 445 号）中所确定的麦角酸、麻黄素等物质，具体品种有：麦角酸 、麦角胺 、麦角新碱 、麻黄素、伪麻黄素、消旋麻黄素、去甲麻黄素、甲基麻黄素、麻黄浸膏、麻黄浸膏粉等麻黄素类物质，也包括上列物质可能存在的盐类。药品类易制毒化学品包括原料药及其单方制剂。

1. 购买

国家对药品类易制毒化学品实行购买许可制度。购买药品类易制毒化学品的，应当办理《药品类易制毒化学品购用证明》（下称《购买证明》）。《购用证明》由国家食品药品监督管理局统一印制，有效期为 3 个月。

具备以下条件的企业、单位可以申请《购买证明》：

（1）经批准使用药品类易制毒化学品用于药品生产的药品生产企业；

（2）使用药品类易制毒化学品的教学、科研单位；

（3）具有药品类易制毒化学品经营资格的药品经营企业；

（4）取得药品类易制毒化学品出口许可的外贸出口企业；

（5）经农业部会同国家食品药品监督管理局下达兽用盐酸麻黄素注射液生产计划的兽药生产企业。

药品类易制毒化学品生产企业自用药品类易制毒化学品原料药用于药品生产的，也应当按照本办法规定办理《购用证明》。

2. 注意事项

具有药品类易制毒化学品经营资格的企业须将药品类易制毒化学品销售给取得《购用证明》的企业和单位，并严格执行以下规定：

（1）药品类易制毒化学品生产企业应当将药品类易制毒化学品原料药销售给取得《购用证明》的药品生产企业、药品经营企业和外贸出口企业。

（2）药品类易制毒化学品经营企业应当将药品类易制毒化学品原料药销售给本省、自治区、直辖市行政区域内取得《购用证明》的单位。药品类易制毒化学品经营企业之间不得购销药品类易制毒化学品原料药。

（3）教学科研单位只能凭《购用证明》从麻醉药品全国性批发企业、区域性批发企业和药品类易制毒化学品经营企业购买药品类易制毒化学品。

（4）药品类易制毒化学品生产企业应当将药品类易制毒化学品单方制剂和小包装麻黄素销售给麻醉药品全国性批发企业。麻醉药品全国性批发企业、区域性批发企业应当按照《麻醉药品和精神药品管理条例》第三章规定的渠道销售药品类易制毒化学品单方制剂和小包装麻黄素。麻醉药品区域性批发企业之间不得购销药品类易制毒化学品单方制剂和小包装麻黄素。

麻醉药品区域性批发企业之间因医疗急需等特殊情况需要调剂药品类易制毒化学品单方制剂的，应当在调剂后 2 日内将调剂情况分别报所在地省、自治区、直辖市食品药品监督管理部门备案。

（5）药品类易制毒化学品禁止使用现金或者实物进行交易。

（6）药品类易制毒化学品生产企业、经营企业销售药品类易制毒化学品，应当逐一建立购买方档案。

购买方为非医疗机构的，档案内容至少包括：购买方《药品生产许可证》、《药品经营许可证》、企业营业执照等资质证明文件复印件；购买方企业法定代表人、主管药品类易制毒化学品负责人、采购人员姓名及其联系方式；法定代表人授权委托书原件及采购人员身份证明文件复印件；《购用证明》或者麻醉药品调拨单原件；销售记录及核查情况记录。

购买方为医疗机构的，档案应当包括医疗机构麻醉药品、第一类精神药品购用印鉴卡复印件和销售记录。

（7）药品类易制毒化学品生产企业、经营企业销售药品类易制毒化学品时，应当核查采购人员身份证明和相关购买许可证明，无误后方可销售，并保存核查记录。

发货应当严格执行出库复核制度，认真核对实物与药品销售出库单是否相符，并确保将药品类易制毒化学品送达购买方《药品生产许可证》或者《药品经营许可证》所载明的地址，或者医疗机构的药库。

在核查、发货、送货过程中发现可疑情况的，应当立即停止销售，并向所在地食品药品监督管理部门和公安机关报告。

（8）除药品类易制毒化学品经营企业外，购用单位应当按照《购用证明》载明的用途使用药品类易制毒化学品，不得转售；外贸出口企业购买的药品类易制毒化学品不得内销。

购用单位需要将药品类易制毒化学品退回原供货单位的，应当分别报其所在地和原供货单位所在地省、自治区、直辖市食品药品监督管理部门备案。原供货单位收到退货后，应当分别向其所在地和原购用单位所在地省、自治区、直辖市食品药品监督管理部门报告。

我国部分药品类易制毒化学品生产企业名单

序号	药品生产企业名称	药品名称
1	赤峰艾克制药科技股份有限公司	盐酸麻黄碱 盐酸伪麻黄碱 盐酸甲基麻黄碱 硫酸伪麻黄碱
2	赤峰佳合天山制药有限公司	盐酸麻黄碱 盐酸伪麻黄碱 盐酸甲基麻黄碱
3	内蒙古盛乐制药有限责任公司	盐酸麻黄碱 盐酸伪麻黄碱
4	鄂尔多斯市金驼药业有限责任公司	盐酸麻黄碱 盐酸伪麻黄碱
5	浙江普洛康裕制药有限公司	盐酸麻黄碱 盐酸伪麻黄碱
6	深圳沃兰德药业有限公司	硫酸伪麻黄碱消旋盐酸甲麻黄碱
7	甘肃黄羊河（集团）古浪制药厂	盐酸麻黄碱 盐酸伪麻黄碱
8	青海省青海湖药业有限公司	盐酸伪麻黄碱
9	新疆和硕麻黄素制品有限责任公司	盐酸麻黄碱盐酸伪麻黄碱
10	新疆康平药业有限责任公司	盐酸麻黄碱 盐酸伪麻黄碱
11	国药集团新疆制药有限公司	盐酸麻黄碱 盐酸伪麻黄碱
12	国药集团工业有限公司	小包装盐酸麻黄碱
13	东北制药集团沈阳第一制药有限公司	盐酸麻黄碱注射液
14	西南药业股份有限公司	盐酸麻黄碱注射液 盐酸麻黄碱片
15	赤峰蒙欣药业有限公司	盐酸麻黄碱注射液
16	赤峰万泽制药有限责任公司	盐酸麻黄碱片
17	安徽国正药业股份有限公司	盐酸麻黄碱片
18	桂林益佰漓江制药有限公司	盐酸麻黄碱片
19	天津金虹胜利药业有限公司	盐酸麻黄碱滴鼻液
20	武汉五景药业有限公司	盐酸麻黄碱滴鼻液

（二）戒毒类药品的售卖

戒毒药品系指控制并消除滥用阿片类药物成瘾者的急剧戒断症状与体征的戒毒治疗药品，和能减轻消除稽延性症状的戒毒治疗辅助药品。美沙酮是目前我国最常见的麻醉性戒毒药品，为阿片类药物成瘾者进行替代疗法的主要药物。

麻醉性戒毒药品按照《麻醉药品和精神药品管理条例》规定实行特殊管理。其经营活动的管理同麻醉药品和第一类精神药品。

非麻醉性戒毒药品按处方药管理。

戒毒药品不得利用电视、广播、报纸、杂志等大众传播媒介进行的广告宣传。

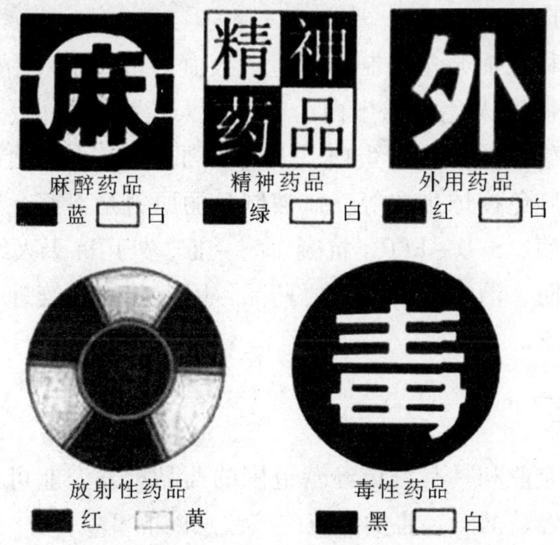

小贴士

麻醉药品和麻醉用药。

麻醉药品是专有名词，是指连续使用后易产生身体依赖性、能成瘾癖的药品，包括阿片类、可卡因类、合成麻醉药类及卫生部指定的其他易成瘾癖的药品、药用原植物及其制剂，这是一类国家严格管制的药品。国家有颁布专门的麻醉药品目录。

麻醉用药，即包括有麻醉作用的药物，又包括麻醉中需要用到的药物。有麻醉作用的药物有很多，但大部分不是麻醉药品而是普通药品。比如所有的局麻药，全麻常用的丙泊酚、依托咪酯等，都不是麻醉药品，但有麻醉作用。麻醉中需要用到的药物，还包括肌肉松弛药、心血管活性药物等很多很多。

思考题

麻醉药品、精神药品、医疗用毒性药品、药品类易制毒化学品应如何售卖？注意事项有哪些？

第六节 疫苗、血液制品

疫苗，是指为了预防、控制传染病的发生、流行，用于人体预防接种的疫苗类预防性生物制品。疫苗分为两类。第一类疫苗，是指政府免费向公民提供，公民应当依照政府的规定受种的疫苗，包括国家免疫规划确定的疫苗，省、自治区、直辖市人民政府在执行国家免疫规划时增加的疫苗，以及县级以上人民政府或者其卫生主管部门组织的应急接种或者群体性预防接种所使用的疫苗；第二类疫苗，是指由公民自费并且自愿受种的其他疫苗。

血液制品是指各种人血浆蛋白制品，包括人血白蛋白、人胎盘血白蛋白、静脉注射用人免疫球蛋白、肌注人免疫球蛋白、组织胺人免疫球蛋白、特异性免疫球蛋白、乙型肝炎、狂犬病、破伤风免疫球蛋白、人凝血因子Ⅷ、人凝血酶原复合物、人纤维蛋白原、抗人淋巴细胞免疫球蛋白等。血液制品的原料是血浆。正在进行临床研究的制品还有冻干人凝血酶、S/D－FFP、抗凝血酶－Ⅲ、外用冻干人纤维蛋白黏合剂等。

这两类药品是预防、治疗疾病的重要药品，因而其经营管理也具有相对特殊的要求，在此一并介绍如下。

一、疫苗的售卖

按规定疫苗生产企业和具有疫苗经营范围的药品批发企业可以售卖疫苗。药品零售企业不得从事疫苗经营活动。售卖疫苗应该注意以下事项：

（1）药品批发企业申请从事疫苗经营活动的，应当具备下列条件：具有从事疫苗管理的专业技术人员；具有保证疫苗质量的冷藏设施、设备和冷藏运输工具；具有符合疫苗储存、运输管理规范的管理制度。

（2）疫苗生产企业或者疫苗批发企业应当按照政府采购合同的约定，向省级疾病预防控制机构或者其指定的其他疾病预防控制机构供应第一类疫苗，不得向其他单位或者个人供应。

疫苗生产企业、疫苗批发企业应当在其供应的纳入国家免疫规划疫苗的最小外包装的显著位置，标明“免费”字样以及国务院卫生主管部门规定的“免疫规划”专用标识。

（3）疫苗生产企业、疫苗批发企业应当依照药品管理法和国务院药品监督管理部门的规定，建立真实、完整的购销记录，并保存至超过疫苗有效期2年备查。

（4）疫苗生产企业、疫苗批发企业在销售疫苗时，应当提供由药品检验机构依法签发的生物制品每批检验合格或者审核批准证明复印件，并加盖企业印章；疫苗批发企业经营进口疫苗的，还应当提供进口药品通关单复印件，并加盖企业印章。

（5）疫苗生产、经营企业经营疫苗，均须实施电子监管。

知识链接

根据《疫苗流通和预防接种管理条例》的规定，疫苗可分为第一类疫苗和第二类疫苗。

第一类疫苗是指政府免费向公民提供，公民应当依照政府的规定受种的疫苗。包括：乙肝疫苗、卡介苗、脊灰疫苗、百白破疫苗、白破疫苗、麻疹疫苗等6种。2008年起，在这基础上，以无细胞百白破疫苗替代了百白破疫苗，并增加了A群流脑疫苗、A+C群流脑疫苗、麻风疫苗、麻腮疫苗、麻腮风疫苗、甲肝疫苗、乙脑疫苗等7种疫苗。各地一类疫苗名单不完全相同，与当地经济状况有关。

第二类疫苗是指由公民自费并且自愿受种的其他疫苗。接种第二类疫苗由受种者或者其监护人承担费用。常见的第二类疫苗有：甲肝疫苗、甲乙肝疫苗、流脑疫苗、腮腺疫苗、风疹疫苗、麻腮疫苗、麻腮风疫苗、狂犬病疫苗、流行性感冒疫苗、肺炎疫苗、水痘疫苗、轮状病毒疫苗、b型流感嗜血杆菌疫苗等。

第一类疫苗与第二类疫苗是相对的，不是绝对不变。由于国家的经济承受能力、疫苗的供应等多种原因，第二类疫苗暂时实行自费接种，随着条件的成熟，许多第二类疫苗也将纳入国家免疫规划。

二、血液制品的售卖

售卖血液制品注意事项与疫苗售卖的注意事项基本相同，其不同之处在于：一是血液制品只要具有生物制品经营范围的批发企业就可以经营血液制品。二是具有生物制品经营范围药品零售企业可以售卖血液制品，但必须执行处方药的管理规定。

知识链接

国内主要血液制品品种一览表

品种	作用	主要生产单位
人血白蛋白	用于治疗创伤性，出血性休克，严重烧伤及低蛋白血症	上海莱士血制品有限公司 华兰生物工程有限公司
静注人免疫球蛋白	用于预防麻疹、传染性肝炎等，与抗生素合用可提高对某些严细菌及病毒性感染的疗效	北京天坛生物制品股份有限公司（占国内50%~70%） 安徽大安生物制品药业有限公司
肌注人免疫球蛋白	用于预防麻疹、传染性肝炎等，与抗生素合用可提高对某些严重细菌及病毒性感染的疗效。	北京天坛生物制品股份有限公司
组织胺人免疫球蛋白	用于病毒性感染，预防麻疹和传染性肝炎	卫生部上海生物制品研究所
人胎盘血白蛋白	用于治疗创伤性，出血性休克，严重烧伤及低蛋白血症	卫生部上海生物制品研究所
特异性免疫球蛋白	特异性作用	
人凝血因子Ⅷ	用于防治甲型血友病的出血症状	华兰生物工程有限公司
人凝血酶原复合物	用于治疗先天性和获得性凝血因子Ⅱ、Ⅶ、Ⅸ、Ⅹ缺乏症	上海莱士血制品有限公司 华兰生物工程有限公司
抗人淋巴细胞免疫球蛋白	用于临床器官移植的免疫排斥预防及治疗，骨髓移植的移植物抗宿主要应预防，以及再生障碍性贫血等病的治疗	武汉生物制品研究所
狂犬病人血白蛋白	用于狂犬病的防治	华兰生物工程有限公司

续表

品种	作用	主要生产单位
破伤风免疫球蛋白	用于防治破伤风	华兰生物工程有限公司 卫生部成都生物制品研究所
人纤维蛋白原	用于治疗产后大出血和纤维蛋白原缺乏造成凝血障碍	上海莱士血制品有限公司
乙型肝炎免疫球蛋白	用于乙型肝炎的预防	华兰生物工程有限公司 卫生部长春生物制品研究所

小贴士

疫苗的管理与其他普通药品不同。疫苗的储运环节要求全程冷链，对于未在规定的冷藏条件下储存、运输的疫苗，由药品监督管理部门责令予以销毁。药品监督管理部门负责疫苗的质量和流通的监督管理工作；卫生部门负责预防接种的监督管理工作，包括疫苗的分发、接收、购进、储存、运输和接种记录的检查。

简述售卖疫苗的有关规定。

第七节　国家有专门管理要求的药品

国家有专门管理要求的药品是指国家对蛋白同化制剂、肽类激素、含特殊药品复方制剂等品种实施特殊监管措施的药品。蛋白同化制剂、肽类激素属于含兴奋剂类药品，含特殊药品复方制剂主要指含麻黄碱类复方制剂、含可待因复方口服溶液。此外，复方地芬诺酯复方制剂、复方甘草片和终止妊娠类药品，在管理上也有其特殊性，在此归为一类介绍。

由于含麻黄碱类复方制剂药品种类众多、使用广泛，为便于掌握，本节作为单独的一部分讲述。

一、蛋白同化制剂、肽类激素的售卖

蛋白同化制剂又称同化激素，俗称合成类固醇，是合成代谢类药物，具有促进蛋白质合成和减少氨基酸分解的特征，可促进肌肉增生，提高动作力度和增强男性的性特征。在心理方面，滥用这类药物会引起抑郁情绪、冲动、攻击性行为，等等。此外，滥用这类药物会形成强烈的心理依赖。

肽类激素的作用是通过刺激肾上腺皮质生长、红细胞生成等实现促进人体的生长、发育，大量摄入会降低自身内分泌水平，损害身体健康，还可能引起心血管疾病、糖尿病等。同样，滥用肽类激素也会形成较强的心理依赖。

上述两类药物在体育运动中归为兴奋剂物质。2007 年开始，为迎接奥运会，国家加大了对蛋白同化制剂、肽类激素的管理措施。

1. 蛋白同化制剂、肽类激素的批发

药品批发企业经营上述药品，须经省级药品监督管理部门批准取得经营资格后方可经营。根据经营规模须设置专储仓库、专储药柜。需冷藏的蛋白同化制剂、肽类激素应设置符合规定要求的冷库、冰柜（冰箱）和运输车辆等。专储药柜需配置锁具，由专管人员保管。同时须实施电子监管。

2. 蛋白同化制剂、肽类激素的零售

药品零售企业禁止售卖蛋白同化制剂和肽类激素（胰岛素及其类似物除外）。药品零售企业售卖胰岛素时，须按处方药加强管理。

知识链接

蛋白同化制剂品种和肽类激素品种目录（2010 年）

一、蛋白同化制剂品种

序号	英文名	通用名	海关商品编号
1	androstenediol	雄烯二醇	2937290011 3004320011
2	androstenedione	雄烯二酮 *	2937290011 3004320011
3	androst -4 - ene -3α, 17α - diol	雄烯二醇（异构体）	2906199012 3004909074
4	androst -4 - ene -3α, 17β - diol	雄 -4 - 烯 -3α, 17β - 二醇 *	2906199012 3004909071
5	androst -4 - ene -3β, 17α - diol	雄 -4 - 烯 -3β, 17α - 二醇 *	2937290011 3004320013
6	androst -5 - ene -3α, 17α - diol	雄 -5 - 烯 -3α, 17α - 二醇 *	2906199013 3004909072
7	androst -5 - ene -3α, 17β - diol	雄 -5 - 烯 -3α, 17β - 二醇 *	2906199013 3004909073
8	androst -5 - ene -3 β, 17 α - diol	雄 -5 - 烯 -3 β, 17 α - 二醇 *	2937290011 3004320014
9	4 - androstenediol androst -4 - ene -3 β, 17 β - diol	雄 -4 - 烯二醇 *	2937290012 3004320015
10	5 - androstenedione	雄烯二酮异构体	2937290012 3004320016
11	5α - androstane -3α, 17α - diol	阿法雄烷二醇	2906199011 3004909074
12	5α - androstane -3α, 17β - diol	倍他雄烷二醇异构体	2937290012 3004320017

续表

序号	英文名	通用名	海关商品编号
13	5α - androstane - 3β, 17α - diol	雄烷二醇异构体	2937290012 3004320018
14	5α - androstane - 3β, 17β - diol	倍他雄烷二醇	2906199011 3004909075
15	bolasterone	勃拉睾酮	2937290012 3004320019
16	boldenone	勃地酮	2937290013 3004320021
17	boldione	1，4 - 雄二烯 - 3, 17 - 二酮 *	2937290013 3004320022
18	calusterone	卡芦睾酮	2937290013 3004320023
19	clenbuterol	克仑特罗	2922199020 3004390011
20	clostebol	氯司替勃	2937290013 3004320024
21	danazol	达那唑	2937290014 3004320023
22	dehydrochloromethyltestosterone	脱氢氯甲基睾酮 *	2937290014 3004320025
23	deltal - androstene - 3, 17 - dione	雄 - 1 - 烯 - 3, 17 - 二酮 *	2937290014 3004320026
24	deltal - androstenediol	（Δ）雄烯二醇	2937290014 3004320027
25	dehydroepiandrosterone（DHEA）	普拉睾酮 *	2937290014 3004320028
26	desoxymethyltestosterone	去氧甲基睾酮 *	2937290014 3004320029
27	dihydrotestosterone	双氢睾酮	2937290015 3004320029
28	drostanolone	屈他雄酮	2937290015 3004320028
29	drostanediol	5α - 雄烷 - 3β, 17β - 二醇 *	2906199011 3004909076
30	epi - dihydrotestosterone	表双氢睾酮	2937290015 3004320031
31	epitestosterone	表睾酮	2914400020 3004909079
32	ethylestrenol	乙雌烯醇	2937290015 3004320015

续表

序号	英文名	通用名	海关商品编号
33	fluoxymesterone	氟甲睾酮	2937290015 3004320031
34	formebolone	甲酰勃龙	2937290015 3004320012
35	furazabol	夫拉扎勃	2937290016 3004320032
36	gestrinone	孕三烯酮	2937230010 3004320033
37	4 – hydroxytestosterone	4 – 羟基睾酮	2937290016 3004320033
38	4 – hydroxy – 19 – nortestosterone	4 – 羟基诺龙	2937290016 3004390012
39	3 α – hydroxy – 5 α – androstan – 17 – one	3 α – 羟基 – 5 α – 雄烷 – 17 – 酮 *	2937290016 3004320034
40	3 β – hydroxy – 5 α – androstan – 17 – one	3 β – 羟基 – 5 α – 雄烷 – 17 – 酮 *	2914400020 3004909077
41	mestanolone	美雄诺龙	2937290017 3004320041
42	mesterolone	美睾酮	2937290017 3004320035
43	methandienone	美雄酮	2937290017 3004320035
44	methasterone	2 α,17 α – 二甲基 – 5 α – 雄烷 – 3 – 酮 – 17 β – 醇	2937290017 3004320036
45	methyldienolone	17α – 甲基 – 17β – 羟基雌 – 4,9（10）– 二烯 – 3 – 酮 *	2937290018 3004320037
46	methyl – 1 – testosterone	甲基 – 1 – 睾酮 *	2937290018 3004320038
47	methylnortestosterone	甲基去甲睾酮 *	2937230018 3004320038
48	metribolone	17α – 甲基 – 17β – 羟基雌 – 4,9,11 – 三烯 – 3 – 酮 *	2937290019 3004320039
49	metenolone	美替诺龙	2937290019 3004320041
50	methandriol	美雄醇	2937290019 3004320042
51	methyltestosterone	甲睾酮	2937290018 3004320042
52	mibolerone	米勃酮 *	2937290021 3004320042

续表

序号	英文名	通用名	海关商品编号
53	nandrolone	诺龙	2937290021 3004320043
54	19 – norandrostenediol	19 – 去甲雄烯二醇 *	2937290021 3004320044
55	19 – norandrostenedione	19 – 去甲雄烯二酮 *	2937290021 3004320044
56	19 – norandrosterone	去甲雄酮	2937290018 3004320045
57	norboletone	诺勃酮	2937290021 3004320043
58	norclostebol	诺司替勃	2937290021 3004320043
59	norethandrolone	诺乙雄龙	2937290021 3004320045
60	19 – noretiocholanolone	19 – 去甲本胆烷醇酮 *	2937290022 3004320046
61	oxabolone	环戊丙羟勃龙	2937290022 3004320047
62	oxandrolone	氧雄龙	2937290022 3004320047
63	oxymesterone	羟甲睾酮	2937290023 3004320048
64	oxymetholone	羟甲烯龙	2937290023 3004320048
65	prostanozol	17 β – 羟基 – 5α – 雄烷［3，2 – c］吡唑 *	2937290023 3004320049
66	quinbolone	奎勃龙	2937290024 3004320051
67	stanozolol	司坦唑醇	2937290024 3004320052
68	stenbolone	司腾勃龙	2937290024 3004320052
69	1 – testosterone	1 – 睾酮	2937290024 3004320053
70	testosterone	睾酮	2937290024 3004320053
71	tetrahydrogestrinone	四氢孕三烯酮	2937230010 3004320054
72	tibolone	替勃龙	2937230010 3004320051
73	trenbolone	群勃龙	2937290024 3004320051

续表

序号	英文名	通用名	海关商品编号
74	zeranol	泽仑诺	2937230010 3004320054
75	zilpaterol	齐帕特罗	2933990040 3004909078

二、肽类激素品种

序号	英文名	通用名	海关商品编号
76	Corticotrophins	促皮质素	2937190015 3004390026
77	Erythropoietin（EPO）	促红素（EPO）及其类似物	2937190011 3004390021
78	Gonadotrophins（LH，hCG）	促性素	2937190013 3004390025
79	Growth hormone（hGH）	生长激素及其类似物	2937110000 3004390022
80	Insulin	胰岛素及其类似物（包括如重组人胰岛素注射液、门冬胰岛素注射液、精蛋白重组人胰岛素注射液等）	2937121000 2937129000 3004311010 3004319010
81	Insulin-like Growth Factor（IGF-1）	胰岛素样生长因子1	2937190012 3004390023
82	Mechano Growth Factors（MGFs）	生长因子素	2937190014 3004390024

二、含麻黄碱类复方制剂的售卖

麻黄碱类是指《易制毒化学品管理条例》（国务院令445号）中，附表《易制毒化学品的分类和品种目录》第一类第12项下的麻黄素、伪麻黄素、消旋麻黄素、去甲麻黄素、甲基麻黄素、麻黄浸膏、麻黄浸膏粉等麻黄素类物质。这里所说的麻黄碱类复方制剂，是指含有上述成分的药品（不包括含麻黄的中成药）。

近来，随着毒品形势的变化，我国一些地区出现含麻黄碱类复方制剂流入非法渠道被用于制毒的问题，在国内外造成不良影响。特别是近一段时期以来，制毒犯罪分子采取雇佣人员多次购买的方式，向部分地区药品零售企业骗购含麻黄碱类复方制剂，造成不同程度的药品流失，同时少数药品零售企业片面追逐利益，存在违规销售行为。为此，国家局于2009年下发了《关于切实加强部分含特殊药品复方制剂销售管理的通知》（国食药监安［2009］503号），进一步强化了含麻黄碱类复方制剂的管理措施。

1. 含麻黄碱类复方制剂的批发

从事含麻黄碱类复方制剂的批发业务，应当注意以下事项：

（1）药品生产企业和药品批发企业售卖含麻黄碱类复方制剂时，应当核实购买方资质证明材料、采购人员身份证明等情况，无误后方可销售，并跟踪核实药品到货情况，核实记录保存至药品有效期后一年备查。发现含麻黄碱类复方制剂购买方存在异常情况时，应当立即停止销售，并向当地县级以上公安机关和药品监管部门报告。

（2）药品生产企业和药品批发企业销售含麻黄碱类复方制剂时，禁止使用现金进行交易。个体诊所、单体零售药店使用银行卡购买含麻黄碱类复方制剂时，该银行卡的开户人必须是个体诊所、单体零售药店的企业负责人，且该张银行卡必须在销售方备案登记。

（3）企业须实施电子监管。

2. 含麻黄碱类复方制剂的零售

2008 年 10 月，原国家食品药品监督管理局下发了《关于进一步加强含麻黄碱类复方制剂管理的通知（国食药监办［2008］613 号）》，要求“药品零售企业零售含麻黄碱类复方制剂，除执行药品分类管理有关规定外，一次不得超过 5 个最小包装”。为严格控制含麻黄碱类复方制剂流向非法渠道，2012 年 9 月，原国家食品药品监督管理局、公安部、原卫生部等又采取更为严厉的措施，印发了《关于加强含麻黄碱类复方制剂管理有关事宜的通知》（国食药监办［2012］260 号），明确要求，药品零售企业销售含麻黄碱类复方制剂的，应当查验购买者的身份证，并对其姓名和身份证号码予以登记，登记内容包括药品名称、规格、销售数量、生产企业、生产批号、购买人姓名、身份证号码。除处方药按处方剂量销售外，单次销售不得超过 2 个最小包装。药品零售企业不得开架销售含麻黄碱类复方制剂，应当设置专柜由专人管理、专册登记。药品零售企业发现超过正常医疗需求，大量、多次购买含麻黄碱类复方制剂的，应当立即向当地食品药品监管部门和公安机关报告。

对违反规定销售造成含麻黄碱类复方制剂流入非法渠道的药品经营企业，按照《药品管理法》、《国务院关于加强食品等产品安全监督管理的特别规定》等有关法律规定，给予吊销《药品经营许可证》的处罚。对涉嫌构成犯罪的，移送公安机关处理。

知识链接

常用含麻黄碱类复方制剂品种目录（1）

序号	通用名称	序号	通用名称	序号	通用名称	序号	通用名称	序号	通用名称
1	氨苯伪麻片	31	氨酚伪麻片（Ⅰ）	61	茶碱麻黄碱片	91	复方麻黄碱糖浆	121	美扑伪麻胶囊
2	氨苯伪麻片（Ⅰ）	32	氨酚伪麻片（Ⅱ）	62	非索伪麻缓释片	92	复方枇杷氯化铵糖浆	122	美扑伪麻颗粒
3	氨苯伪麻片（Ⅱ）	33	氨麻苯美片	63	酚咖麻敏胶囊	93	复方妥英麻黄茶碱片	123	美扑伪麻口服溶液
4	氨酚氯雷伪麻缓释片	34	氨麻美敏胶囊Ⅰ	64	酚氯伪麻缓释片	94	复方为麻黄碱口服溶液	124	美扑伪麻片
5	氨酚氯汀伪麻片	35	氨麻美敏胶囊Ⅱ	65	酚麻美敏咀嚼片	95	复方西替利嗪伪麻缓释片	125	美羧伪麻胶囊
6	氨酚麻美糖浆	36	氨麻美敏咀嚼片	66	酚麻美敏口服溶液	96	复方盐酸麻黄碱软膏	126	美羧伪麻颗粒

续表

序号	通用名称	序号	通用名称	序号	通用名称	序号	通用名称	序号	通用名称
7	氨酚美芬伪麻分散片	37	氨麻美敏口服溶液	67	酚麻美敏片	97	复方盐酸伪麻黄碱缓释颗粒	127	美息伪麻拉明分散片
8	氨酚美伪麻片	38	氨麻美敏口服液	68	酚麻美软胶囊	98	复方盐酸伪麻黄碱缓释胶囊	128	美息伪麻片
9	氨酚曲麻片	39	氨麻美敏片	69	酚美愈伪麻口服溶液	99	复方盐酸伪麻黄碱缓释颗粒	129	美息伪麻软胶囊
10	氨酚伪麻滴剂	40	氨麻美敏片Ⅱ	70	酚美愈伪麻分散片	100	复方盐酸伪麻黄碱缓释片	130	美愈伪麻胶囊
11	氨酚伪麻分散片	41	氨麻美敏片Ⅲ	71	呋麻滴鼻液	101	复方盐酸西替利嗪伪麻缓释片	131	美愈伪麻颗粒剂
12	氨酚伪麻胶囊	42	氨麻美明分散片	72	复方阿托品麻黄碱栓	102	复方愈酚麻黄糖浆	132	美愈伪麻口服溶液
13	氨酚伪麻胶囊（Ⅱ）	43	氨美愈伪麻口服液	73	复方氨酚苯海拉明片	103	甘草麻黄碱片	133	美愈伪麻口服液Ⅰ
14	氨酚伪麻咀嚼片	44	贝敏伪麻胶囊	74	复方苯海拉明麻黄碱糖浆	104	黄麻嗪胶丸	134	美愈伪麻口服液Ⅱ
15	氨酚伪麻颗粒	45	贝敏伪麻片	75	复方布洛伪麻缓释片	105	咖酚伪麻片	135	美愈伪麻片
16	氨酚伪麻氯汀胶囊	46	苯酚伪麻片	76	复方茶碱麻黄碱片	106	硫酸伪麻黄碱	136	那敏伪麻胶囊
17	氨酚伪麻氯汀片	47	苯海拉明伪麻黄碱胶囊	77	复方胆氨片	107	氯酚伪麻缓释片	137	那敏伪麻片
18	氨酚伪麻美芬胶囊	48	布洛伪麻分散片	78	复方酚咖伪麻胶囊	108	氯雷他定伪麻黄碱缓释片	138	萘普生钠伪麻黄碱缓释胶囊
19	氨酚伪麻美芬片（Ⅰ）	49	布洛伪麻干混悬剂	79	复方甘草氯化铵糖浆	109	氯雷伪麻缓释胶囊（Ⅰ）	139	萘普生钠伪麻黄碱缓释片
20	氨酚伪麻美芬片（Ⅱ）	50	布洛伪麻缓释胶囊	80	复方甘草麻黄碱片	110	氯雷伪麻缓释胶囊（Ⅱ）	140	扑尔伪麻片
21	氨酚伪麻美芬片（Ⅲ）	51	布洛伪麻缓释片	81	复方桔梗麻黄碱糖浆	111	氯雷伪麻缓释片	141	扑美伪麻片
22	氨酚伪麻美那敏片	52	布洛伪麻混悬液	82	复方桔梗麻黄碱糖浆（Ⅱ）	112	麻黄碱苯海拉明片	142	曲美伪麻口服溶液
23	氨酚伪麻那敏分散片	53	布洛伪麻胶囊	83	复方桔梗远志麻黄碱片Ⅰ	113	美芬伪麻咀嚼片	143	沙芬伪麻咀嚼片
24	氨酚伪麻那敏颗粒	54	布洛伪麻颗粒	84	复方桔梗远志麻黄碱片Ⅱ	114	美芬伪麻溴敏口服溶液	144	双分伪麻胶囊
25	氨酚伪麻那敏泡腾颗粒	55	布洛伪麻口腔崩解片	85	复方磷酸可待因口服溶液	115	美酚伪麻片	145	双分伪麻片
26	氨酚伪麻那敏片（Ⅰ）	56	布洛伪麻那敏片	86	复方磷酸可待因口服溶液（Ⅱ）	116	美敏伪麻缓释胶囊	146	双分伪麻片（成人片）

续表

序号	通用名称	序号	通用名称	序号	通用名称	序号	通用名称	序号	通用名称
27	氨酚伪麻那敏片（Ⅱ）	57	布洛伪麻泡腾颗粒	87	复方磷酸可待因口服溶液（Ⅲ）	117	美敏伪麻咀嚼片	147	双分伪麻片（儿童片）
28	氨酚伪麻那敏片（Ⅲ）	58	布洛伪麻片	88	复方磷酸可待因溶液	118	美敏伪麻口服溶液	148	双酚伪麻干混悬剂
29	氨酚伪麻那敏片（Ⅳ）	59	布洛伪麻软胶囊	89	复方氯扑伪麻缓释片	119	美敏伪麻溶液	149	双酚伪麻糖浆
30	氨酚伪麻那敏溶液	60	茶碱麻黄碱胶囊	90	复方麻黄碱色甘酸钠膜	120	美扑伪麻干混悬剂	150	双扑伪麻分散片

常用含麻黄碱类复方制剂品种目录（2）

序号	通用名称	序号	通用名称	序号	通用名称
151	双扑伪麻胶囊	181	盐酸西替伪麻缓释片	11	镇咳宁颗粒
152	双扑伪麻颗粒	182	愈酚伪麻待因口服溶液	12	镇咳宁口服液
153	双扑伪麻口服溶液	183	愈酚伪麻颗粒	13	镇咳宁胶囊
154	双扑伪麻片	184	愈酚伪麻口服溶液	14	镇咳宁含片
155	水杨酸伪麻黄碱	185	愈酚伪麻片	15	镇咳宁滴丸
156	水杨酸伪麻黄碱片	186	复方福尔可定糖浆	16	苑叶止咳糖浆
157	特酚伪麻片	187	复方氨茶碱暴马子胶囊	17	小儿化痰止咳糖浆
158	特洛伪麻胶囊	188	复方氨酚甲麻口服液	18	小儿化痰止咳冲剂（颗粒）
159	伪麻滴剂（婴幼儿用）	189	复方氨酚美沙糖浆	19	消咳宁片
160	伪麻美沙芬滴剂	190	复方氨敏愈麻糖浆	20	息喘丸
161	伪麻那敏缓释胶囊	191	复方氨酚愈敏口服溶液	21	痰咳清片
162	伪麻那敏胶囊	192	复方茶碱甲麻黄碱片	22	苏菲止咳糖浆
163	伪麻那敏片	193	复方甲麻口服溶液	23	舒肺糖浆
164	伪麻溴敏片	194	复方盐酸甲麻黄碱糖浆	24	散痰宁糖浆
165	西嗪伪麻缓释胶囊	195	甲麻芩苷那敏片	25	芦根枇杷叶颗粒
166	西嗪伪麻缓释片	196	消旋盐酸甲麻黄碱	26	良园枇杷叶膏
167	西替利嗪伪麻黄碱缓释胶囊	197	盐酸甲麻黄碱片	27	咳痰清糖浆
168	西替伪麻缓释胶囊	198	愈酚甲麻那敏糖浆	28	咳立停糖浆
169	西替伪麻缓释片	199	愈美甲麻敏糖浆	29	桔远止咳片
170	小儿氨酚伪麻分散片	含麻黄碱（不包括麻黄）的中成药		30	蒿蓝感冒颗粒
171	小儿复方麻黄碱桔梗糖浆	1	止咳祛痰颗粒	31	甘桔止咳糖浆
172	小儿美敏伪麻口服溶液	2	天一止咳胶囊	32	复方川贝精胶囊
173	小儿伪麻滴剂	3	天一止咳糖浆	33	复方鼻炎膏
174	小儿伪麻美芬滴剂	4	天一止咳滴丸	34	鼻炎滴剂
175	盐酸麻黄碱滴剂	5	散痰宁滴丸	35	贝桔止咳糖浆

续表

序号	通用名称	序号	通用名称	序号	通用名称
176	盐酸麻黄碱片	6	复方川贝精片	36	白纸扇感冒颗粒
177	盐酸麻黄碱糖浆	7	复方川贝精颗粒	37	安嗽糖浆
178	盐酸麻黄碱注射液	8	止咳祛痰糖浆		
179	盐酸西替利嗪盐酸伪麻黄碱缓释胶囊	9	支气管炎片		
180	盐酸西替利嗪盐酸伪麻黄碱缓释片	10	镇咳宁糖浆		

三、其他含特殊药品复方制剂的售卖

在此所称的其他含特殊药品复方制剂是指含可待因复方口服溶液、复方地芬诺酯片和复方甘草片。近来，由于此类药品未列入特殊监管，在部分地区出现了流入非法渠道被滥用的现象，危害公众健康安全。原国家食品药品监督管理局于2013年3月下发了“关于广东陆丰个别药品零售企业违法经营盐酸曲马多片等药品查处情况的通报”（食药监办安［2013］26号），2013年7月下发了“关于进一步加强含可待因复方口服溶液、复方甘草片和复方地芬诺酯片购销管理的通知”（食药监办药化监［2013］33号），强调加强药品的购销管理，严防从药用渠道流失，加大对违法违规经营行为的监督检查力度，严格执法，绝不姑息。同时，要加强宣传和教育，引导企业规范生产经营，教育公众自觉远离药物滥用。下面重点介绍此类药品售卖过程中应当注意的问题。

1. 含其他特殊药品复方制剂的批发

取得《药品经营许可证》并具有相应经营范围的药品经营企业均可售卖此类药品。售卖中应注意以下事项：

（1）经营含特殊药品复方制剂时，应当按照要求建立客户档案，核实并留存购销方资质证明复印件。售卖含特殊药品复方制剂时，如发现购买方资质可疑的，应立即报请所在地设区的市级药品监管部门协助核实；发现采购人员身份可疑的，应立即报请所在地县级以上（含县级）公安机关协助核实。

（2）售卖含特殊药品复方制剂时，应当核实购买方资质证明材料、采购人员身份证明等情况，无误后方可销售，并跟踪核实药品到货情况，核实记录保存至药品有效期后一年备查。发现含特殊药品复方制剂购买方存在异常情况时，应当立即停止销售，并向当地县级以上公安机关和药品监管部门报告。

（3）必须按规定开具、索要销售票据，核实购买付款的单位、金额与销售票据载明的单位、金额相一致，如发现异常应暂停向对方销售含特殊药品复方制剂并立即向所在地的市级药品监管部门报告。

（4）药品生产企业和药品批发企业禁止使用现金进行含特殊药品复方制剂交易。个体诊所、单体零售药店使用银行卡购买含特殊药品复方制剂时，该银行卡的开户人必须是个体诊所、单体零售药店的企业负责人，且该张银行卡必须在销售方备案登记。

（5）从生产企业直接购进该类药品的批发企业，可以将药品销售给其他批发企业、零售企业和医疗机构；从批发企业购进的，只能销售给本省（区、市）的零售企业和医疗机构。该类药品必须实施电子监管。

2. 含其他特殊药品复方制剂的零售

药品零售企业销售含特殊药品复方制剂时，处方药应当严格执行处方药与非处方药分类管理有关规定。根据《关于加强含麻黄碱类复方制剂管理有关事宜的通知》（国食药监办［2012］260号）要求，将该类药品同含麻黄碱类复方制剂一并设置专柜由专人管理、专册登记，该类药品登记内容包括药品名称、规格、销售数量、生产企业、生产批号。如发现超过正常医疗需求，大量、多次购买上述药品的，应当立即向当地食品药品监督管理部门报告。要加强对零售药店处方药与非处方药分类管理的监督和指导，防止该类药品被套购和滥用。对监督检查中发现违反规定的企业，应当依据《中华人民共和国药品管理法》第七十九条规定给予处罚，对违反有关规定直接造成上述药品流入非法渠道的，必须依法予以吊销《药品经营许可证》的处罚；对涉嫌触犯刑律的，移送公安机关依法查处。

知识链接

含可待因复方口服溶液品种目录

一、进口品种

序号	药品名称（进口药品）	生产企业
1	复方磷酸可待因口服溶液（Ⅲ）（克斯林）	万辉药业有限公司
2	复方磷酸可待因口服溶液（奥亭）	澳美制药厂
3	复方磷酸可待因溶液（Ⅱ）（珮夫人克露）	卢森堡大药厂有限公司
4	复方磷酸可待因糖浆（欧博士止咳露）	欧化药业有限公司

二、国产品种

序号	药品名称	生产企业名称
1	复方磷酸可待因口服溶液（联邦止咳露）	深圳致君制药有限公司
2	愈酚伪麻待因口服溶液	深圳致君制药有限公司
3	可愈糖浆	北京华润高科天然药物有限公司
4	复方磷酸可待因糖浆（可非）	东北制药集团沈阳第一制药厂
5	复方可待因口服溶液（新泰洛其）	珠海联邦制药股份有限公司中山分公司
6	愈酚待因口服溶液（联邦克立安）	珠海联邦制药股份有限公司中山分公司
7	复方磷酸可待因口服溶液	南京星银药业集团有限公司
8	复方磷酸可待因溶液（立健亭）	南昌立健药业有限公司
9	复方磷酸可待因口服溶液	上海长城药业有限公司

四、终止妊娠类药品的售卖

终止妊娠药品（不包括避孕药品），是指怀孕妇女提前终止妊娠所用的药品，包括米非司酮片（商品名：含珠停、息隐），米索前列醇片（商品名：喜克馈），乳酸依沙吖啶注射液（商品名：利凡诺、雷夫诺尔），催产素注射液（商品名：缩宫素）及其他终止妊娠药品等。

（1）取得《药品经营许可证》并具有上述药品经营范围的药品批发企业可以售卖终止妊娠药品。终止妊娠的药品仅限售卖给获准施行终止妊娠手术的医疗保健机构和计划生育技术服务机构。

（2）批发企业向医疗保健机构和计划生育技术服务机构售卖终止妊娠药品时，必须向售卖对象索取具有依法获准施行终止妊娠手术资格的证明文件（如《医疗机构执业许可证》、《母婴保健技术服务执业许可证》、《计划生育技术服务机构执业许可证》等），经质量管理部审核符合要求的，留存复印件备查（上述证明文件的复印件应加盖购货单位公章）。销售终止妊娠药品的，应建立真实完整的药品购进、验收、销售记录，做到每支、每片的销售去向可追溯。购销记录和销售凭证应当保存最少5年以上。

（3）药品零售企业禁止售卖终止妊娠药品。

知识链接

根据国家食品药品监督管理总局的规定，对米非司酮片的销售管理，应严格区分、控制其“用于紧急避孕”和“终止早孕”两种不同的适应证。米非司酮片用于终止早孕时零售药店不得销售，用于紧急避孕时米非司酮片可以在零售药店销售。对于用于紧急避孕的米非司酮片，零售药店应加强其销售管理，对购买米非司酮片（仅用于紧急避孕）的消费者，执业药师应提示必须严格依据说明书使用。

思考题

1. 售卖蛋白同化制剂、肽类激素遵循哪些规定？
2. 售卖含麻黄碱复方制剂应注意什么？
3. 如何售卖含特殊药品复方制剂
4. 售卖终止妊娠药品有哪些规定？

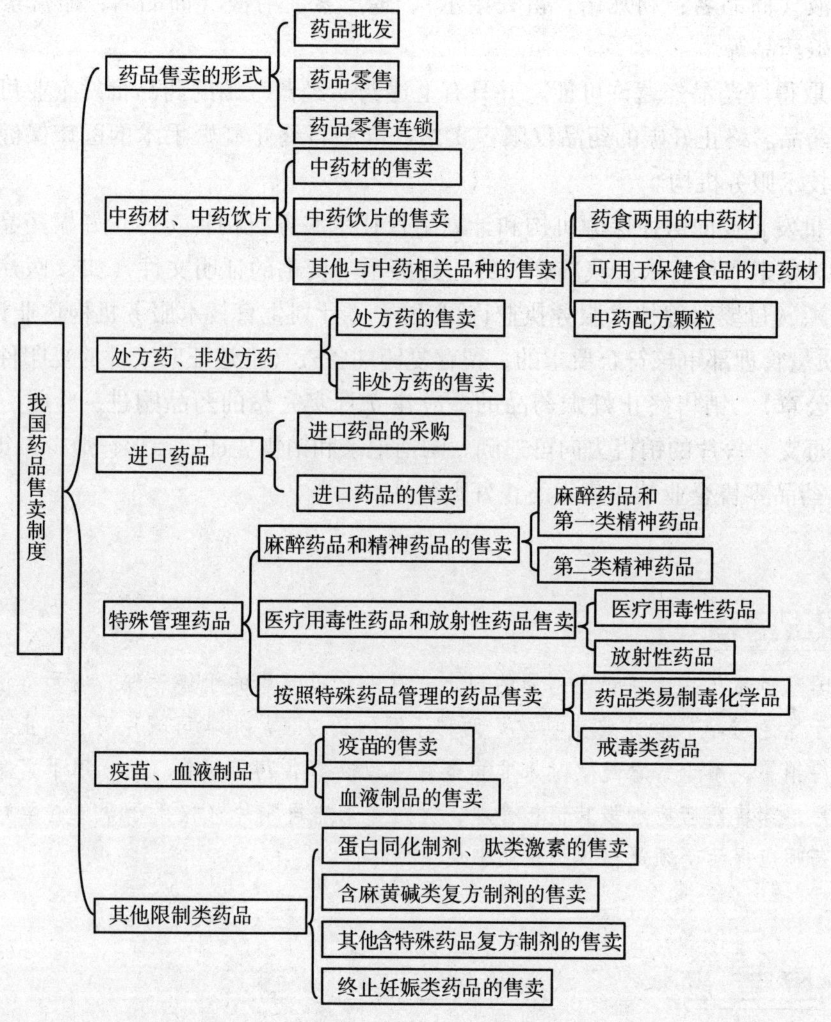

参考文献

[1] 杨世民. 药事管理学. 3 版. 北京:中国医药科技出版社,2008.

[2] 张学文,李淑霞. 药事管理学. 4 版. 济南:山东人民出版社,2008.

[3] 陈玉文. 实用药品 GSP 实施技术. 北京:化学工业出版社,2004.

（赵连松　巩海涛）

第三章

药品经营许可监管

学习要点

1.了解我国药品经营许可制度的立法沿革及其构成。

2.了解我国药品经营许可的基本框架，熟悉药品经营许可证管理要求，掌握不同药品经营许可事项许可条件、程序和许可标准等相关规定。

3.掌握药品经营许可监督检查的相关法律规定。

导语

药品是一种关系人体健康和生命安全的特殊商品，经营药品的条件、行为对药品质量、合理用药及群众用药的安全有效具有重要影响。因此，国家对药品经营实施许可准入制度，依据法定条件进行前置性审批，实施严格的许可管理和控制，其目的就是通过对药品经营许可事项的限定，规范和监管药品经营申请人的日常经营行为，确保人民群众用药安全有效。

第一节　药品经营许可法律法规要求

药品经营是指药品从生产者转移到消费者的全过程，药品经营企业是专门从事药品经营活动的经济主体，其药品经营行为与药品消费者的生命健康密切相关，从事药品经营活动的许可条件更是需要通过立法予以确定。《药品管理法》等药事法律、法规和规章对我国现行药品经营许可制度做出了明确规定。

一、我国药品经营许可制度立法沿革

药品经营许可制度是指有关国家和政府准许公民和法人进入医药市场，从事药品经营活动的条件和程序规则的各种制度和规范的总称，其对影响药品经营质量的关键性环节的管理和控制进行了必要的规定。我国药品经营许可制度经历了三个阶段。

（一）初始阶段

1949 年后至 20 世纪 70 年代。在计划经济体制下，医药流通体制基本上是集中统

一管理模式，国家对药品分配实行宏观调控，药品按照国家计划生产，统购统销，药品供应的唯一渠道就是一、二、三级批发模式层层下达指标、层层调拨，形成了较为完整的药品经营网络和供应体系，基本上保证了这一时期医药市场的需要。但在这段时期，实行政企不分的药品生产经营计划管理，药品经营许可制度尚未形成，1978 年国务院批转试行的《药政管理条例》（国务院国发［1978］154 号颁布）仅对新药的研制、临床实验、生产等做了详尽的规定，而无药品市场主体许可方面的立法，这时企业的开办一般实行“准则主义”，即只要符合规定的开办条件，经依法登记即可开办，不须事先经过行政机关审批。

（二）形成阶段

20 世纪 70 年代到 90 年代。1984 年《药品管理法》及其实施办法的颁行，标志着现代意义上的药品经营许可制度在我国得以确立。一方面，1984 年的《药品管理法》正式确立了药品经营企业的许可证制度，规定了开办药品经营企业必须具备的法定条件和法定程序，第一次以立法的形式确立了我国的药品经营许可制度，随后国务院颁布的《药品管理法实施办法》，为药品经营许可制度构建了更加详细的实施准则。另一方面，1984 年 4 月 13 日，国家医药管理局颁布了《医药商品质量管理规范（试行）》，对我国药品经营企业实施全过程质量管理。

（三）完善阶段

20 世纪 90 年代至今。

（1）20 世纪 90 年代初至 1998 年。随着 1984 年《药品管理法》及《药品管理法实施办法》颁布实施，我国药品流通领域的发展不断变化，为加强药品经营质量的管理，国务院陆续下发了一系列法规、文件，规范药品流通市场，对开办药品经营企业的条件不断补充提高，并进一步完善了发证制度，明确规定了发证部门、发证程序及管理办法，形成了《药品经营企业合格证》、《药品经营企业许可证》和《营业执照》的“两证一照”药品经营许可制度。

知识链接

国务院发布的相关文件规定

（1）国务院批转国家医药管理局《关于进一步治理整顿医药市场意见》（国发［1990］29 号） 规定“开办药品批发企业，经省、自治区、直辖市医药管理部门审查并取得表示同意开办的《药品经营企业合格证》后，经同级卫生行政管理部门审核批准，取得《药品经营企业许可证》，再由当地工商行政管理部门发给《企业法人营业执照》或《营业执照》，方可批发药品。从事药品零售的集体、私营企业和个体工商户也必须符合上述有关条件、规定，并按程序申请，经审查、审核批准，领取有关证照后方可经营。”

（2）国务院《关于进一步加强药品管理工作的紧急通知》（国发［1994］53 号）规定

“申请开办药品批发企业，先经省、自治区、直辖市人民政府药品生产经营行业主管部门审查同意并发给《药品经营企业合格证》，方可向同级卫生行政部门申请《药品经营企业许可证》；未取得《药品经营企业合格证》、《药品经营企业许可证》的，工商行政管理部门不予核发《营业执照》。申请从事药品零售业务的企业和个体工商户，由自治州、市或者县人民政府药品生产经营行业主管部门根据本地区用药的需求和药品零售网点规划进行审查，经审查同意，发给《药品经营企业合格证》。药品零售企业和个体工商户持《药品经营企业合格证》，向同级卫生行政部门申请并取得《药品经营企业许可证》后，方可向工商行政管理部门申请办理《营业执照》。”

（2）1998 年至今。1998 年前，全国医药市场监管分工是由国家卫生部主管全国药品监督管理工作，国家医药管理局主管化学药品的生产经营管理工作，国家中医药管理局主管中药的生产经营管理工作，职能交叉，多头管理，权责不清。1998 年我国药政机构改革，由国家药品监督管理部门主管全国药品经营许可的监督管理工作。1999 年 8 月 12 日，国家药品监督管理部门下发《关于换发 <药品经营企业许可证> 工作安排的通知》（国药管办［1999］242 号），规定“启用新版《药品经营企业许可证》，取代国家医药管理局、国家中药管理局、卫生部及内贸部门印制的《药品经营企业合格证》、《药品经营企业许可证》”，将“两证一照”药品经营许可制改为“一证一照”药品经营许可制，取消《药品经营企业合格证》。2000 年 2 月 28 日，中华人民共和国第九届全国人民代表大会常务委员会第二十次会议修订通过了《中华人民共和国药品管理法》，并自 2001 年 12 月 1 日起施行。新法进一步完善了“一证一照”药品经营许可制度，明确规定《药品经营许可证》是企业合法经营药品的唯一凭证，同时，新修订的《药品管理法》将药品经营企业 GSP 认证正式纳入法律法规，第一次以“法”的形式固定下来，具有了强制性。2004 年 4 月 1 日，国家药品监督管理部门发布实施的《药品经营许可证管理办法》，对法律、法规的规定进行细化、补充和完善，进一步细化了对药品经营许可证的管理。药品经营许可制度和 GSP 认证制度相辅相成，进一步完善了药品经营企业设立审批等规定，使我国药品经营许可市场法律制度趋于完善，更符合社会主义市场经济体制的要求和 WTO 规则，标志着我国药品经营许可制度进入了崭新阶段。

二、实施药品经营许可制度的必要性

药品是一种特殊商品，直接关系人体健康和生命安全，药品经营企业的药品经营条件、经营行为对药品质量、合理用药及群众用药的安全性、有效性具有重要影响。为了保证药品经营质量、保证人民用药安全，目前我国对药品经营采取行政许可制度，即药品监管部门对药品经营申请人依据法定条件进行前置性审批，依法赋予申请者从事一定范围的药品经营活动的法律资格，并通过药品经营许可事项对受许可企业的经营方式以及经营范围等重要事项进行限定，从而对其日常经营行为进行必要的规范和监管。未取得药品经营许可不得经营药品，否则将受到法律的严厉制裁。这是世界各国药品监管的普遍做法，如日本对药品经营企业发放五种经营许可证，各类药品经营者均不得超范围经营。

知识链接

中国人民共和国行政许可法第二条规定：行政许可是指行政机关根据公民、法人或者其他组织的申请，经依法审查，准予其从事特定活动的行为。

三、药品经营许可制度的构成

《药品管理法》、《药品管理法实施条例》和《药品经营许可证管理办法》等法律、法规、规章对药品经营许可条件和程序作了具体规定，包含药品经营许可证制度、开办药品经营企业法定条件、开办药品经营企业法定程序等内容，共同构成了我国现行药品经营许可法律制度。见表 3－1。

表 3－1　涉及药品经营许可法律、法规、规章及文件

名称	发布形式	施行日期	涉及条款或内容
医疗用毒性药品管理办法	国务院第 23 号令	1988 年 12 月 27 日	第 5 条（指定经营单位）
放射性药品管理办法	国务院令第 25 号	1989 年 1 月 13 日	第 12、13 条
血液制品管理条例	国务院令第 208 号	1996 年 12 月 30 日	第 27、28 条
中华人民共和国药品管理法	主席令第 45 号	2001 年 12 月 1 日	第 14、15、16 条
中华人民共和国药品管理法实施条例	国务院令第 360 号	2002 年 9 月 15 日	第三章：11－19 条
药品经营许可证管理办法	SFDA 局令第 6 号	2004 年 4 月 1 日	全部
开办药品批发企业验收实施标准（试行）	国食药监市［2004］76 号	2004 年 3 月 24 日	
关于加强药品经营许可监督管理工作的通知	国食药监市［2005］240 号	2005 年 5 月 26 日	
关于贯彻执行《关于加强药品监督管理促进药品现代物流发展的意见》有关问题的通知	国食药监市［2005］318 号	2005 年 6 月 29 日	附件 2：第三方药品物流企业从事药品物流业务有关要求
疫苗流通和预防接种管理条例	国务院令第 434 号	2005 年 6 月 1 日	第 10 条
易制毒化学品管理条例	国务院令第 445 号	2005 年 11 月 1 日	第 2、10 条
麻醉药品和精神药品管理条例	国务院令第 442 号	2005 年 11 月 1 日	第 22、23、24 条（定点经营）
关于印发《互联网药品交易服务审批暂行规定》的通知	国食药监市［2005］480 号	2005 年 12 月 1 日	第 5 条
药品类易制毒化学品管理办法	卫生部令第 72 号	2010 年 5 月 1 日	第十三至十六条（购买许可）

四、药品经营许可管理

（一）法律依据

《药品管理法》第十四条、第十五条以及《药品管理法实施条例》第十一条、第十二条，对开办药品批发企业和药品零售企业的批准机关、批准方式、批准原则、开办程序以及监管等方面进行了规定。《药品经营许可证管理办法》对药品经营许可证的发证、换证、变更及监督管理工作提出了具体规定，使其管理更加规范，对实际操作具有一定的指导作用。这些规定是我国药品经营领域设立许可制度的基本法律依据，同时该制度的确立也明确了药品经营许可证的法律地位。

（二）法定管理机构

经过1998年和2003年的两轮改革，在药品经营许可管理方面，我国形成了以各级药品监督管理部门为主要行政机构的较为规范和完善的药品经营许可管理机构体系。

（1）国家药品监督管理部门主管全国药品经营许可的监督管理工作；

（2）省级药品监督管理部门负责本辖区内药品批发企业《药品经营许可证》发证、换证、变更和日常监督管理工作，并指导和监督下级药品监督管理机构开展《药品经营许可证》的监督管理工作；

（3）设区的市级药品监督管理机构或省级药品监督管理部门直接设置的县级药品监督管理机构负责本辖区内药品零售企业《药品经营许可证》发证、换证、变更和日常监督管理等工作。

（三）特点

专门性：作为特殊商品，在药品经营领域实施行政许可制度，意味着没有依法取得《药品经营许可证》的任何单位和个人均不得经营药品，药品经营许可制度的建立使药品经营领域成为禁止自由经营的管制领域。

限制性：任何药品经营许可的范围都不能包含所有药品经营领域和所有经营方式，而是由一组包括经营方式、经营范围、经营地址等药品经营许可事项所构成的一个有边界的经营许可限制范围，申办主体只能在允许的范围内从事药品经营活动。

强制性：药品经营许可事项是药品经营许可的法律边界，如果被许可人扩展许可范围，或擅自超出药品经营许可事项范围经营，就构成一项严重违法行为。

（四）《药品经营许可证》证书管理

1. 法定凭证

《药品经营许可证》是药品经营企业有权经营药品的资格证明，只有取得《药品经营许可证》的企业才具有经营药品的法定资格，其行政许可内容依法设定。包含三层含义：①获得《药品经营许可证》的资格主体是企业，而非个体；②《药品经营许可证》是从事药品经营活动的法定凭证；③行政许可只能由具有行政许可权的行政机关在其法定职权范围内实施，任何单位和个人不得伪造、变造、买卖、出租和出借。

知识链接

《行政许可法》有关规定

第二条　本法所称行政许可，是指行政机关根据公民、法人或者其他组织的申请，经依法审查，准予其从事特定活动的行为。

第十八条　设定行政许可，应当规定行政许可的实施机关、条件、程序、期限。

2. 许可内容

按照《药品经营许可证管理办法》第二十七条和三十二条规定，《药品经营许可证》包括正本和副本，正本、副本具有同等法律效力，其式样、编号方法由国家药品监督管理部门统一制定。

（1）正本。《药品经营许可证》正本具有不可移动性，是企业在经营场所向社会表明其合法经营的凭证。

依据《药品经营许可证管理办法》规定，正本应当载明的许可内容有企业名称、法定代表人、企业负责人姓名、经营方式、经营范围、注册地址、仓库地址、《药品经营许可证》证号、流水号、发证机关、发证日期、有效期至等项目。其中经营方式、经营范围、注册地址、仓库地址（包括增减仓库）、企业法定代表人或负责人以及质量负责人等为许可事项，上述事项以外的其他事项为登记事项（图3－1）。

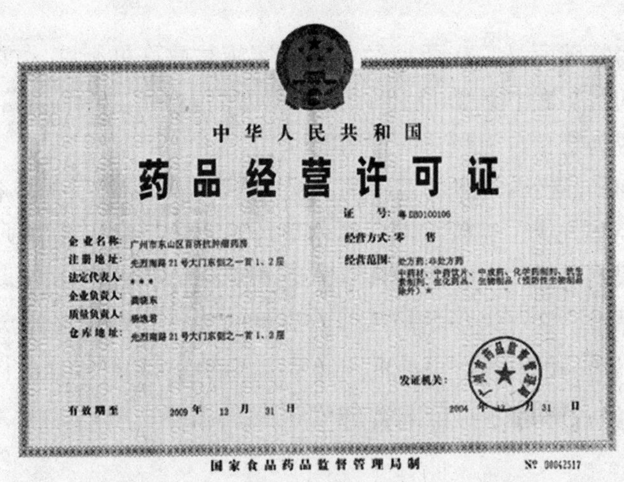

中华人民共和国

药品经营许可证

证　号：

企业名称：

注册地址：

法定代表人：＊＊＊

企业负责人：

质量负责人：

仓库地址：

经营方式：零　售

经营范围：

发证机关：

有效期至　2009年　12月　31日

2004年　月　31日

国家食品药品监督管理局制　№ 00042517

图3－1　《药品经营许可证》正本

1）《药品经营许可证》编号（证号）　《药品经营许可证》编号是识别药品经营企业合法性的基础数据信息，具有唯一性的特点。《药品经营许可证》五年一换证，每次换证证号规定内容都可能进行调整，最新编号依据是国家药品监督管理部门于2009年下发的《关于做好换发<药品经营许可证>工作的通知》（国食药监安［2009］75

号）文件，规定《药品经营许可证》证号统一由各省（区、市）的汉字简称加2位英文字母加3位设区市代号加4位流水证号组成。具体编排如下：①第1位为各省（区、市）的汉字简称；②第2位为英文字母，用于区别批发、连锁、零售形式，A表示批发企业，B表示零售连锁企业，C表示零售连锁门店，D表示单体零售企业；③第3位为英文字母，用于区别法人和非法人，A表示法人企业，B表示非法人企业；④第4、5、6位为3个阿拉伯数字，为地（市、州）代码，用于区别企业所在地区（市、州），按照国内电话区号编写（区号为4位的去掉第一个0，区号为3位的全部保留）；⑤第7、8、9、10为4个阿拉伯数字，为发证机关自行编制的发放许可证流水号。例如：冀AA3110001，为河北石家庄市某一法人批发企业；沪AA0210001，为上海市某一法人批发企业。

2）企业名称　①企业名称即企业的名字、字号，是企业区别于其他企业或其他社会组织，被社会识别的标志；②按照《药品管理法》第十四条规定，从事药品经营活动的是“药品经营企业”，包括专营或兼营药品批发业务的企业和专营或兼营药品零售业务的企业，确定药品经营主体是“企业”；③药品经营企业名称应符合相关法律法规或规章规定要求，主要依据包括《公司法》、《公司登记管理条例》、《企业名称登记管理实施办法》；④药品经营企业名称应以工商行政管理部门预先核准的名称为依据。

3）企业法定代表人　依据《民法通则》规定：“法定代表人”是指依照法律或法人组织章程规定，代表企业法人行使职权的负责人，是法人的法定代表人。在企业内部，法定代表人负责组织和领导生产经营活动；对外代表企业，全权处理一切民事活动。

法人的法定代表人是由法律或法人的组织章程规定的；法人的法定代表人是代表法人行使职权的负责人；法定代表人是代表法人进行民事活动的自然人。法定代表人只能是自然人，且该自然人只有代表法人从事民事活动和民事诉讼活动时才具有这种身份。

知识链接

法人、法人代表、法定代表人区别

根据我国民法通则，“法人”是指具有民事权利能力和民事行为能力，依法独立享有民事权利和承担民事义务的组织。明确规定“法人”是一种组织，而不是一个人。

“法人代表”一般是指根据法人的内部规定担任某一职务或由法定代表人指派代表法人对外依法行使民事权利和义务的人，它不是一个独立的法律概念。

“法定代表人”是一个确定的法律概念，是指依照法律或法人组织章程规定，代表企业法人行使职权的负责人，是法人的法定代表人。公司法定代表人依照公司章程的规定，由董事长、执行董事或者经理担任，并依法登记。

4）经营方式 《药品管理法》第十四条规定了药品经营方式有药品批发和药品零售两种。按照企业经营性质不同，分别赋予了不同的行政许可内容：①从事药品批发业务的企业只能是依法批准的药品批发企业，其药品只能销售给有资质的单位，而不能将药品直接销售给消费者和没有合法资质的其他单位。因此，开办药品批发企业必须经企业所在地省、自治区、直辖市人民政府药品监督管理部门批准并发给《药品经营许可证》；②从事药品零售业务的只能是药品零售企业，包括药品零售连锁企业及其门店、药品零售企业和设有药品专柜的药品零售兼营企业等，其经营行为是将购进的药品直接销售给消费者。药品零售连锁经营是20世纪90年代中期，我国药品零售业引入的一种连锁经营模式，虽然由于其组织形式和经营方式的特殊性，兼有药品批发、药品零售经营管理的经营特征，但其销售终端面向消费者而仍归结于零售范畴。根据《药品管理法》规定，开办药品零售企业必须经过企业所在地县级以上地方药品监督管理部门批准并发给《药品经营许可证》。对药品零售连锁企业的开办具体由县级以上哪一级批准，由省、自治区、直辖市药品监督管理部门视具体情况的不同而定。

5）经营范围 按照药品的类别，传统上药品经营企业经营范围可以分为四大类：①特殊药品：麻醉药品、精神药品、医疗用毒性药品；②生物制品；③中药：中药材、中药饮片、中成药；④西药：化学原料药及其制剂、抗生素原料药及其制剂、生化药品。

按照药品分类管理的规定，从事药品零售的，应先核定经营类别，企业的经营范围可分为处方药或非处方药、乙类非处方药的资格，并在经营范围中予以明确，再核定具体经营范围。

医疗用毒性药品、麻醉药品、精神药品、放射性药品和预防性生物制品的核定按照国家特殊药品管理和预防性生物制品管理的有关规定执行。

药品经营企业只能按照《药品经营许可证》上核定的经营范围从事药品经营活动，不能超越经营范围。

6）有效期 ①《药品经营许可证》的有效期为5年。②变更时标注变更时间，证书有效期不变。

（2）副本。《药品经营许可证》副本（图3－2）具有可移动性，主要用于办理相关的业务以及对经营企业经营行为的监督。其载明的内容包含三个方面：①与正本标注事项相符内容（副本无流水号）；②变更事项。《药品经营许可证》登记事项变更后，由原发证机关在《药品经营许可证》副本上记录变更的内容和时间，并按变更后的内容重新核发《药品经营许可证》正本；③监督检查记录。发证机关依法对药品经营企业进行监督检查结束后，发证机关应将现场检查结果在《药品经营许可证》副本上记录并予以公告，起到提示和告诫作用，达到监督的目的。

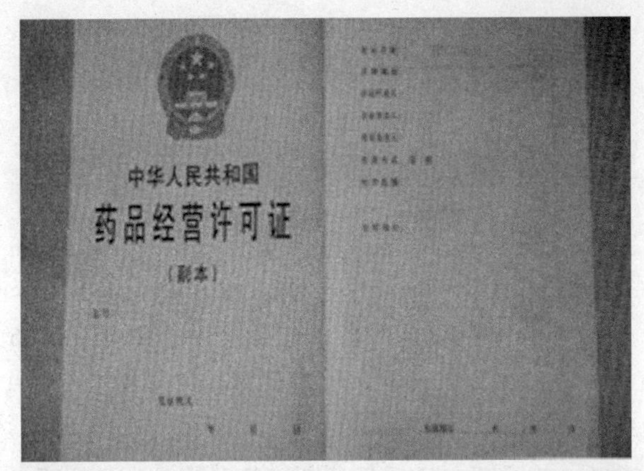

中华人民共和国

药品经营许可证

（副本）

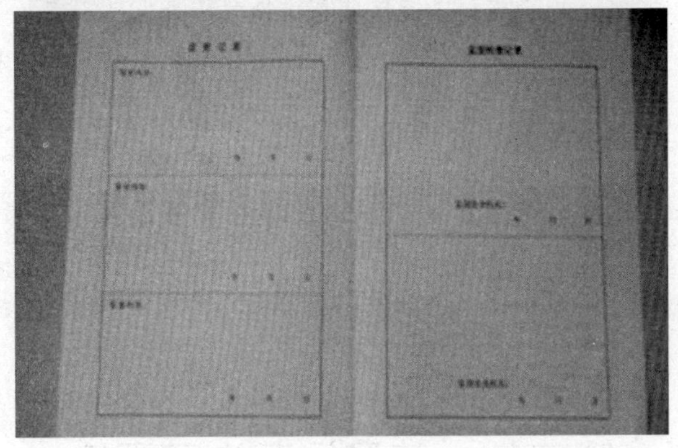

图 3－2 《药品经营许可证》副本

3. 社会监督

正本应在经营场所醒目位置悬挂，接受社会监督；药品监督管理部门应当将已经颁发的《药品经营许可证》的有关信息予以公开，公众有权进行查阅。

五、药品经营许可的其他规定

除《药品管理法》第十五条规定的条件外，第十四条第三款还规定了药品经营许可的两条结合实际需要的原则条件，即遵循合理布局和方便群众购药的原则。《药品管理法实施条例》第十二条对该条款进行具体化，规定开办药品零售企业应结合当地常住人口数量、地域、交通状况和实际需要进行审查，作出是否同意筹建的决定。《药品经营许可证管理办法》进一步在许可要件和开办程序上作出详细规定。但是，对于合理布局的表现形式和实质内容，法律法规没有明确的解释。有的实行距离限制，有的实行“零距离”市场调节，设置距离只是对药店分布进行布局的一种形式，其合理性众说纷纭，各地掌握都不尽相同。根据行政法的基本原则，“合理布局”总体上应符合两个原则：①比例原则（具体指标有妥当性原则、最小损失原则、利益衡量原则）；②信赖保护原则。

药品零售企业设置如何掌握合理布局

《成都市药品零售企业审批管理暂行办法》有关规定，开办药品零售企业，应遵循合理布局和方便购药的原则，根据《成都市药品零售企业设置规划（2006年—2010年）》，以乡镇（街道）行政区域为一个基本单位，依据城镇建成区面积、人口总数、经济发展水平、城市化建设进程、地理环境等因素，参考人口流量，设置A、B、C三种区域类型，按照每万人拥有药店数量的参数合理设置，不同区域药店设置数量上限不同、营业面积要求不同、人员配置要求不同，距离规定也不同。有的地区以直线距离不少于多少米来确定合理布局。

1. 简述我国药品经营许可管理的特点。
2. 《药品经营许可证》载明的许可事项有哪些？

第二节 药品经营许可程序

为规范药品经营许可行为，加强《药品经营许可证》管理，药品监督管理部门依法对药品经营条件和经营过程进行审查、许可和监督。本节主要介绍药品经营企业的开办、变更、换证、注销、缴销及补发等有关程序规定。

一、药品经营企业的开办

（一）开办程序

1. 审批程序的规定

（1）开办药品批发企业。①申办人应当向拟办企业所在地省、自治区、直辖市药品监督管理部门提出申请。省级药品监督管理部门应当自收到申请之日起30个工作日内，依据国务院药品监督管理部门规定的设置标准作出是否同意筹建的决定。②申办人完成拟办企业筹建后，应当向原审批部门申请验收。原审批部门应当自收到申请之日起30个工作日内，依据《药品管理法》第十五条规定的开办条件及验收实施标准组织验收；符合条件的，发给《药品经营许可证》。③申办人凭《药品经营许可证》到工商行政管理部门依法办理登记注册。

（2）开办药品零售企业。①申办人应当向拟办企业所在地设区的市级药品监督管理机构或者省、自治区、直辖市药品监督管理部门直接设置的县级药品监督管理机构提出申请。受理申请的药品监督管理机构应当自收到申请之日起30个工作日内，依据国务院药品监督管理部门的规定，结合当地常住人口数量、地域、交通状况和实际需要进行审查，作出是否同意筹建的决定。②申办人完成拟办企业筹建后，应当向原审批机构申请验收。原审批机构应当自收到申请之日起15个工作日内，依据《药品管理法》第十五条规定的开办条件及验收实施标准组织验收；符合条件的，发给《药品经营许可证》。③申办人凭《药品经营许可证》到工商行政管理部门依法办理登记注册。

2. 申报材料具体程序

《药品经营许可证管理办法》第八条、第九条对药品经营企业开办申报材料程序做了具体规定。

（1）筹建申请　药品批发企业申办人提出筹建申请，需提交以下材料：①拟办企业法定代表人、企业负责人、质量负责人学历证明原件、复印件及个人简历；②执业药师执业证书原件、复印件；③拟经营药品的范围；④拟设营业场所、设备、仓储设施及周边卫生环境等情况。

药品零售企业申办人提出筹建申请，需提交以下材料：①拟办企业法定代表人、企业负责人、质量负责人的学历、执业资格或职称证明原件、复印件及个人简历及专业技术人员资格证书、聘书；②拟经营药品的范围；③拟设营业场所、仓储设施、设备情况。

（2）受理申请　受理申请的药品监督管理部门对申办人提出的申请，应当根据情况分别作出处理，并发给申办人《受理通知书》或者《不予受理通知书》。《受理通知书》中注明的日期为受理日期。具体情况见表3－2。

表3－2　开办药品经营企业申报受理方式

不同情况	受理方式
申请事项不属于本部门职权范围的	应当即时作出不予受理的决定，发给《不予受理通知书》，并告知申办人向有关药品监督管理部门申请
申请材料存在可以当场更正错误的	应当允许申办人当场更正
申请材料不齐或者不符合法定形式的	应当当场或者在5日内发给申办人《补正材料通知书》，一次性告知需要补正的全部内容。逾期不告知的，自收到申请材料之日起即为受理
申请事项属于本部门职权范围，材料齐全、符合法定形式，或者申办人按要求提交全部补正材料的	予以受理

（3）验收申请　申办人完成筹建后，提出验收申请，需提交以下材料：①药品经营许可证申请表；②工商行政管理部门出具的拟办企业核准证明文件；③营业场所、仓库平面布置图及房屋产权或使用权证明；④依法经过资格认定的药学专业技术人员资格证书及聘书；⑤拟办企业质量管理文件及仓储设施、设备目录。药品批发企业还应提供拟办企业组织机构情况。

3. 申请审批流程

《药品管理法实施条例》第十一条、第十二条和《药品经营许可证管理办法》第八条、第九条，明确规定了药品监督管理部门对开办药品经营企业的申请进行审批的程序，具体流程见表 3－3。

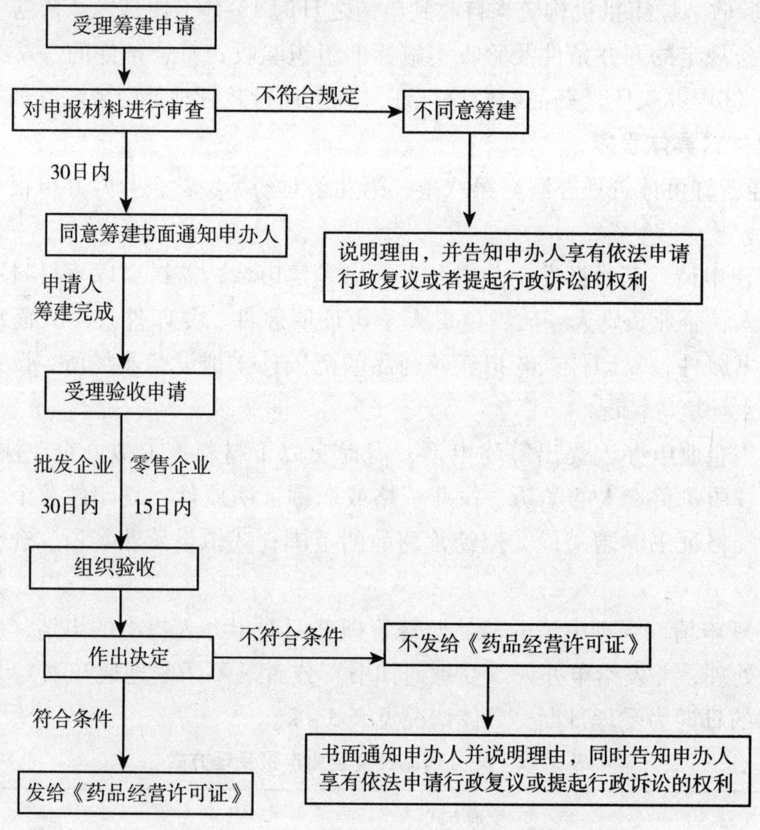

表 3－3　开办药品经营企业申请审批流程

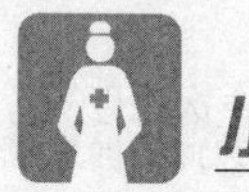

小贴士

《开办药品批发企业验收实施标准（试行）》

原国家食品药品监督管理局于 2004 年 3 月 24 日制定了《开办药品批发企业验收实施标准（试行）》，共四章三十六条，从机构与人员、设施与设备、制度与管理等方面对开办药品批发企业验收工作进行了规范，是验收人员进行现场验收的主要依据。

4. 药品零售连锁企业开办程序

关于药品零售连锁企业开办审批程序，在《药品管理法》、《药品管理法实施条例》、《药品经营许可证管理办法》中都没有明确涉及，药品零售连锁企业作为药品零售企业的一种形式，在开办受理、条件、程序等方面与药品批发、零售企业又不完全相同，各省（区、市）药品监督管理部门在《药品经营许可证管理办法》第九条规定的“药品零售企业开办程序”的基础上进行了补充。

知识链接

《山东省开办药品零售连锁企业审查程序》有关规定

《山东省开办药品零售连锁企业审查程序》(暂行)规定了山东省辖区内开办药品零售连锁企业的程序。自2009年5月1日施行的《山东省药品零售(连锁)企业许可验收实施标准》从机构与人员、设施与设备、制度与管理方面规定了在山东省开办药品零售连锁企业的条件,是山东省开办药品零售连锁企业现场验收的依据标准。

1. 筹建申请

申请拟开办的药品零售连锁企业必须是法人企业。申请开办零售连锁企业的单位或申请人向开办企业所在地市级药品监督管理局提出申请,填写《药品经营许可证申请审查表》,并报送以下申报资料:

(1) 设立药品零售连锁企业申请;
(2) 企业名称预先核准通知书;
(3) 公司章程;
(4) 企业法定代表人及负责人任命文件(或董事会决议);
(5) 企业负责人员和质量管理人员情况表;
(6) 企业验收养护人员情况表;
(7) 企业所属经营单位情况表;
(8) 企业经营设施、设备情况表;
(9) 经营场所功能布局平面图;
(10) 仓库平面布局图;
(11) 房产证明或租赁合同;
(12) 验资报告及银行系统出具的资金到账证明资料。

2. 申请受理

受理申请的市级药品监督管理局应在收到申请资料后5个工作日内完成审查。经资料审查(或现场核实)同意受理的,发放《开办药品零售连锁企业批件》,5个工作日内告知申请企业或申请人;不同意受理的,应当制作《开办药品零售连锁企业不予受理通知书》,并在7个工作日内送达申请企业或申请人。

3. 验收申请

申请企业或申请人应在3个月内筹建完毕,并向市级药品监督管理局提出验收申请,逾期未筹建完成或未提出验收申请者,其《开办药品零售连锁企业批件》作废。企业提出验收申请后,市级药品监督管理局在10个工作日内验收,验收合格的,企业应在7个工作日内对提出的问题整改到位;验收不合格的,下发整改通知书,企业应在30日内完成整改,经市级药品监督管理局验收仍不合格的,取消其申请资格,书面通知申请人并说明理由,同时告知申请人享有依法申请行政复议或提起行政诉讼的权利。

4. 验收发证

经验收符合条件的，市级食品药品监督管理局报省药品监督管理局备案，省食品药品监督管理局对拟发证企业进行公示后，由省食品药品监督管理局按照药品零售连锁企业《药品经营许可证》编号规则实行全省统一编号，并通知有关市药品监督管理局发给《药品经营许可证》。

二、药品经营企业的变更

（一）变更内容

《药品经营许可证管理办法》第十三条规定，《药品经营许可证》变更分为许可事项变更和登记事项变更。许可事项包括：经营方式、经营范围、注册地址、仓库地址（包括增减仓库）、企业法定代表人或负责人以及质量负责人。登记事项是指许可事项以外的其他事项，如企业名称等。

（二）变更程序

《药品管理法实施条例》第十六条，《药品经营许可证管理办法》第十四条、第十五条、第十六条对药品经营企业的变更程序做了明确规定。

1. 变更申请的规定

药品经营企业变更《药品经营许可证》许可事项的，应当在原许可事项发生变更30日前，向原发证机关申请《药品经营许可证》变更登记；变更《药品经营许可证》登记事项的，应在工商行政管理部门核准变更后30日内，向原发证机关申请《药品经营许可证》变更登记。未经批准，不得变更许可登记事项。

2. 变更申报材料

《药品经营许可证管理办法》未对许可登记事项变更的申报材料提出具体要求，各省、自治区、直辖市药品监督管理部门结合实际作出了相应规定。

知识链接

山东省变更申报材料的相关规定

2004年，《山东省药品经营许可证许可登记事项变更审查办法》要求药品经营企业拟变更许可事项须提交以下申报资料：

（一）共性材料

1. 药品经营企业变更许可登记事项审批表；

2. 药品经营企业变更许可事项情况表；

3. 药品经营企业变更许可事项申请；

4. 加盖企业原印章的《药品经营许可证》、《企业法人营业执照》或《营业执照》复印件。

（二）分项材料

除提交共性资料外，申请下列变更事项的另须分别提交以下资料。

1. 变更企业法定代表人：①股份制企业应提交公司董事会对法定代表人任职的决议；国有独资企业应提交上级主管部门对企业法定代表人的任命文件；其他企业应提交董事会对法定代表人任职的决议或企业任命文件；②企业法定代表人有无《药品管理法》第76条规定情形的说明文件。

2. 变更企业负责人或质量负责人：①上级主管部门或企业任命文件；②企业负责人或质量负责人有无《药品管理法》第76条规定情形的说明文件。

3. 增加经营范围：①与增加的经营范围相适应的技术人员《企业负责人员和质量管理人员情况表》和《企业验收养护人员情况表》；②以上人员技术资格证书原件和复印件；③仓库平面布局图。

4. 变更注册地址：①经营场所功能布局平面图；②房屋产权或使用权证明。

5. 变更仓库地址、增加仓库：①仓库平面布局图；②房屋产权或使用权证明。

3. 受理申请

原发证机关对企业提交的变更申请报告、《药品经营许可证变更许可登记事项申请表》等相关资料进行审查，15个工作日内作出准予变更或不予变更的决定。

4. 审查验收

对申请许可事项变更需要现场验收的，原发证机关应按照相应的验收标准组织现场验收，合格后方可办理变更手续；对申请许可事项变更不需要现场验收的和对申请登记事项变更的，只审查申请资料、核对原件，不进行现场验收。

5. 变更发证

药品经营企业经审查资料或现场验收，符合变更条件的，依法变更《药品经营许可证》的许可登记事项，发证的要求是：①原发证机关在《药品经营许可证》副本上记录变更的内容和时间；②按变更后的内容重新核发《药品经营许可证》正本，收回原《药品经营许可证》正本，变更后的《药品经营许可证》有效期不变；③依据变更后许可登记事项，依法向工商行政管理部门办理企业注册登记的有关变更手续。

（三）其他申报变更的有关规定

（1）企业分立、合并变更规定。《药品经营许可证管理办法》第十四条规定，企业分立、合并、改变经营方式、跨原管辖地迁移，应重新办理《药品经营许可证》。

（2）非法人分支机构申报主体规定。《药品经营许可证管理办法》第十五条规定，非法人分支机构变更《药品经营许可证》许可事项的，应由法人企业提出变更申请。

（3）暂停受理相关规定。《药品经营许可证管理办法》第十六条规定，因违法经营已被药品监督管理部门立案调查，尚未结案的，发证机关应暂停受理其《药品经营许可证》的变更申请。

三、《药品经营许可证》换发

换发《药品经营许可证》是药品监督管理部门依法对药品经营许可实施监督管理的一项重要职能。《药品管理法》第十四条、《药品管理法实施条例》第十七条和《药品经营许可证管理办法》第十九条对《药品经营许可证》换证作出了明确规定。

（一）换证权限划分

省（区、市）药品监督管理部门、设区的市级药品监督管理机构或者省（区、市）药品监督管理部门直接设置的县级药品监督管理机构按照法律、法规以及《药品经营质量管理规范》和《药品经营许可证管理办法》规定的有关换证的权限、程序、标准和条件组织换证工作。

（二）换证时限规定

《药品经营许可证》有效期届满，需要继续经营药品的，持证企业应在有效期届满前6个月内，向原发证机关申请换发《药品经营许可证》。原发证机关按本办法规定的申办条件进行审查，在《药品经营许可证》有效期届满前作出是否准予其换证的决定。

（三）换证的处理方式

（1）符合条件的，收回原证，换发新证。

（2）不符合条件的，可限期3个月进行整改，整改后仍不符合条件的，注销原《药品经营许可证》。

（3）逾期未作出决定的，视为准予换证。

知识链接

山东省换发《药品经营许可证》有关规定

《山东省换发药品经营许可证管理办法（试行）》，明确了山东省行政区域内《药品经营许可证》换发的条件、不予换发的条件、换证申请程序、换证审查标准。

1. 换证企业应具备的条件。①依法取得《药品经营许可证》；②依法取得《药品经营质量管理规范》认证证书；③依法在工商行政管理部门登记注册，取得《营业执照》。

2. 不予换证的条件。①按照国家食品药品监督管理总局GSP认证实施步骤，未在规定的时限内通过GSP认证的；②超过《药品经营许可证》有效期，持证企业未提出换证申请的。

3. 换证申报资料。①换发药品经营许可证申请表；②《药品经营许可证》正本、副本复印件；③营业执照复印件；④GSP认证证书复印件。以上材料须加盖企业原印公章，材料中复印件的原件由负责转报的药品监督管理部门查验。

4. 换证申报程序。①企业应在有效期届满前6个月，向原发证机关申请换发《药品经营许可证》；②原发证机关采取书面审查、现场检查或者书面审查与现场检查相结合等方式对换证企业的申办条件进行审查；③符合条件的，收回原证，换发新证；④不符合条件的，可限期3个月进行整改，整改后仍不符合条件的，不予换证。

四、药品经营许可证注销

（一）注销的条件

注销行政许可是指基于特定事实的出现，而由行政机关依据法定程序收回行政许可证件或者公告行政许可失去效力，其前提是出现了使行政许可失去效力的特定事实。已经作出的行政许可决定自注销决定生效之日起失去效力，自然人、法人或者其他组织继续从事该项活动的行为属于违法行为。

现行《药品管理法》及其实施条例对《药品经营许可证》的注销尚未有明确的规定，《药品经营许可证管理办法》第二十六条仅规定了5项应予以注销《药品经营许可证》的情形：①《药品经营许可证》有效期届满未换证的；②药品经营企业终止经营药品或者关闭的；③《药品经营许可证》被依法撤消、撤回、吊销、收回、缴销或者宣布无效的；④不可抗力导致《药品经营许可证》的许可事项无法实施的；⑤法律、法规规定的应当注销行政许可的其他情形。

需注意的是，几种注销情形的实施都有其必不可少的前提条件，应加以甄别，以防止滥用权力侵害被许可人的合法权益。如《药品经营许可证》有效期届满未换证的，应当是指因被许可人的原因，而未在许可证有效的规定时间内依法提出申请的情形；药品经营企业在许可证有效期内，暂时歇业的，重新开业时，经药品监督管理部门检查验收符合规定的，准予开业。

出现依法应当注销《药品经营许可证》情形的，行政机关应当依法办理有关注销手续，如收回《药品经营许可证》正副本；对找不到被许可人的或者注销行政许可事项需要告知的，应当公告注销《药品经营许可证》。注销《药品经营许可证》，应当作出书面决定，告知申请人注销的理由、依据。

（二）注销的程序

（1）对于符合《药品经营许可证》注销条件的，发证机关应办理注销手续，并收回《药品经营许可证》正、副本。

（2）自注销之日起5个工作日内通知有关工商行政管理部门。

知识链接

《山东省药品经营许可证注销管理办法（试行）》有关规定

《山东省药品经营许可证注销管理办法（试行）》，共十四条，明确了山东省行政区域内《药品经营许可证》注销的程序。

1. 直接注销

（1）《药品经营许可证》有效期届满未换证，持证单位未提出注销申请的，发证机关可直接办理注销手续。

（2）《药品经营许可证》被依法撤回、撤销、吊销、宣布无效的，即视为已办理注销手续。

2. 申请注销

（1）持证单位申请注销，并提交下列资料：①《注销药品经营许可证申请表》；②《药品经营许可证》正副本原件。

（2）发现持证单位已停止药品经营活动，发证部门告知持证单位申请注销。

（3）法人企业下设分支机构注销《药品经营许可证》，由法人企业提出申请。

3. 注销程序

(1) 受理转报。负责转报的药品监督管理部门自收到申请资料之日起，应当在5个工作日内签署意见后转报发证部门。

(2) 资料审查。发证部门收到转报的申请资料，应当在10个工作日内对申请资料进行实质审查，符合注销条件的，由发证部门办理注销手续。同时通知企业注册登记机关。

(3) 注销公告。发证部门在有关媒体上发布注销《药品经营许可证》公告，收回《药品经营许可证》正、副本。

五、药品经营许可证缴销、补发规定及程序

（一）许可证缴销法律规定

《药品管理法实施条例》第十七条、《药品经营许可证管理办法》第二十八、三十条对《药品经营许可证》的缴销作出了规定。

(1) 药品经营企业终止经营药品或者关闭的，《药品经营许可证》由原发证机关缴销。

(2) 发证机关吊销或者注销、缴销《药品经营许可证》的，应当及时通知工商行政管理部门，并向社会公布。

(3) 对因变更、换证、吊销、缴销等原因收回、作废的《药品经营许可证》，应建档保存5年。

（二）许可证补发规定及程序

《药品经营许可证管理办法》第二十九条，对企业遗失《药品经营许可证》情况明确了处理方式主要有：①立即向发证机关报告；②在发证机关指定的媒体上登载遗失声明，时限为自登载遗失声明之日起满1个月；③按原核准事项补发《药品经营许可证》。

思考题

1. 简述药品批发企业开办程序。
2. 《药品经营许可证》注销条件有哪些规定？

第三节 药品批发许可条件及标准

药品批发企业主要面向药品经营企业和医疗机构销售药品，不得直接面向病患者销售药品，是药品流通的一个重要环节，其经营条件、经营行为，如：人员资质、管理制度、购进渠道、购进验收记录、仓储养护等等，直接对药品的质量和人们的用药安全构成影响。因此，为了保证药品经营质量，药品管理法律法规对药品批发经营企业的开办设置了严格的审批条件。本节重点介绍开办药品批发企业的条件及现场验收标准。

一、药品批发经营许可条件

在社会主义市场经济条件下，随着经济体制和政治体制改革不断深入，对药品经营企业本身的经济运行不再侧重于从市场供求等经济管理方面进行直接管理，而是通过制定经营药品必备条件来进行许可控制，通过规范经营行为依法监督管理，从而保证药品经营的健康运行。

依据《药品管理法》第十五条、《药品经营许可证管理办法》第四条规定，开办药品经营企业必须具备的许可条件有：

（一）企业、企业法定代表人或企业负责人、质量管理负责人无《药品管理法》第七十六条、第八十二条规定的情形

主要有两层含义：一是许可前人员准入的制约条件。实践中一些企业和单位销售假、劣药品的行为通常同其直接负责的主管人员和其他直接责任人员有密切关系。对有上述违法行为的企业或单位，通过对其直接负责的主管人员和其他直接责任人员在十年内不得再从事药品生产、经营活动的规定，有利于促使企业守法经营；二是许可后人员违规的处罚规定。对提供虚假证明、文件资料、样品或者采取其他欺骗手段取得《药品经营许可证》，不仅撤销违法行为人取得的《药品经营许可证》，而且五年内不受理其进行药品经营的申请，即在一定期限内取消其申请从事药品经营活动的资格。

（二）具有与所经营药品相适应的质量管理机构或者人员

这是保证药品经营质量必要的质量保证组织条件，对于经营规模较大的药品经营企业，应当设置专门的质量管理机构并配备数量足够、素质符合工作要求的人员，企业质量管理负责人具有大学以上学历，且必须是执业药师；企业质量管理机构负责人也必须是执业药师，且具备一定的药品经营质量管理经验。

（三）具有依法经过资格认定的药学技术人员

药品不同于其他一般商品，药品经营企业必须配备具有与经营规模、经营范围相适应的、相关药品专业知识的专业技术人员，即依法经过资格认定的药学技术人员，其素质和水平是保证药品经营企业的药品质量和药品服务水平的首要条件。“依法经过资格认定”的药学技术人员，是指依照国家有关规定，取得有关执业资格或专业技术职称，具有有关药品经营所需的专业技术知识的技术人员。

（四）具有与所经营药品相适应的营业场所、设备、仓储设施、卫生环境

这是对开办药品经营企业应当具有的“硬件”条件的规定，目的是为了确保经营药品的质量。主要硬件条件前提要求符合《药品经营质量管理规范》，包含 5 个方面：①应有与其经营的药品品种和经营规模相适应的营业场所；②具有能够保证药品储存质量要求的、与其经营品种和规模相适应的常温库、阴凉库、冷库；③具备符合所储存药品的特性和需求的设施、设备及卫生环境，如防尘、防潮、防污染、防虫蛀、防鼠咬、防霉变的设施；④仓库中具有适合药品储存的专用货架和实现药品入库、传送、分拣、上架、出库现代物流系统的装置和设备；⑤营业场所和仓库应环境整洁，无污染物。

（五）具有保证所经营药品质量的规章制度。这是对开办药品经营企业应当具有的“软件”条件的规定，药品经营企业应当制定保证所经营药品质量的规章制度并符合有

关法律、行政法规和其他相关规定，以保证质量保障体系的科学化和规范化。主要内容应包括：业务经营质量管理制度；首营药品质量审核制度；药品质量验收、保管养护及出库复核制度；特殊药品和贵重药品管理制度；药品质量事故报告制度；质量信息管理制度；质量否决权制度等。

（六）具有独立的计算机管理信息系统，能覆盖企业内药品的购进、储存、销售以及经营和质量控制的全过程；能全面记录企业经营管理及实施《药品经营质量管理规范》方面的信息；符合《药品经营质量管理规范》对药品经营各环节的要求，并具有可以实现接受当地药品监督管理部门监管的条件。

国家对经营麻醉药品、精神药品、医疗用毒性药品、预防性生物制品另有规定的，从其规定。

《药品经营许可证管理办法》对《药品管理法》及其《实施条例》的有关规定进行了细化、补充和完善，见表3－4。

表3－4　《药品经营许可证管理办法》对药品批发许可的条件的规定

条件	药品管理法	药品经营许可证管理办法
总体要求	药品监督管理部门批准开办药品批发企业，应当遵循合理布局的原则	开办药品批发企业，应符合省、自治区、直辖市药品批发企业合理布局的要求
机构和人员	具有依法经过资格认定的药学技术人员	具有与经营规模相适应的一定数量的执业药师。质量管理负责人具有大学以上学历，且必须是执业药师
	具有与所经营药品相适应的质量管理机构或者人员	企业、企业法定代表人或企业负责人、质量管理负责人无《药品管理法》第七十六条、第八十三条规定的情形
场所及设施设备	具有与所经营药品相适应的营业场所、设备、仓储设施、卫生环境	具有能够保证药品储存质量要求的、与其经营品种和规模相适应的常温库、阴凉库、冷库；仓库中具有适合药品储存的专用货架和实现药品入库、传送、分检、上架、出库现代物流系统的装置和设备
		具有独立的计算机管理信息系统，能覆盖企业内药品的购进、储存、销售以及经营和质量控制的全过程
软件管理	具有保证所经营药品质量的规章制度	具有保证所经营药品质量的规章制度
其他		具有符合《药品经营质量管理规范》对药品营业场所及辅助、办公用房以及仓库管理、仓库内药品质量安全保障和进出库、在库储存与养护方面的条件

小贴士

1. 管理信息系统

管理信息系统（Management Information System，简称MIS）是一个以人为主导，利用计算机硬件、软件、网络通信设备以及其他办公设备，进行信息的收集、传输、加工、储存、更新和维护，以企业战略竞优、提高效益和效率为目的，支持企业的高层决策、中层控制、基层运作的集成化的人机系统。

2. ERP 系统

ERP 系统是指建立在信息技术基础上，以系统化的管理思想，为企业决策层及员工提供决策运行手段的管理平台。它是从 MRP（物料需求计划）发展而来的新一代集成化管理信息系统，它扩展了 MRP 的功能，其核心思想是供应链管理。ERP 系统集信息技术与先进管理思想于一身，成为现代企业的运行模式，它对于改善企业业务流程、提高企业核心竞争力具有显著作用。

二、药品批发许可验收实施标准

《药品经营许可证管理办法》第六条规定，开办药品批发企业验收实施标准由国家食品药品监督管理局制定。2004 年 3 月，随着《药品经营许可证管理办法》的施行，原国家食品药品监督管理局颁布实行了《开办药品批发企业验收实施标准（试行）》，对药品批发企业验收确立了统一标准，而实施标准的确定是与药品经营企业的经营范围相辅相成的。

随着药品流通行业结构的不断调整和发展方式的不断转变，药品经营范围也在不断发生变化，麻醉药品、精神药品、医疗用毒性药品、疫苗、蛋白同化制剂及肽类激素、药品类易制毒化学品等经营许可需要特殊的条件和标准（详见第六节），而各省、市、自治区根据实际情况，在标准实施细则上的规定也不尽相同，这里仅对综合性药品批发许可的基本验收标准做概括性介绍。

（一）机构与人员

1. 企业管理组织及机构设置

企业质量管理体系的有效运行和质量管理目标的实现，必须依靠高效、适宜的组织体系保障，企业组织机构的设置决定于企业的行业特征、企业性质、经营模式、规模大小等因素。按照我国政府对医药产业宏观发展的总体思路，药品经营企业加快向规模化、集约化方向发展，积极建立现代化企业管理制度。企业组织机构的设置将按照精简高效、事权明确、管理科学原则，逐步趋于合理完善。《开办药品批发企业验收实施标准（试行）》规定，药品批发企业组织机构的设置为：

（1）质量领导组织　药品批发企业应建立主要负责人为首的质量领导组织，以体现质量领导组织的权威性及决策的有效性，根据企业的实际情况，建立由进货、销售、储运、直属经营机构等业务部门负责人和质量管理机构负责人组成的质量领导组织，主要职责为：建立企业的质量体系，实施企业的质量方针，并保证企业质量管理工作人员行使职权。

（2）企业质量管理机构　药品批发企业应设置与其经营规模相适应的专门的质量管理机构，质量管理机构应下设质量管理组、质量验收组等，质量管理机构对药品质量有最终的裁决权。企业还应设置与经营规模相适应的药品养护组或养护员。

2. 人员与培训

人是生产要素中最活跃、最关键的因素，企业员工的素质直接关系到质量管理工作的成效，也是企业经营管理水平和发展潜力的重要指标。因此企业必须树立以人为本的管理理念，为各质量岗位配备符合要求、需要的人员并积极地通过培训等方式不断提高员工素质。

（1）人员条件 《开办药品批发企业验收实施标准（试行）》对企业从事与质量相关工作的人员应符合相应的资格要求作了明确规定，见表3－5。

表3－5 关键岗位工作人员的条件

项目＼岗位	企业主要负责人	质量管理负责人	质量管理机构负责人	质量管理工作人员	验收、养护人员
各岗位人员基本条件	应具有大专以上学历，熟悉国家有关药品管理的法律、法规、规章和所经营药品的知识	应当具有大学本科（含）以上学历，且必须是执业药师	应是执业药师，并有三年以上（含三年）药品经营质量管理工作经验	应具有药师（含药师和中药师）以上技术职称，或者具有大专（含）以上药学或相关专业的学历	应具有高中或中专（均含）以上文化程度
在岗要求	无严重违反药品管理法律、法规行为记录	在职在岗不得兼职	能坚持原则，有实践经验，可独立解决经营过程中的质量问题，在职在岗不得兼职	应经相应的专业培训和省级药品监督管理部门考试合格，取得岗位合格证书后方可上岗，在职在岗不得兼职	经岗位培训和地市级（含）以上药品监督管理部门考试合格，取得岗位合格证书后方可上岗

说明：药学相关专业指医学、生物、化学等专业。

知识链接1

执业药师概念、执业药师制度

执业药师：执业药师是指经全国统一考试合格，取得《执业药师资格证书》并经注册登记，在药品生产、经营、使用单位中执业的药学技术人员。执业药师英文名称为 Licensed Pharmacist。国家实行执业药师资格制度，已纳入全国专业技术人员执业资格制度统一规划的范围。

执业药师制度是国际通行的制度，在我国，我国从1994年开始实施执业药师资格制度，1997年1月中共中央、国务院在《关于卫生体制改革与发展的决定》中，明确规定我国要建立执业药师资格制度。1998年，原国家药品监督管理局组建以后，实现了对执业药师工作的统一管理，1999年，原人事部、原国家药品监督管理局重新修订印发《执业药师资格制度暂行规定》，逐步形成了比较规范的执业药师资格考试、注册、继续教育和监督管理的体系，并明确规定将配备相应的执业药师作为开办药品生产、经营、使用单位的必备条件之一。在药品分类管理体制下，执业药师在药品流通环节对安全用药起到至关重要的作用。

知识链接2

2012版GSP对药品批发企业关键岗位工作人员的调整

2013年6月1日起施行的《药品经营质量管理规范》(2012年版，卫生部第90号令)对药品批发企业部分关键岗位工作人员条件作了调整。

企业负责岗位条件调整：第十九条　企业负责人应当具有大学专科以上学历或者中级以上专业技术职称。

质量管理工作岗位条件调整：第二十二条第一款　从事质量管理工作的，应当具有药学中专或者医学、生物、化学等相关专业大学专科以上学历或者具有药学初级以上专业技术职称。

验收养护岗位人员条件调整：第二十二条第二款　从事验收、养护工作的，应当具有药学或者医学、生物、化学等相关专业中专以上学历或者具有药学初级以上专业技术职称；第二十二条第三款　从事中药材、中药饮片验收工作的，应当具有中药学专业中专以上学历或者具有中药学中级以上专业技术职称；从事中药材、中药饮片养护工作的，应当具有中药学专业中专以上学历或者具有中药学初级以上专业技术职称；直接收购地产中药材的，验收人员应当具有中药学中级以上专业技术职称。

购销岗位人员条件：第二十四条　从事采购工作的人员应当具有药学或者医学、生物、化学等相关专业中专以上学历，从事销售、储存等工作的人员应当具有高中以上文化程度。

(2) 培训教育　药品批发企业从事质量管理、质量验收、药品养护、仓储保管及销售工作的人员应定期和不定期接受不同级别的专业教育与培训。

(3) 健康检查　在药品的流通过程中，受环境、条件的影响，容易引起药品质量的变化，尤其是与药品直接接触的有关人员，其身体健康状况对药品的质量有着直接或间接的影响。因此《药品管理法》第五十一条规定，药品批发企业应组织在质量管理、药品验收、养护、保管等直接接触药品岗位工作人员进行岗前及定期健康检查，并建立健康检查档案。发现患有精神病、传染病或其他有可能污染药品疾病的人员，应立即调离直接接触药品岗位。

(二) 设施与设备

设施设备是开办药品批发企业的“硬件”条件。《开办药品批发企业验收实施标准(试行)》对此依法制定了详细规定，要求在开办药品经营企业的过程中严格审核。见表3-6。

表3－6 开办药品批发企业设施设备条件

检查项目	检查内容	标准要求
营业场所	环境、面积	①与经营规模相适应；②明亮、整洁
仓库管理	环境	①库区环境整洁、场面平整，易于修整；②无积水和杂草；③无粉尘、有害气体等污染源
	仓库管理	①按相应储存条件划分常温库（0～30℃）、阴凉库（0～20℃）、冷库（2～10℃）；②与经营品种和规模相适应；③符合《药品经营质量管理规范要求》；④适宜药品分类保管和储存；⑤库房的相对湿度应保持在45%～75%之间
	设置要求	①按使用性质应分为药品储存作业区、辅助作业区、办公区、生活区；②与经营规模相适应；③各作业区之间应有一定的距离或分离措施，应确保办公生活区人流、物流不对储存作业造成影响；④装卸作业场所有顶棚
	面积	各省、市、自治区在实施细则中的规定各不相同，但应与经营规模、经营范围相适应
仓储条件	卫生环境	①库房内墙壁、顶棚和地面光洁、平整，门窗结构严密；②应有防尘、防潮、防霉、防污染及防虫、防鸟、防鼠等设备
	储存	①仓库应配备必要的遮光、通风设备；②应有检测温湿度的设备；③应配置能有效调节控制库房温湿度条件的设备；④有保持药品与地面、墙、顶、散热器之间相应的间距或隔离的设备、措施
	安全防护	①仓库应配置符合规定要求的消防、安全设施。②应有符合安全用电要求的照明设备
仓库管理	物流要求	①仓库中具有适合药品储存的专用货架和入库、传递、分检、上架、出库等现代物流系统的装置和设备。②专营生物制品、中药材、中药饮片的企业除外
	库区布局及色标管理	按照药品的质量管理状态要求，应将仓库划分为：待验库（区）、合格品库（区）、发货区（区）、不合格品库（区）、退货库（区）及中药饮片零货称取库（区）。以上各库（区）均应设有明显标志，并实行色标管理
	分类管理	①药品与非药品、内服与外用药品应分库存放；②易串味药品、中药材、中药饮片以及药品中的易燃等危险品种应专库存放；③特殊管理的药品应专库存放
	拆零作业	有适宜拆零及拼箱发货的工作场所和包装物料的储存场所和设备
	验收养护室	①验收养护室应配有千分之一天平、澄明度检测仪、标准比色液等；经营中药材、中药饮片的还应配置水分测定仪、紫外荧光灯，显微镜。②验收养护室、中药标本室应有必要的防潮、防尘设备，应配有温湿度调控设备。③经营中药材、中药饮片的企业，还应设置符合规定的中药标本室（柜）
	计算机信息化管理	具有专用的计算机和服务器中央数据处理系统，并运用该系统对在库药品的分类、存放和相关信息的检索以及对药品的购进、入库验收、在库养护、销售、出库复核进行记录和管理，对质量情况能够进行及时准确的记录
运输条件		应配备符合药品特性要求的运输车辆

知识链接

2012版GSP对药品批发企业设施设备条件的调整

2013年6月1日起施行的《药品经营质量管理规范》（2012年版，卫生部第90号令）对药品批发企业设施设备条件作了局部调整。

新增了库房安全控制措施：第四十六条第三款　库房有可靠的安全防护措施，能够对无关人员进入实行可控管理，防止药品被盗、替换或者混入假药。

新增自动温控设备要求：第四十七条第四款　库房应配备自动监测、记录库房温湿度的设备。

新增中药材、中药饮片专库规定，对验收养护室要求进行调整：第四十八条　经营中药材、中药饮片的，应当有专用的库房和养护工作场所，直接收购地产中药材的应当设置中药样品室（柜）。

新增冷藏、冷冻药品设施设备规定：第四十九条　经营冷藏、冷冻药品的，应当配备以下设施设备：（一）与其经营规模和品种相适应的冷库，经营疫苗的应当配备两个以上独立冷库；（二）用于冷库温度自动监测、显示、记录、调控、报警的设备；（三）冷库制冷设备的备用发电机组或者双回路供电系统；（四）对有特殊低温要求的药品，应当配备符合其储存要求的设施设备；（五）冷藏车及车载冷藏箱或者保温箱等设备。

新增相关设施设备校准与验证规定：第五十三条　企业应当按照国家有关规定，对计量器具、温湿度监测设备等定期进行校准或者检定。企业应当对冷库、储运温湿度监测系统以及冷藏运输等设施设备进行使用前验证、定期验证及停用时间超过规定时限的验证。

药品储存相对湿度调整：第八十五条第二款　储存药品相对湿度为35%～75%。

（三）制度与管理

1. 质量管理体系及文件

（1）“质量管理体系”（Quality Management System，QMS）ISO9001：2005标准定义为“在质量方面指挥和控制组织的管理体系”，为实现质量管理的方针目标，有效地开展各项质量管理活动，必须建立相应的管理体系，这个体系就叫质量管理体系。对于药品经营而言，就是一切涉及药品经营质量管理的书面标准和实施过程中的记录结果组成的、贯穿药品质量管理全过程的连贯有序的系列管理文件，包括企业的质量管理制度、有关组织部门和工作岗位的质量职责、质量管理工作程序以及经营活动中的各项记录和原始凭证等。

（2）质量管理体系文件是药品经营质量管理的决定性要素，是实施、保证和保持质量管理体系有效运行的基础。质量管理文件的作用不仅是保证内部质量管理体系有效开展质量管理活动的基础和依据，也是对企业进行审核、检查的主要依据。

2. 建立质量管理体系文件的原则

建立质量管理文件，既是质量管理的目的，又是一项规范行为的活动。在整个质量管理体系的运行中，其核心是建立并实施文件化的质量体系，使质量管理活动有章可循、有据可依、有凭可查，以有效开展和考核各项质量活动，实现企业的质量方针目标。因此，建立以制度、程序、职责和记录为代表的完善的质量管理体系的根本目的，是保证药品质量管理的有效实施。

药品质量管理要求药品的进、存、销各个环节都应有可追溯性的原始记录，并保证真实、完整、准确、有效，能充分体现所载内容的质量责任。例如，购进记录应由业务采购部门填制，以购进信息为核心，为确保企业购进行为的合法性和有效性提供证明；验收记录应由质量验收人填制，可真实反映对购进药品实物质量的验收情况。因此企业必须对质量管理体系的制定与实施予以高度重视。在审核验收过程中，文件资料是先导，现场是基础，工作是实质。

3. 质量管理体系文件的内容

根据《开办药品批发企业验收实施标准（试行）》要求，药品批发企业所建立的用于保证药品经营质量的文件管理系统应包括：①质量管理制度。规范管理，使企业经营有序，质量有保证，制度的制订要合法、合理、全面、具体。②质量管理工作程序。应结合企业实际及质量管理的需要制定相应的工作程序文件，文件的内容应与企业的经营方式、经营范围、经营特点相一致。③质量责任。质量领导组织以及质量管理、购进、销售、仓储、运输、养护等组织或部门的质量职责，企业负责人、各部门负责人以及质量管理、验收、养护、保管、运输、购进、销售等岗位的质量职责。④质量管理记录。见表3－7。

表3－7　质量管理体系文件的内容

质量管理体系文件	主要内容
质量管理制度及工作程序	(1) 质量方针和目标管理；(2) 质量体系的审核；(3) 有关部门、组织和人员的质量责任；(4) 质量否决的规定；(5) 质量信息管理；(6) 首营企业和首营品种的审核；(7) 药品采购管理；(8) 质量验收的管理；(9) 仓储保管、养护和出库复核的管理；(10) 销售和售后服务的管理；(11) 有关记录和凭证的管理；(12) 近效期药品、不合格药品和退货药品的管理；(13) 质量事故、质量查询和质量投诉的管理；(14) 药品不良反应报告的规定；(15) 用户访问的管理；(16) 卫生和人员健康状况的管理；(17) 重要仪器设备管理；(18) 计量器具管理；(19) 质量方面的教育、培训及考核的规定；(20) 特殊药品的管理
质量管理记录	企业应按规定至少应建立以下药品质量管理记录：(1) 药品购进记录；(2) 购进药品验收记录；(3) 药品质量养护、检查记录；(4) 药品出库复核记录；(5) 药品销售记录；(6) 药品质量查询、投诉、抽查情况记录；(7) 不合格药品报废、销毁记录；(8) 直调药品质量验收记录；(9) 药品退货记录；(10) 销后退回药品验收记录；(11) 仓库温、湿度记录；(12) 计量器具使用、检定记录；(13) 质量事故报告记录；(14) 药品不良反应报告记录；(15) 质量管理制度执行情况检查和考核记录等
质量管理档案	企业应按规定建立以下药品质量管理档案：(1) 员工健康检查档案；(2) 员工培训档案；(3) 药品质量档案；(4) 药品养护档案；(5) 供货方档案；(6) 用户档案；(7) 设施和设备及定期检查、维修、保养档案；(8) 计量器具管理档案；(9) 首营企业审批表；(10) 首营品种审批表；(11) 不合格药品报损审批表；(12) 药品质量信息汇总表；(13) 药品质量问题追踪表；(14) 近效期药品催销表；(15) 药品不良反应报告表等

（四）验收要求及结果评定

（1）验收要求。逐项进行全面检查、验收，并逐项作出肯定或否定的评定。

（2）结果评定。①现场验收结果全部符合标准的，评定为验收合格；②现场验收结果有不符合标准，或有缺项、项目不完整、不齐全的，评定为验收不合格。

（3）处理决定。对验收合格或者验收不合格的，依据《药品经营许可证管理办法》第八条第（五）项的规定分别执行。

知识链接

第三方药品物流有关要求

（一）第三方药品物流的概念。是指建立在药品供应链架构下，服务内容比较完整的专业平台。其运营模式以社会化服务为导向，以计算机网络技术为依托，以现代物流设施、设备为基础，以完善的药品保障体系为核心，为药品生产、经营企业和预防、医疗单位用药，提供廉价、快捷、规范的新型药品物流综合服务平台。

（二）对第三方药品物流的相关规定

1. 有关规定。2005 年 4 月，原国家食品药品监督管理局公布了《加强监管促进药品现代物流发展的意见》（以下简称《意见》）。《意见》共七条，其核心有三点：①对于申请新开办药品批发企业，要按照《药品经营许可证管理办法》和《药品经营质量管理规范》的规定，要具有现代物流的准入条件；②具有现代物流条件的药品批发企业，允许其接受已持有药品经营许可证的药品企业委托的药品储存、配送服务业务；③允许有实力并具有现代物流基础设施及技术的企业为已持有许可证的药品企业开展第三方药品现代物流配送。但其仓储、储存条件要优与药品经营质量管理规范，且这第三方物流配送企业不能有药品购销活动。

2. 实施标准。2005 年 6 月，原国家食品药品监督管理局制订了《第三方药品物流企业从事药品物流业务有关要求》，对第三方药品物流企业的人员、设施设备、管理制度及记录等进行了明确规定。同时要求药品物流活动除符合《药品经营质量管理规范》的相关要求。具体要求见表 3－8、3－9、3－10。

表 3－8 企业人员要求

项目＼岗位	企业主要负责人	质量管理工作负责人	验收、养护人员
岗位人员条件	人员无《药品管理法》第 76 条规定的情形	应具有大学本科以上学历和执业药师资格，并有三年以上药品经营质量管理工作经验	应具有药学专业大专以上学历，或有药师以上专业技术职称。承担中药材、中药饮片物流委托配送的企业，还应配备中药师以上专业技术职称的人员
在岗要求	无严重违反药品管理法律、法规行为记录	应熟悉《药品管理法》及其实施条例以及《药品经营质量管理规范》等法律法规，熟悉药品知识，掌握相应专业技术，符合岗位技能要求	应熟悉《药品管理法》及其实施条例以及《药品经营质量管理规范》等法律法规，熟悉药品知识，掌握相应专业技术，符合岗位技能要求

表 3-9　设施设备要求

物流场所设施设备	基本要求
场所要求	1. 库区环境整洁、无污染源，地面应硬化或绿化； 2. 药品储存作业区应与办公、生活区有效隔离； 3. 装卸作业场所应有能遮蔽整个装卸作业区域的顶棚； 4. 库房内墙、顶和地面光洁、平整，门窗结构严密
库房要求	1. 企业应有与药品物流规模相适应并符合药品储存要求的封闭式常温库、阴凉库和冷库，其温湿度应按照《药品经营质量管理规范》的要求加以控制； 2. 仓库应划分出与物流规模相适应的收货待验、储存、分拣发货等场所，不合格药品、退货药品应设定专用存放场所； 3. 承担中药材和中药饮片物流委托配送的还应设定专用储存、分拣场所； 4. 药品中的易燃等危险品种应设定专用储存场所； 5. 以上场所应设置显示药品存放状态并符合色标管理要求的明显标识：收货待验和退货为黄色；储存、分拣发货为绿色；不合格为红色
设施设备	1. 自动监测、调控和记录库房温湿度的设备； 2. 有符合药品整托盘、整箱和拆零存放的设备； 3. 符合物流作业要求的照明设施； 4. 通风及避免阳光直射的设备； 5. 防虫、防鼠的设备； 6. 药品包装物料的存放设施； 7. 企业应配备能够实施药品现代物流作业，并与物流规模相适应的设施、设备，包括机械化装卸、传送设备和自动化或半自动化分拣设备
计算机信息化管理	企业应有专门的计算机管理信息系统，能满足物流作业全过程和质量控制等有关要求 1. 有稳定、安全的网络环境，有固定接入互联网的方式和可靠的信息安全平台； 2. 有符合企业药品委托配送管理实际需要的企业资源管理系统、仓储管理系统等应用软件和相关的数据库，能够真实、完整、准确地记录和有效监控物流及质量管理的全过程，并实现药品物流业务的订单处理和数据分析； 3. 有与委托方实施电子数据交换的信息平台； 4. 有实现接受当地药品监督管理部门监管的条件
运输车辆	企业应具备与物流业务规模相适应、符合药品温度等特性要求的货运车辆和设备。其中冷藏运输的车辆及设备应能自动调控和显示温度状况

表 3-10　质量管理体系文件的内容

质量管理体系文件	主要内容
质量管理制度	（1）药品收货、验收、入库、补货、拣选、发货、复核、送货、运输等物流环节的管理；（2）药品养护的管理；（3）药品有效期的管理；（4）不合格药品的管理；（5）退货药品的管理；（6）工作场所和库区环境的卫生管理；（7）人员健康的管理；（8）药品质量培训的规定；（9）有关质量记录和凭证的管理；（10）计算机系统中涉及药品配送的管理；（11）相关设施设备的管理规定
质量管理记录	（1）委托方的收货指令记录；（2）药品收货和验收记录；（3）委托方的发货指令记录；（4）药品出库复核记录；（5）药品送货记录；（6）仓库温湿度记录；（7）不合格药品控制记录；（8）药品退出记录；（9）退回药品验收记录；（10）药品养护检查记录；（11）有问题药品的处理记录；（12）冷藏（冻）药品运输过程中的温度记录

3. 限制性规定。①企业非药品物流作业不得对药品的质量造成影响；②特殊管理的药品不得委托配送。

1. 简述《药品经营许可证管理办法》对药品批发经营许可人员方面的有关规定。
2. 开办药品批发企业对设施设备条件有何要求?
3. 开办药品批发企业对计算机管理信息系统有何要求?

第四节 药品零售许可条件及标准

药品零售企业作为直接面向病患者销售药品、提供药品服务的药品流通的终端环节，药品零售企业的经营条件和经营行为，如人员资质、管理制度、购药渠道、售药服务行为等，对药品质量和合理用药具有重大的影响。因此，为了保证药品经营质量，使经营者合法经营药品，药品管理法律法规为药品零售经营企业的开办设置了严格的审批条件。本节重点介绍开办药品零售企业的条件及现场验收标准。

一、药品零售经营许可条件

依据《药品管理法》、《药品管理法实施条例》以及《药品经营许可证管理办法》的规定，药品零售经营许可的设置条件有：

1. 企业、企业法定代表人、企业负责人、质量负责人无《药品管理法》第七十六条、第八十三条规定的情形。

2. 具有与所经营药品相适应的质量管理机构或者人员。质量负责人应有一年以上(含一年)药品经营质量管理工作经验。

3. 具有依法经过资格认定的药学技术人员。

(1) 经营处方药、甲类非处方药的药品零售企业，应当配备执业药师或者其他依法经资格认定的药学技术人员。

(2) 经营乙类非处方药的药品零售企业，以及农村乡镇以下地区设立药品零售企业的，应当配备经设区的市级药品监督管理机构或者省、自治区、直辖市人民政府药品监督管理部门直接设置的县级药品监督管理机构组织考核合格的业务人员，有条件的应当配备执业药师。

(3) 企业营业时间，以上人员应当在岗。

4. 具有与所经营药品相适应的营业场所、设备、仓储设施、卫生环境，在超市等其他商业企业内设立零售药店的，必须具有独立的区域。

5. 具有保证所经营药品质量的规章制度。

6. 具有能够配备满足当地消费者所需药品的能力，并能保证24小时供应。药品零售企业应备有的国家基本药物品种数量由各省、自治区、直辖市药品监督管理部门结合当地具体情况确定。

保证24小时供应药品的有关规定

《药品经营许可证管理办法》明确开办药品零售企业要“具有能够配备满足当地消费者所需药品的能力，并能保证24小时供应”。原国家食品药品监督管理局在《关于贯彻执行<药品经营许可证管理办法>有关问题的通知》（国食药监市［2004］152号）中作出了说明：此项设置规定，是从满足群众购药需求和方便群众购药考虑的。所谓“能保证24小时供应”是在有24小时需求时，有提供这种服务的能力。24小时供应和24小时营业是有所区别的，药品零售企业可以通过24小时营业实现24小时供应，也可以采用其他合理合法的方式，在市场有需求时保证24小时供应。

知识链接

基本药物概念及基本药物制度的相关规定

基本药物是世界卫生组织于20世纪70年代提出的，指的是能够适应基本医疗卫生需求，剂型适宜，价格合理，能够保障供应，公众可公平获得的药品。主要特征是安全、必需、有效、价廉。

基本药物制度是对基本药物的遴选、生产、流通、使用、定价、报销、监测评价等环节实施有效管理的制度，与公共卫生、医疗服务、医疗保障体系相衔接。我国要建立国家基本药物制度，是党中央、国务院为维护人民群众健康、保障公众基本用药权益，而确立的一项重要的国家医药卫生政策，是国家药品政策的核心和药品供应保障体系的基础。新医改以建立基本药物制度为切入点，以实施基本药物集中采购、集中配送为手段，引导医药行业整合，推动医药流通业态的发展。2009年8月18日，国家发改委、卫生部等9部委发布了《关于建立国家基本药物制度的实施意见》，公布了基本药物目录，这标志着我国建立国家基本药物制度工作正式实施。

二、药品零售许可验收实施标准

按照《药品经营许可证管理办法》规定，由省级药品监督管理部门制定药品零售许可证验收实施标准。

各省、自治区、直辖市药品监督管理部门依据《药品经营许可证管理办法》和《药品经营质量管理规范》的有关内容，结合实际制定了符合辖区需要的开办验收实施标准，并报国家药品监督管理部门备案。归纳各省市药品零售验收实施标准，主要从三个方面进行了详细的规定：①机构与人员要求。规定了企业法定代表人、企业负责人、质量管理负责人等人员应具备的条件。从人员数量及学历、技术职称、工作年限等方面进行说明。②设备与设施要求。要求营业场所、仓储等场所要与经营范围、经营规模相适应，环境卫生整洁，并应配备符合药品验收、陈列、储存、养护等要求的设施设备。③制度与管理要求。药品零售企业应制定与经营药品相适应、保证药品质量的管理制度和工作程序，并严格执行。

知识链接

山东省药品零售企业许可验收实施标准主要检查项目

	处方药店	非处方药店
机构	零售企业按经营需要设置质量管理机构或专人负责质量管理工作	
人员	1. 企业负责人：应具有药学或药学相关专业中专（含）以上学历。 2. 企业质量管理人员：应具有药师或中药师（含）以上技术职称，或具有中专（含）以上药学或相关专业的学历，且具有1年以上药品经营工作经历；应当在职在岗。 3. 药学技术人员： ①县（含）以上城区药品零售企业应配备2名以上（含）执业药师（含执业中药师）或主管（中）药师职称的药学技术人员； ②县以下农村药品零售企业应配备2名药师（含）以上技术职称的药学技术人员； ③经营中药饮片的，其中1人应为中药专业相应资格/职称的人员	1. 企业负责人：应具有高中（含）以上学历。 2. 企业质量管理人员：应具有药士以上技术职称，或具有高中（含）以上学历，并经设区的市级以上药品监管部门考核合格；应当在职在岗。 3. 药学技术人员： ①县（含）以上城区药品零售企业药学技术人员应具有药师以上技术职称； ②连锁门店和县以下农村药品零售企业药学技术人员应具有药士以上技术职称，或具有中专以上药学或相关专业学历，并经设区的市级以上药品监管部门考核合格
营业场所/仓储	①县（含）以上城区不少于100平方米。 ②县（含）以上城区零售连锁门店不少于60平方米。 ③县以下农村地区不少于40平方米	①县（含）以上城区不少于40平方米。 ②县以下农村地区不少于20平方米。 ③在车站、码头、机场、宾馆及其他商场、超市等特定区域的，必须设置独立的区域，营业区域使用面积不少于20平方米
计算机	必须配置计算机管理系统，并运用该系统对药品的购进、验收、在库养护、销售、复核进行自动关联控制。具备实现接受药品监督管理部门电子监管的条件	——
设施设备	1. 营业场所和仓库应配备防潮、防污染、防虫、防鼠、防霉变等设施设备。 2. 营业场所和仓库应配备通风、照明、避光、防火、安全等设施设备。 3. 营业场所和仓库应配置监测和调节温、湿度的设备，经营冷藏药品的，应有冷藏设备，并建立温湿度记录。 4. 营业场所应有符合药品分类管理要求的货架和柜台，数量充足，摆放合理，柜组分类标志醒目，不得将药品存放或摆放于货架（柜）以外的地方。 5. 营业场所应设立拆零专柜，并配有拆零工具及专用包装材料，拆零专柜、工具和包装材料应清洁卫生。需冷藏的拆零药品应存放于冷藏设备内。 6. 经营中药饮片的企业，营业场所应配置符合卫生要求的调配处方和临方加工设施设备	
管理制度	1. 企业应制定与经营品种相适应、保证药品质量的管理制度和工作程序，并严格执行。 2. 应按规定建立包括下列内容的药品质量管理记录（表式），内容应齐全、真实、完整 3. 企业应按规定建立包括下列内容的药品质量管理档案（表格），内容应齐全、真实、完整	
其他	零售企业经营非药品的，必须设非药品专售区域，将药品与非药品明显隔离销售，并有明显的非药品区域标志。非药品类别标签应醒目准确、字迹清晰	

验收结果评定：现场验收时，应逐项进行检查、验收，并逐项做出肯定或否定的评定。

根据申请的经营范围允许有合理缺项。现场验收结果全部符合本标准的，评定为验收合格；现场验收结果有不符合本标准，包括项目有缺陷、项目不完整、不齐全的，评定为验收不合格（合理缺项不视为缺陷项）。对验收合格或者验收不合格的，依据《药品经营许可证管理办法》相关规定分别执行。

知识链接

2012 版 GSP 对药品零售企业关键岗位工作人员的调整

2013 年 6 月 1 日起施行的《药品经营质量管理规范》（2012 年版，卫生部第 90 号令）对药品零售企业部分关键岗位工作人员条件作了调整。

企业法定代表人或负责人岗位条件调整：第一百二十八条　企业法定代表人或者企业负责人应当具备执业药师资格。

执业药师配备规定：第一百二十八条　企业应当按照国家有关规定配备执业药师，负责处方审核，指导合理用药。

从事中药饮片质量管理、验收、采购岗位条件调整：第一百二十九条　从事中药饮片质量管理、验收、采购人员应当具有中药学中专以上学历或者具有中药学专业初级以上专业技术职称。

营业员条件调整：第一百二十九条　应当具有高中以上文化程度或者符合省级药品监督管理部门规定的条件。中药饮片调剂人员应当具有中药学中专以上学历或者具备中药调剂员资格。

思考题

1. 简述药品零售经营许可条件。
2. 药品零售验收实施标准，主要规定是什么？

第五节　药品零售连锁经营许可条件及标准

我国于 20 世纪 90 年代中期引入了药品零售连锁经营模式，经过近 10 年的发展，这种模式已经成为应用较为广泛的药品零售经营模式。药品零售连锁企业是由总部、配送中心和若干门店构成，总部是企业经营管理的核心，配送中心是连锁企业的物流机构，门店是连锁企业的基础并承担日常零售业务。这种独特的经营模式使药品零售连锁企业兼具药品批发企业和药品零售企业的特征，因此其经营许可条件也兼具了药品批发和零售企业的许可要求。

一、药品零售连锁企业经营许可条件

作为药品零售的一种独特经营模式，药品零售连锁企业经营许可也应符合国家有关法律法规对药品经营企业的开办条件要求，但目前我国尚没有专门针对药品零售连

锁企业的经营许可法律法规，各省对药品零售连锁企业总部和配送中心的许可多数参照药品批发企业经营许可条件，连锁门店参照零售企业经营许可条件。

二、药品零售连锁许可验收实施标准

为了进一步加强对药品零售连锁企业许可管理，各省、市、自治区药品监督管理部门根据《药品管理法》、《药品管理法实施条例》、《药品经营许可证管理办法》的规定，结合实际制定了本辖区内的药品零售连锁企业许可验收标准，主要从机构与人员、设备与设施、制度与管理等三个方面进行了详细的规定，要求药品零售连锁企业应制定与经营药品相适应、保证药品质量的管理制度和工作程序，并严格执行。

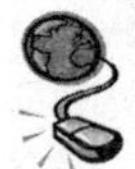

知识链接

山东省和安徽省零售连锁企业许可验收实施标准主要检查项目对比表

	山东省	安徽省
机构	零售连锁企业应为企业法人，并有2个（含）以上直营连锁门店。设置专门的质量管理机构	零售连锁企业应为企业法人，并有5个（含）以上直营连锁门店
人员	1. 企业负责人：大专以上学历，熟悉国家有关药品管理的法律、法规、规章和经营药品的知识。 2. 企业质量负责人：执业药师。 3. 企业质量管理机构负责人：执业药师，并有三年以上（含）药品经营质量管理工作经验。 4. 从事质量管理工作的人员：应具有药师或中药师（含）以上技术职称，或者具有大专（含）以上药学或相关专业的学历，以上人员应在职在岗，不能为兼职人员	1. 企业负责人：具有专业技术职称，熟悉国家有关药品管理的法律、法规、规章和所经营药品的知识。 2. 企业质量负责人：应具有大专以上学历，且必须是注册到本单位的执业药师。 3. 企业质量管理机构负责人：同山东省标准。 4. 药品质量管理工作的人员，应具有（中）药师以上技术职称，或者具有中专（含）以上（中）药学或相关专业的学历。以上人员应在职在岗，不能为兼职人员
营业场所/仓储	1. 企业应有与经营规模相适应的办公、辅助用房。 2. 企业应具有符合《药品经营质量管理规范》（以下简称GSP）设置条件的仓库，仓库面积应与其经营品种和规模相适应	1. 企业应有与经营规模相适应的营业场所及办公、辅助用房。营业场所明亮、整洁。 2. 企业应具有与其经营品种和规模相适应的符合《药品经营质量管理规范》要求的阴凉库、冷库，总面积不得低于500平方米
计算机	企业应建立专用的计算机信息管理系统，并运用该系统对药品的购进、入库验收、在库养护、配送、出库复核进行自动关联控制，能全程覆盖药品购进、储存、门店销售等经营环节质量。具备实现接受药品监督管理部门电子监管的条件	同山东省标准
设施设备	1. 库区有符合规定要求的消防、安全设施。 2. 仓库应有避光、通风的设施设备；有符合药品储存作业和安全用电要求的照明设施。 3. 仓库应有检测和调节温、湿度的设施。 4. 仓库应有防尘、防潮、防霉、防污染以及防虫、防鼠、防鸟等设施。 5. 仓库应有适宜拆零及拼箱发货的工作场所和包装物料等的储存场所和设备。 6. 经营中药饮片的应设置中药标本（样本）室（柜）。 7. 应在库区设置符合要求的验收养护室	同山东省标准

续表

	山东省	安徽省
管理制度	1. 企业应具有与经营类别、品种相适应，保证药品质量的规章制度及工作程序，并严格执行。 2. 企业应制定门店质量管理制度或工作程序，并严格执行。 3. 企业应按规定建立药品质量管理记录（表式），内容应齐全、真实、完整	同山东省标准
其他	企业及其门店应统一商号、统一采购、统一储存、统一配送、统一管理。门店不得自行采购药品	同山东省标准

知识链接

2012版GSP对药品零售连锁企业的规定

2013年6月1日起施行的《药品经营质量管理规范》（2012年版，卫生部第90号令）对药品零售连锁企业作了明确规定：第一百八十二条　药品零售连锁企业总部的管理应当符合本规范药品批发企业相关规定，门店的管理应当符合本规范药品零售企业相关规定。

原国家食品药品监督管理局下发了《关于认真贯彻落实药品安全“十二五”规划做好执业药师配备工作的通知》（食药监安函［2012］98号），规定：根据《国家药品“十二五”规划》要求，自2012年开始，新开办的零售药店必须配备执业药师；到“十二五”末，所有零售药店法人或主要管理者必须具备执业药师资格。零售连锁企业从性质上仍是零售企业，因此，在人员配备上仍须符合《国家药品安全“十二五”规划》要求。

思考题

1. 简述药品零售经营许可条件。
2. 药品零售连锁跨地域经营的基本要求是什么？

第六节　按照特殊药品管理的药品许可要求

按照特殊药品管理的药品主要是指针对特定人群，具有特殊的生理、药理作用，如果管理或使用不当则会引发诸如公共卫生、社会治安和经济等方面的严重问题，因此需要对此类药品经营实行严格的管理，以防止这些药品滥用或流入非法渠道。另外，随着市场经济的发展，某些药品经营也因市场需要实行了限制性许可管理。本节重点介绍按照特殊药品管理的药品经营企业条件、程序和标准。

本节中所指按照特殊药品管理的药品包括：麻醉药品、精神药品、医疗用毒性药品、放射性药品、药品类易制毒化学品、蛋白同化制剂、肽类激素、终止妊娠药品、部分含特殊药品复方制剂等。这些按照特殊药品管理的药品经营除需具备一般药品经营企业的条件外，还应结合类别性质具备不同特殊经营许可条件。

一、特殊管理药品的经营许可

特殊管理药品主要包括麻醉药品、精神药品、医疗用毒性药品和放射性药品。《药品管理法》第三十五条规定，国家对麻醉药品、精神药品、医疗用毒性药品、放射性药品，实行特殊管理。

（一）麻醉药品和精神药品经营许可条件

2005 年 11 月 1 日以国务院第 442 号令发布施行的《麻醉药品和精神药品管理条例》对经营许可作了明确规定，随后国家药品监督管理部门专门印发了《麻醉药品和精神药品经营管理办法》（国食药监安［2005］527 号），对经营许可条件和程序作了具体规定。

1. 麻醉药品和精神药品批发许可

（1）许可条件　麻醉药品和精神药品批发企业应当具备的条件有：①具备《药品管理法》第十五条规定的药品经营企业的开办条件。②有符合《麻醉药品和精神药品管理条例》规定的麻醉药品和精神药品储存条件，储存麻醉药品和第一类精神药品主要是设置专库，专库应当安装专用防盗门，实行双人双锁管理，具有相应的防火设施，具有监控设施和报警装置，报警装置应当与公安机关报警系统联网；第二类精神药品经营企业应当在药品库房中设立独立的专库或者专柜储存第二类精神药品，并建立专用账册，实行专人管理。③有通过网络实施企业安全管理和向药品监督管理部门报告经营信息的能力。④单位及其工作人员 2 年内没有违反有关禁毒的法律、行政法规规定的行为。⑤符合国务院药品监督管理部门公布的定点批发企业布局。⑥麻醉药品和第一类精神药品的定点批发企业，还应当具有保证供应责任区域内医疗机构所需麻醉药品和第一类精神药品的能力，并具有保证麻醉药品和第一类精神药品安全经营的管理制度。

（2）提交申报材料　申请成为全国性（区域性）批发企业应当报送的资料：①加盖企业公章的《药品经营许可证》、《企业法人营业执照》、《药品经营质量管理规范认证证书》复印件；企业如拟由分支机构承担经营活动，应当出具法人委托书。②连续三年在全国（本地区）药品经营行业中，经营规模、销售额、利税率、资产负债率等综合指标位居前列的证明材料。③具有药品配送能力，普通药品的销售已经形成全国性（本地区）经营网络的说明材料；申请成为全国性批发企业还应当提供已建立现代物流体系的说明材料。④加盖企业公章的储存仓库产权或租赁文件复印件，储存设施、设备目录，安全设施明细，安全运输设备明细。⑤企业以及其工作人员最近 2 年内没有违反有关禁毒法律、行政法规规定行为的情况说明。⑥麻醉药品和第一类精神药品经营独立机构（专人）的设置情况以及企业负责人、质量负责人、麻醉药品和第一类精神药品经营管理负责人情况。⑦麻醉药品和第一类精神药品经营安全的管理制度。⑧企业安全管理和向药品监督管理部门或其指定机构报送经营信息的网络说明材料和操作手册。⑨会计师事务所出具的财务资产负债表。

申请成为专门从事第二类精神药品批发企业应当报送的资料：①加盖企业公章的

《药品经营许可证》、《企业法人营业执照》、《药品经营质量管理规范认证证书》复印件；企业如拟由分支机构承担经营活动，应当出具法人委托书。②经营规模、效益等综合指标评价在本地区药品经营行业中位居前列的证明材料。③已初步建立现代物流体系和配送能力，普通药品的销售已经基本形成区域性经营网络的说明材料。④企业及其工作人员最近 2 年内没有违反有关禁毒的法律、行政法规规定行为的情况说明。⑤企业负责人、质量负责人、第二类精神药品经营管理专门人员情况。⑥第二类精神药品经营安全的管理制度，安全设施明细。⑦企业安全管理和向药品监督管理部门或其指定机构报送经营信息的网络说明材料和操作手册。

（3）审批程序　《麻醉药品和精神药品管理条例》第五十六条和《麻醉药品和精神药品经营管理办法》第五条、第六条作了明确规定。见表 3－11。

表 3－11　麻醉药品和精神药品全国性、区域性批发企业的批准部门及审批程序

企业类型	批准部门	审批程序
跨省、自治区、直辖市从事麻醉药品和第一类精神药品批发业务的企业（全国性批发企业）	国家药品监督管理部门	1. 申请企业向所在地省、自治区、直辖市药品监督管理部门提出申请，填报《申报麻醉药品和精神药品定点经营申请表》，报送相应资料 2. 省、自治区、直辖市药品监督管理部门在 5 日内对资料进行审查，决定是否受理。受理的，5 日内将审查意见连同企业申报资料报国家食品药品监督管理总局。不予受理的，书面说明理由 3. 国家食品药品监督管理总局在 35 日内进行审查和现场检查，做出是否批准的决定。批准的，下达批准文件。不予批准的，书面说明理由 4. 企业所在地省、自治区、直辖市药品监督管理部门根据批准文件在该企业《药品经营许可证》经营范围中予以注明
在本省、自治区、直辖市行政区域内从事麻醉药品和第一类精神药品批发业务的企业（区域性批发企业）	所在地省、自治区、直辖市药品监督管理部门	1. 申请企业向所在地设区的市级药品监督管理机构提出申请，填报《申报麻醉药品和精神药品定点经营申请表》，报送相应资料 2. 设区的市级药品监督管理机构在 5 日内对资料进行审查，决定是否受理。受理的，5 日内将审查意见连同企业申报资料报省、自治区、直辖市药品监督管理部门。不予受理的，书面说明理由 3. 省、自治区、直辖市药品监督管理部门在 35 日内进行审查和现场检查，做出是否批准的决定。批准的，下达批准文件，并在《药品经营许可证》经营范围中予以注明。不予批准的，书面说明理由
专门从事第二类精神药品批发业务的企业	所在地省、自治区、直辖市药品监督管理部门批准	1. 申请成为专门从事第二类精神药品批发企业，向所在地设区的市级药品监督管理机构提出申请，填报《申报麻醉药品和精神药品定点经营申请表》，报送相应资料 2. 药品监督管理部门按照区域性批发企业规定的程序、时限办理 3. 全国性批发企业和区域性批发企业可以从事第二类精神药品批发业务，向所在地省、自治区、直辖市药品监督管理部门申请变更《药品经营许可证》经营范围，经批准的在其《药品经营许可证》经营范围中加注（第二类精神药品原料药或第二类精神药品制剂）

（4）确定定点批发企业的原则。审批部门在经审查符合条件的企业中，根据布局要求，通过公平竞争的方式初步确定定点批发企业，并予公布。其他符合条件的企业

可以自公布之日起10日内向审批部门提出异议。审批部门应当自收到异议之日起20日内对异议进行审查，并作出是否调整的决定。

知识链接

麻醉药品和第一类精神药品定点批发企业布局的有关规定

国家食品药品监督管理局于2006年下发了《关于麻醉药品和第一类精神药品定点批发企业布局的通知》（国食药监安［2006］160号），综合考虑麻醉药品、精神药品需求总量以及人口、经济发展等因素，本着“保证供应，强化安全管理，引入竞争机制，确保供应体制转换期间平稳过渡”的原则，国家局确定了麻醉药品和第一类精神药品定点批发企业布局。

1. 全国性批发企业。在华北地区、华东地区和西南地区各设立1家全国性批发企业，且全国性批发企业之间不应存在产权关系或者同属于一个母公司。

2. 区域性批发企业。麻醉药品和第一类精神药品年销售额连续三年在500万元（指销售给医疗机构含税价，以下同）以上的行政区域内设立区域性批发企业不超过3家，500万元以下的不超过2家，100万元以下的可设立1家。鉴于重庆市地域和交通状况的特殊性以及现有麻醉药品供应状况，重庆市设立区域性批发企业应不超过18家，其中市区不超过2家。

2. 第二类精神药品零售许可

（1）许可条件　《麻醉药品和精神药品管理条例》第三十一条规定，经所在地设区的市级药品监督管理部门批准，实行统一进货、统一配送、统一管理的药品零售连锁企业可以从事第二类精神药品零售业务。其含义是除经批准的药品零售连锁企业，其他药品经营企业不得从事第二类精神药品零售活动。

（2）申报材料　申请零售第二类精神药品的零售连锁企业应当报送的资料：①加盖企业公章的《药品经营许可证》、《企业法人营业执照》、《药品经营质量管理规范认证证书》复印件；②拟从事第二类精神药品零售的门店名单，加盖公章的门店《药品经营许可证》、《营业执照》复印件，以及本企业实行统一进货、统一配送、统一管理的情况说明；③企业和门店负责人、质量负责人、专门管理第二类精神药品经营人员情况；④企业、门店经营第二类精神药品的安全管理制度，安全设施明细；⑤企业安全管理和向药品监督管理部门或其指定机构报送经营信息的网络说明材料和操作手册。

（3）审批程序　《麻醉药品和精神药品经营管理办法》第十一条规定，零售连锁企业申请第二类精神药品经营的程序是：①向所在地设区的市级药品监督管理机构提出申请，填报《申报麻醉药品和精神药品定点经营申请表》，报送相应资料；②设区的市级药品监督管理机构在20日内进行审查，做出是否批准的决定；③批准的，发证部门在企业和相应门店的《药品经营许可证》经营范围中予以注明；④不予批准的，应当书面说明理由。

（二）医疗用毒性药品经营许可条件

对医疗用毒性药品经营主要是指定性经营许可，根据《医疗用毒性药品管理办法》第五条规定，毒性药品的收购、经营，由各级医药管理部门指定的药品经营单位负责；配方用药由国营药店、医疗单位负责。其他任何单位或者个人均不得从事毒性药品的收购、经营和配方业务。

《医疗用毒性药品管理办法》是1988年施行的，条款中规定的经营许可条件还是“由各级医药管理部门指定”，现今已不适用。国家药品监督管理部门于2002年出台了《关于切实加强医疗用毒性药品监管的通知》（国药监安［2002］368号），对经营许可规定进行了调整，但限于规范性文件，目前缺少有关医疗用毒性药品的管理法规，以解决医疗用毒性药品的经营许可问题。

知识链接

《关于切实加强医疗用毒性药品监管的通知》有关经营许可规定

毒性药品年度生产、收购、供应和配制计划，由省、自治区、直辖市药品监督管理部门根据医疗需要制定并下达。毒性药品的收购和经营，由药品监督管理部门指定的药品经营企业承担；配方用药由有关药品零售企业、医疗机构负责供应。其他任何单位或者个人均不得从事毒性药品的收购、经营和配方业务。

药品经营企业（含医疗机构药房）要严格按照GSP或相关规定的要求，毒性药品应专柜加锁并由专人保管，做到双人、双锁，专帐记录。必须建立健全保管、验收、领发、核对等制度，严防收假、发错，严禁与其他药品混杂。

药品零售企业供应毒性药品，须凭盖有医生所在医疗机构公章的处方。医疗机构供应和调配毒性药品，须凭医生签名的处方。每次处方剂量不得超过二日极量。

科研和教学单位所需的毒性药品，必须持本单位的证明信，经所在地县级以上药品监督管理部门批准后，供应单位方能发售。

二、药品类易制毒化学品许可

药品类易制毒化学品易被用于制造毒品，严重危害经济和社会秩序，而被列入限制性经营范围，2005年，国务院以第445号令发布实施了《易制毒化学品管理条例》，将药品类易制毒化学品列入易制毒化学品的第一类；为加强药品类易制毒化学品管理，2010年，卫生部以第72号部令发布施行《药品类易制毒化学品管理办法》，对药品类易制毒化学品的经营许可进一步作出明确规定。

知识链接

《药品类易制毒化学品管理办法》出台

2010年5月1日，由原国家食品药品监管局起草的《药品类易制毒化学品管理办法》以卫生部部令正式发布施行。该办法是《易制毒化学品管理条例》的配套规章，共八章五十条，规定了药品类易制毒化学品生产、经营、购买许可的范围、条件、程序、资料要求和审批时限；明确了药品类易制毒化学品原料药、单方制剂和小包装麻黄素的购销渠道；规范了生产、经营企业和有关使用单位药品类易制毒化学品安全管理的制度、条件要求，以及药品监管部门的监督管理工作。旨在通过实施加强药品类易制毒化学品的管理，规范生产经营秩序，有效防止其流入非法渠道被用于制毒。

（一）许可条件

依据《药品类易制毒化学品管理办法》第十三条规定，药品类易制毒化学品单方制剂和小包装麻黄素，纳入麻醉药品销售渠道经营，仅能由麻醉药品全国性批发企业和区域性批发企业经销，不得零售。未实行药品批准文号管理的品种，纳入药品类易制毒化学品原料药渠道经营。

（二）申报材料

《药品类易制毒化学品管理办法》第十四条规定，药品经营企业申请经营药品类易制毒化学品原料药，应当向所在地省、自治区、直辖市药品监督管理部门提出申请，报送的资料有：

（1）药品类易制毒化学品原料药经营申请表；

（2）具有麻醉药品和第一类精神药品定点经营资格或者第二类精神药品定点经营资格的《药品经营许可证》、《药品经营质量管理规范》认证证书和企业营业执照复印件；

（3）企业药品类易制毒化学品管理的组织机构图（注明各部门职责及相互关系、部门负责人）；

（4）反映企业现有状况的周边环境图、总平面布置图、仓储平面布置图（注明药品类易制毒化学品相应安全管理设施）；

（5）药品类易制毒化学品安全管理制度文件目录；

（6）重点区域设置电视监控设施的说明以及与公安机关联网报警的证明；

（7）企业法定代表人、企业负责人和销售、管理人员具有药品类易制毒化学品有关知识的说明材料；

（8）企业法定代表人及相关工作人员无毒品犯罪记录的证明。

（三）审批程序

依据《易制毒化学品管理条例》第十条规定，申请经营第一类中的药品类易制毒化学品的，原由国务院药品监督管理部门审批；《药品类易制毒化学品管理办法》出台后，将药品类易制毒化学品的经营许可权下放，规定国家食品药品监督管理局委托省、自治区、直辖市药品监督管理部门办理。

药品类易制毒化学品经营许可审批程序有：

（1）省、自治区、直辖市药品监督管理部门应当在收到申请之日起5日内，对申报资料进行形式审查，作出是否决定受理；

（2）受理的，在30日内完成现场检查和实质性审查；

（3）符合规定的，在《药品经营许可证》经营范围中标注“药品类易制毒化学品”，并报国家食品药品监督管理总局备案，不予许可的，书面说明理由。

三、疫苗许可

（一）许可条件

《疫苗流通和预防接种管理条例》第十条规定，药品批发企业经批准后可以经营疫苗；药品零售企业不得从事疫苗经营活动。并规定了申请从事疫苗经营药品批发企业的条件：①具有从事疫苗管理的专业技术人员；②具有保证疫苗质量的冷藏设施、设备和冷藏运输工具；③具有符合疫苗储存、运输管理规范的管理制度。

（二）许可程序

（1）符合条件的药品批发企业提出申请；

（2）省、自治区、直辖市人民政府药品监督管理部门对是否符合条件进行审查；

（3）对符合条件的，在其药品经营许可证上加注经营疫苗的业务。

（三）许可标准

2005年，原国家食品药品监督管理局印发《疫苗经营监督管理意见》（国食药监市［2005］278号），对疫苗经营许可标准进行了细化，各省市依据该意见制定了辖区内的验收标准。

1. 专业技术人员

疫苗批发企业应有2名以上专业技术人员从事疫苗质量管理工作。专业技术人员应有预防医学、药学、微生物学、或医学等专业本科以上（含本科）学历及中级以上（含中级）专业技术职称，具有3年以上从事疫苗管理或技术工作经验，并不得兼职。以上专业技术人员应对疫苗的接种反应和疫苗质量问题有一定的判断能力。从事疫苗质量管理工作的专业技术人员负责疫苗的验收、养护等质量管理，以及相关记录和档案的管理。

2. 储运设施设备

（1）两个以上独立的冷库（柜）；

（2）用于疫苗运输的冷藏车及车载冷冻、冷藏设备；

（3）温度自动监测、调控、记录、报警的设备；

（4）疫苗冷藏设备备用的发电机组。

设施设备应符合的条件：

（1）冷库的温度应符合疫苗的储存要求，并能自动调控、显示和记录温度状况，其中冷库的温度为2～8℃。经营有特殊要求产品的，其储存条件应符合产品说明书。

（2）冷库的总容积应与经营规模相适应。

（3）冷藏运输的车辆及冷藏（冻）箱应能自动调控和显示温度状况。

3. 管理制度

包括：①疫苗质量管理人员职责；②疫苗购进管理；③疫苗验收管理；④疫苗储存、养护检查和出库复核管理；⑤进口疫苗管理；⑥疫苗有效期管理；⑦不合格疫苗管理；⑧疫苗销售管理；⑨疫苗运输管理；⑩疫苗储存、运输设施设备管理；⑪有预防接种异常反应的报告和管理。

四、蛋白同化制剂、肽类激素许可条件和标准

（一）许可条件

《反兴奋剂条例》第九条和第十条规定，依照药品管理法的规定取得《药品经营许可证》的药品批发企业，经省、自治区、直辖市人民政府药品监督管理部门批准，方可经营蛋白同化制剂、肽类激素：除胰岛素外，药品零售企业不得经营蛋白同化制剂或者其他肽类激素。

（二）许可标准

经营蛋白同化制剂、肽类激素的药品批发企业应具备下列条件：

（1）有专门的管理人员；

（2）有专储仓库或者专储药柜；

（3）有专门的验收、检查、保管、销售和出入库登记制度；

（4）法律、行政法规规定的其他条件。

思考题

1. 本节特殊类别药品包括哪些？
2. 麻醉药品和精神药品定点经营批发企业许可条件有哪些？

第七节　监督检查

药品监督管理部门对药品的经营拥有审批发证的权力，同时也应承担相应的责任，依法加强对药品经营企业从事行政许可事项活动的监督管理，保证药品经营企业的经营活动切实在行政许可的范围内进行。

一、监督检查有关规定

（一）概念

药品经营许可监督检查是指药品监督管理部门对药品经营企业从事行政许可事项活动实施监督检查及其处理的活动。

（二）有关法律法规规定

《药品管理法》第六十四条规定，药品监督管理部门有权按照法律、行政法规的规定对报经其审批的药品研制和药品的生产、经营以及医疗机构使用药品的事项进行监督检查，有关单位和个人不得拒绝和隐瞒。《经营许可证管理办法》第二十条规定，药品监督管理部门应加强对《药品经营许可证》持证企业的监督检查，持证企业应当按规定接受监督检查。对药品经营企业从事行政许可事项活动实施监督检查应当遵循合法合理、高效便民、程序规范、公开透明的原则。

知识链接

《行政许可法》有关许可监督检查的规定

第六十条　上级行政机关应当加强对下级行政机关实施行政许可的监督检查，及时纠正行政许可实施中的违法行为。

第六十一条　行政机关应当建立健全监督制度，通过核查反映被许可人从事行政许可事项活动情况的有关材料，履行监督责任。

二、监督检查的内容和标准

（一）监督检查的内容

《药品经营许可证管理办法》第二十一条规定，监督检查的内容主要包括：

1. 企业名称、经营地址、仓库地址、企业法定代表人（企业负责人）、质量负责人、经营方式、经营范围、分支机构等重要事项的执行和变动情况；

2. 企业经营设施设备及仓储条件变动情况；

3. 企业实施《药品经营质量管理规范》情况；

4. 发证机关需要审查的其他有关事项。

（二）监督检查标准

《药品经营许可证》第二十三条规定，《药品经营许可证》现场检查标准，按照开办药品批发企业验收实施标准、开办药品零售企业验收实施标准和《药品经营质量管理规范》认证检查标准及其现场检查项目。

医疗用毒性药品、麻醉药品、精神药品、放射性药品和预防性生物制品的检查按照国家特殊药品管理和预防性生物制品管理的有关规定执行。

其他需要特殊许可药品类别（含疫苗，药品类易制毒化学品，蛋白同化制剂、肽类激素，终止妊娠药品，血液制品，部分含特殊药品复方制剂等），按各省（市）药品监督管理部门制定的相应许可条件和标准进行检查。

三、监督检查形式

《药品经营许可证》第二十二条规定的许可监督检查方式有：①书面检查。②现场检查。③书面与现场检查相结合的方式。

（一）书面检查

《药品经营许可证管理办法》第二十二条第一款规定，发证机关可以要求持证企业报送《药品经营许可证》相关材料，通过核查有关材料，履行监督职责。

要求报送的书面材料，法律、法规、规章有规定的，从其规定；法律、法规、规章没有规定的，应当根据行政许可的性质，能够反映药品经营企业是否依法从事行政许可事项的活动。

药品监督管理部门收到书面材料后，应当及时核查药品经营企业是否按照被许可的条件、范围等从事特定的活动。见表3－12。

表3－12　《药品经营许可证》书面检查重点核查项目

检查类别	许可监督检查重点检查项目
编号（证号）	（1）证号编码是否符合要求；（2）证号是否有伪造、变造情形
企业名称	（1）企业名称是否与工商行政管理部门颁发的营业执照一致；（2）正本、副本企业名称是否一致；（3）是否有伪造、变造情形；（4）是否存在未及时申请变更登记情形
企业法定代表人、负责人、质量负责人	（1）相应人员是否在职在岗；（2）相应人员是否依照法律或法人组织章程规定履行职责和义务；（3）是否有伪造、变造情形；（4）是否存在未及时申请变更登记情形
经营方式	（1）是否按许可方式经营药品；（2）正本、副本经营方式是否一致；（3）是否有伪造、变造情形；（4）是否存在未及时申请变更登记情形
经营范围	（1）是否按许可范围经营药品，存在超范围经营药品情形；（2）正本、副本经营范围是否一致；（3）是否有伪造、变造情形；（4）是否存在未及时申请变更登记情形
注册地址及仓库地址	（1）是否擅自变更；（2）是否擅自增加或减少仓库面积
发证机关及发证日期	（1）加盖发证机关单位公章是否清晰；（2）发证日期是否准确；（3）正本、副本是否一致；（4）是否有伪造、变造情形
有效期	（1）有效期是否超出有效期；（2）变更时有效期是否标注变更时间，证书有效期是否改变；（3）正本、副本是否一致；（4）是否有伪造、变造情形

（二）现场检查

《药品经营许可证管理办法》第二十二条第二款规定，有下列情况之一的企业，必须进行现场检查：

1. 上一年度新开办的企业；
2. 上一年度检查中存在问题的企业；
3. 因违反有关法律、法规，受到行政处罚的企业；
4. 发证机关认为需要进行现场检查的企业。

现场检查可以依法采取勘察现场、查阅有关材料、询问有关人员、听取当事人陈述等方法。药品监督管理部门进行现场检查时，指派两名以上工作人员。工作人员应当向药品经营企业出示证件表明身份，并告知药品经营企业具有的权利和义务。现场重点、检查项目见表 3-13。

表 3-13　现场检查重点核查项目

检查类别	许可监督检查重点检查项目
注册地址	(1) 注册地址是否与企业经营地址一致；(2) 经营场所布局是否符合经营许可要求；(3) 是否存在擅自迁址情形
仓库地址	(1) 注册仓库地址是否与企业仓库地址一致；(2) 仓库布局是否符合经营许可要求；(3) 是否存在擅自迁址情形；(4) 是否擅自增加或减少仓库面积
设施设备	(1) 设施设备设置是否符合许可要求；(2) 设施设备能否正常运转；(3) 设施设备能否满足药品经营需要
分支机构	(1) 分支机构是否取得《药品经营许可证》；(2) 分支机构是否符合经营许可要求；(3) 是否存在未及时申请变更登记情形
经营管理	是否存在无证经营或超范围经营药品情形

（三）书面与现场检查相结合的方式

必要时，药品监督管理部门可以采取书面检查和现场检查相结合的方式进行检查。

（四）公告

现场检查的结果，发证机关应当在《药品经营许可证》副本上记录并予以公告。

知识链接

《行政许可法》关于监督检查的有关规定

第六十一条　行政机关依法对被许可人从事行政许可事项的活动进行监督检查时，应当将监督检查的情况和处理结果予以记录，由监督检查人员签字后归档。公众有权查阅行政机关监督检查记录。

行政机关应当创造条件，实现与被许可人、其他有关行政机关的计算机档案系统互联，核查被许可人从事行政许可事项活动情况

四、药品经营许可法律责任

（一）药品监督管理人员的法律责任

1.《药品管理法》的有关规定

《药品管理法》第九十四条第二款规定，药品监督管理部门对不符合法定条件的单位发给《药品经营许可证》的，由其上级主管机关或者监察机关责令收回违法发给的证书、撤销药品批准证明文件，对直接负责的主管人员和其他直接责任人员依法给予行政处分；构成犯罪的，依法追究刑事责任。

《药品管理法》第九十九条规定，药品监督管理人员滥用职权、徇私舞弊、玩忽职守应承担的法律责任做了明确规定，药品监督管理人员滥用职权、徇私舞弊、玩忽职守，构成犯罪的，依法追究刑事责任；尚不构成犯罪的，依法给予行政处分。

2. 违法形式

（1）滥用职权行为。是指药品监督管理人员违反法律规定行使职权的行为。在行政许可中，本不应批准和发给《药品经营许可证》，药品监督管理人员却违法批准并发给《药品经营许可证》的，就属于滥用职权的行为。反之，应当予以批准并发给《药品经营许可证》，药品监督管理人员无正当理由故意刁难，不予批准和发给《药品经营许可证》的，也属于滥用职权的行为。

（2）徇私舞弊行为。是指在药品监督管理工作中为了私情或者谋取私利，故意违反事实或者法律规定作出行政许可决定的行为。

（3）玩忽职守行为。包括药品监督管理人员不履行法律、行政法规规定其应当履行的职责，即职务上的不作为行为，也包括药品监督管理人员在履行职责时不尽职、不认真，对本职工作马马虎虎，漫不经心的行为。比如，负责许可审批的药品监督管理人员在许可审批中马马虎虎，不按规定认真进行审查，就发给许可文件或证书，导致危害后果的，也属于玩忽职守的行为。

3. 法律责任

（1）行政处分。情节轻微，不符合刑法所规定的犯罪构成的，由所在单位、上级单位或者政府监察部门，依据行政监察法和国家公务员暂行条例的规定，给予警告、记过、降级、降职、撤职或者开除的行政处分。

（2）构成犯罪的，依法追究刑事责任。药品监督管理人员滥用职权、徇私舞弊、玩忽职守的行为，符合刑法关于滥用职权、玩忽职守犯罪构成要件的，依据刑法和刑事诉讼法的有关规定追究其刑事责任。

知识链接

刑法“渎职罪”关于滥用职权、徇私舞弊、玩忽职守的有关规定

刑法第三百九十七条规定：“国家机关工作人员滥用职权或者玩忽职守，致使公共财产、国家和人民利益遭受重大损失的，处三年以下有期徒刑或者拘役；情节特别严重的，处三年以上七年以下有期徒刑。本法另有规定的，依照规定。”刑法第四百一十四条规定：“对生产、销售伪劣商品犯罪行为负有追究责任的国家机关工作人员，徇私舞弊，不履行法律规定的追究职责，情节严重的，处五年以下有期徒刑或者拘役。”

《中华人民共和国刑法修正案（八）》关于生产销售假药品的有关规定

《中华人民共和国刑法修正案（八）》第二十三条规定，将刑法第一百四十一条第一款修改为：“生产、销售假药的，处三年以下有期徒刑或者拘役，并处罚金；对人体健康造成严重危害或者有其他严重情节的，处三年以上十年以下有期徒刑，并处罚金；致人死亡或者有其他特别严重情节的，处十年以上有期徒刑、无期徒刑或者死刑，并处罚金或者没收财产。”

（二）药品经营相关法律责任

1. 无证经营的法律责任

按照《药品管理法》第七十三条的规定，未取得《药品生产许可证》、《药品经营许可证》或者《医疗机构制剂许可证》生产药品、经营药品的，依法予以取缔，没收违法生产、销售的药品和违法所得，并处违法生产、销售的药品（包括已售出的和未售出的药品，下同）货值金额二倍以上五倍以下的罚款；构成犯罪的，依法追究刑事责任。

无证经营是药品经营者完全无视国家设立的前置性审批管理，未经药品监督管理部门对其经营条件依法审核批准，擅自进入需要前置性审批许可方能进入的经营领域。由于药品的特殊性，无证经营对人民群众的用药安全构成极大威胁。因此，《药品管理法》将无证经营药品规定为一种最严重的违法行为之一，并规定了最重的处罚幅度（与生产销售假药相同，而重于生产销售劣药）。无证经营的法律责任主要有行政责任和刑事责任。

（1）行政责任。主要是行政强制和行政处罚，依法予以取缔是行政强制措施，行政处罚包括没收违法药品、没收违法所得、罚款。

①依法予以取缔。即关闭无证开办的药品经营企业，制止违法行为，避免危害发生。

②没收违法药品。是指行政机关将违反行政法律规范的行为人的违法工具、物品和违禁品等收归国有的处罚形式。行政机关没收违法药品，必须依法上交国库或者按照法定方式处理，不能私分、截留、随意损坏，或者通过非法途径低价处理、随意使用。

③没收违法所得。是指特定的行政机关或者法定的其他组织依法将违法行为人的违法所得收归国有的处罚形式。违法所得是指无相应许可证生产、经营药品或者配制制剂的行为所获得的利益。违法所得应全部没收。没收违法所得不能涉及当事人的合法收入或者财产。

④罚款。是一种典型的财产罚，指行政处罚主体依法强制将违反行政法律规范的行为人在一定期限内向国家缴纳一定数额金钱的处罚方式。罚款是要式行为，有处罚权的机关或者组织必须以书面形式做出罚款决定，依法明确规定罚款的数额和缴纳，并按照规定告知被处罚人有关申诉和起诉等权利。该条款规定并处违法销售的药品，包括所有已售出和未售出药品货值金额二倍以上五倍以下的罚款（含二倍或五倍）。货值金额应按案发时所有违法经营药品的市场价计算。

⑤无证经营药品情节严重的，还要依据《刑法》第二百二十五条以非法经营罪追究刑事责任。任何单位和个人未经审批许可擅自经营药品，不管其经营条件如何，也不管无证经营药品是否造成损害后果，一律予以严惩。

（2）刑事责任　无证经营构成犯罪的刑事责任是扰乱市场秩序罪。犯罪主体包括自然人、法人或其他单位，依照《刑法》第二百二十五条的规定，扰乱市场秩序罚的表现形式：①未经许可经营法律、行政法规规定的专营、专卖物品或者其他限制买卖的物品的；②买卖进出口许可证、进出口原产地证明以及其他法律、行政法规规定的经营许可证或者批准文件的；③其他严重扰乱市场秩序的非法经营行为。药品是必须经有关部门批准许可方可经营的特殊商品，未经许可经营药品构成犯罪要件，应承担刑事责任。

2. 伪造、变造、买卖、出租、出借许可证的法律责任

《药品管理法》第八十二条规定，伪造、变造、买卖、出租、出借许可证或者药品批准证明文件的，没收违法所得，并处违法所得一倍以上三倍以下的罚款；没有违法所得的，处二万元以上十万元以下的罚款；情节严重的，并吊销卖方、出租方、出借方的《药品经营许可证》或者撤销药品批准证明文件；构成犯罪的，依法追究刑事责任。

国家对药品经营实行许可制度，药品经营企业必须持有《药品经营许可证》才获准从事药品经营活动，因此，对以伪造、变造、买卖、出租、出借有关许可证书的手段，牟取非法利益，破坏国家正常的药品管理制度的行为，必须严厉打击，依法追究行政法律责任或刑事法律责任。

(1) 行政责任

①没收违法所得。因伪造、变造、买卖、出租、出借许可证或者药品批准证明文件所获取的违法收入，对此违法收入应当予以没收，上缴国库。

②罚款。分两种情况：如果行为人因伪造、变造、买卖、出租、出借许可证或者其他药品批准证明文件有违法所得的，则除没收违法所得外，还处违法所得一倍以上三倍以下的罚款；如果没有违法所得的，则处二万元以上十万元以下的罚款，具体数额由行政执法机关根据违法情节确定。

③情节严重的，吊销许可证或者撤销药品批准证明文件。情节严重，主要包括多次违法、获取的非法收入较大、影响恶劣以及造成严重后果等情形。

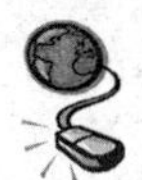

知识链接

吊销、注销、撤销的概念

吊销，是行政处罚的一种，指行政相对人存在严重违法违规行为，药品监管部门强制剥夺行政相对人经营药品的资格的行为。吊销许可证，应告知被处罚人相应的权利。注销，是指出现法定事由，药品经营企业终止经营，关闭企业，由药品监管部门依法取消企业资格的行为。撤销，是指已经生效的许可证，因其申办过程中存在违法违规行为，药品监管部门终止其效力的行为。

需要注意的是，药品经营企业被吊销许可证后，企业的法人资格仍然存在，可以以自己的名义进行财产清算、法律诉讼等活动，但不得经营药品。而注销许可证，则意味着药品经营企业终止，应停止一切活动。许可证的撤销，可以因申办人存在违法违规行为（如提供虚假材料）而导致，也可能因为行政机关有过错（如执法人员违法审批）而导致。如果因执法机关及人员错误导致许可证被撤销的，药品监管部门应给予申办人相应的赔偿。

(2) 刑事责任 伪造、变造、买卖、出租、出借许可证构成犯罪的刑事责任是扰乱市场秩序罪和扰乱公共秩序罪，犯罪主体包括自然人、法人或其他单位。依据《刑法》第二百二十五条扰乱市场秩序罪规定，有买卖法律、行政法规规定的经营许可证或者批准文件的非法经营行为，扰乱市场秩序，情节严重的，处五年以下有期徒刑或者拘役，并处或者单处违法所得一倍以上五倍以下罚金；情节特别严重的，处五年以上有期徒刑，并处违法所得一倍以上五倍以下罚金或者没收财产。依照《刑法》第二百八十条扰乱公共秩序罪规定，伪造、变造、买卖或者盗窃、抢夺、毁灭国家机关公文、证件、印章的，处三年以下有期徒刑、拘役、管制或者剥夺政治权利。对伪造、变造、买卖、出租、出借有关药品许可证书或者药品批准证明文件构成犯罪的，要依照刑法的规定追究其刑事责任。

知识链接

伪造、变造、买卖、出租、出借的概念

“伪造”，是指假冒国家机关、企业、事业单位的名义，制造根本不存在的上述许可证或者药品批准证明文件的行为。“变造”，是指对真正的许可证或者药品批准证明文件以涂改等手段，变更其真实内容的行为。“买卖”，是指一方将自己的药品经营许可证擅自转让给另一方，对方支付价金的行为。“出租”，是指一方将药品经营许可证出租给另一方，对方支付租金的行为。“出借”，是指一方将药品经营许可证出借给另一方的行为。

3. 提供虚假证明、资料或其他手段骗取许可证的法律责任

《药品管理法》第八十三条规定，提供虚假的证明、文件资料、样品或者采取其他欺骗手段取得《药品生产许可证》、《药品经营许可证》、《医疗机构制剂许可证》或者药品批准证明文件的，吊销《药品生产许可证》、《药品经营许可证》、《医疗机构制剂许可证》或者撤销药品批准证明文件，5 年内不受理其申请，并处 1 万元以上 3 万元以下的罚款。

药品是特殊商品，国家对药品的生产者、经营者和使用单位有严格的条件规定，企业在经营药品之前必须合法地取得药品监督管理部门对该企业的审查并取得相应的《药品经营许可证》后方可申请办理《营业执照》。这些要求都是针对药品是特殊产品的性质作出的规定，目的是为了保证药品的安全、有效，保护用药者的健康。对本身不符合取得《药品经营许可证》的条件，故意提供虚假材料骗取许可证的行为，依照有关规定追究相应法律责任。

只有申请人提供了法律规定的、足以使药品监管部门颁发《药品经营许可证》的虚假材料，才应认定提供了虚假证明材料。从有关规定看，药品行政许可中的下列材料是和取得许可证密切相关的：①拟办企业从业人员情况，包括姓名、职称、培训情况和身份证、学历证书、资格证书等；②质量管理人员的职称、培训情况、能否在职在岗等证明；③药品管理设施设备的配置情况，包括购物发票、合格证、验证报告等；④经营场所和仓库的房屋所有权证明或租赁合同等；⑤工商部门的企业名称预先核准书；⑥股东会决议以及其他成立公司所需的证明材料。其次，该行为是故意为之。提供虚假证明材料的违法要件必须是申办人存在主观故意，即明知材料虚假仍提供，或制造假材料。对因不慎或不可预料等原因提供了不实材料的申办人，则不应认定其提供虚假证明材料。对提供了虚假材料，但在审批中被执法人员发现而未骗取许可证的申办人应给予批评教育。

对违反本条药品经营行为的处罚包括三种形式：

（1）吊销《药品经营许可证》。对其以欺骗手段取得的许可证予以撤销，其违法取得的许可证自始无效。

（2）罚款。具体数额由行政执法机关根据违法情节确定。

（3）5年内不受理其申请。本规定的实质是在一定期限内取消违法者申请有关许可证或者其他证明文件的资格。这种规定也具有对违法行为的惩罚作用。

以上三种处罚形式在法律规定中属于并罚的情况，不属于选择性处罚条款。

《行政许可法》第三十一条规定："申请人申请行政许可，应当如实向行政机关提交有关材料和反映真实情况，并对其申请材料实质内容的真实性负责。"

4. 超方式、超范围经营的法律责任

《药品管理法》对有《药品经营许可证》的企业超方式、超范围经营行为没有明文规定，在承担相应的法律责任上也没有制定罚责。但是《药品管理法实施条例》第八十三条，对超方式、超范围经营的定性已有了明确的规定，如果要扩大许可事项范围，必须再次申请并经管理部门审核批准取得新的许可。国家药品监督管理局统一印制的《药品经营企业许可证》是企业合法经营的法定凭证，其载明的经营范围、经营方式、经营地点（包括仓库地点）等药品经营许可事项不允许擅自改变，超出《药品经营许可证》核准的范围经营药品，批发企业从事零售、零售企业从事批发、擅自变更经营地点、擅自增设仓库都属于非法药品经营活动。

表现的主要形式有：①未经批准，药品批发企业从事药品零售业务，以及药品零售企业从事药品批发业务；②药品零售连锁总店及其各连锁门店，没有分别取得《药品经营企业许可证》；③未经国家批准设立中药材专业市场以及各种形式的药品集贸市场；④在中药材专业市场销售中药材以外的国家规定限制销售的中药材；⑤城乡集贸市场销售国家禁止在城乡集贸市场销售的中药材；⑥未经批准，擅自在城乡集贸市场设点销售药品或者在城乡集贸市场设点销售的药品超出批准经营的药品范围；⑦有《药品经营企业许可证》从事异地经营的；⑧非处方药经营单位经营处方药或其他超范围经营的。

思考题

1. 简述无证经营的法律责任。

2. 案例分析

2003年10月21日，根据群众举报，XX市药监局对XX药店进行检查，发现该零售药店已取得《药品经营许可证》和《营业执照》，但未按《药品经营许可证》核准的经营范围（非处方药）经营药品，擅自超范围经营氟哌酸胶囊、头孢拉定胶囊、阿莫西林胶囊等14种处方药。

分析与讨论

本案中XX药店违法行为是什么？应按有关规定，给予何种处罚？

学习小结

- 药品经营许可监管
  - 药品经营许可法律法规要求
    - 1. 我国药品经营许可 准入制度立法沿革
    - 2. 实施药品经营许可准入制度的必要性
    - 3. 药品经营许可 制度的构成
    - 4. 药品经营许可管理
    - 5. 药品经营许可的 其他规定
  - 药品经营许可程序
    - 1. 药品经营企业的开办
    - 2. 药品经营企业的变更
    - 3.《药品经营许可证》换发
    - 4.《药品经营许可证》注销
    - 5.《药品经营许可证》缴销、补发规定及程序
  - 药品批发许可条件及标准
    - 1. 药品批发经营许可条件
    - 2. 药品批发许可验收实施标准
  - 药品经营零售许可条件及标准
    - 1. 药品零售经营许可条件
    - 2. 药品零售许可验收实施标准
  - 药品经营零售连锁许可条件及标准
    - 1. 药品零售连锁企业经营许可条件
    - 2. 药品零售连锁许可验收实施标准
  - 按照特殊药品管理的药品类别的许可条件和标准
    - 1. 特殊管理药品经营许可条件
    - 2. 药品类易制毒化学品许可
    - 3. 疫苗许可
    - 4. 蛋白同化制剂、肽类激素许可
  - 药品经营许可监督检查
    - 1. 监督检查有关规定
    - 2. 监督检查的内容和标准
    - 3. 监督检查形式
    - 4. 药品经营许可法律责任

参考文献

[1] 杨世民. 药事管理学. 北京:中国医药科技出版社,2008.

[2] 邵蓉. 中国药事法理论与实务. 北京:中国医药科技出版社,2010.

[3] 徐蓉. 药事法教程. 北京:化学工业出版社,2008.

[4] 国家食品药品监督管理局高级研修学院. 药品监督管理法律法规. 北京:中国医药科

技出版社,2010.
[5] 赵为敏.我国药品市场准入法律制度研究.西南政法大学硕士学位论文,2008.
[6] 于培明.药品经营许可与擅自超越许可事项范围经营药品相关问题探讨.中国医药报,2006年第126期.

(信明喜 宗凤玉)

第四章

药品经营质量管理规范与认证管理

学习要点

1.掌握GSP的主要内容及认证检查方法与技巧。
2.掌握GSP认证标准、工作程序及认证后的监督检查。
3.了解实施GSP的历史、现状等。

导语

《药品经营质量管理规范》(简称GSP)是规范药品经营企业从事药品经营活动的行为准则，GSP认证是药品监管部门依法对药品经营企业药品经营质量管理进行监督检查的一种手段。本章以《药品经营质量管理规范》和《药品经营质量管理规范认证管理办法》为主要依据，以药品经营和认证过程中的各主要环节为脉络，讲解药品流通过程中为确保药品质量，在采购、验收、储存、养护、销售及售后服务等环节对药品经营企业的规定要求；讲述药品认证程序、认证监督检查、认证注意事项等内容。通过监督实施GSP，使药品经营企业的仓储条件更加完备、经营行为更加规范、管理手段更加有效，从而保障药品质量安全。

第一节　药品经营质量管理规范

一、概述

《药品经营质量管理规范》(Good Supply Practice，简称GSP，直译为良好的供应规范)，是指在药品流通过程中，针对计划采购，购进验收、储存养护、销售及售后服务等环节而制定的防止质量事故发生、保证药品符合质量标准的一整套管理标准和规程，其核心是通过严格的管理制度来约束企业的行为，对药品经营全过程进行质量控制，防止质量事故发生，对售出药品实施有效追踪，保证向用户提供合格的药品。

(一) 实施GSP的法律规定

《药品管理法》及其实施条例关于GSP实施的原则性规定，主要包括四个方面的内容：

1. 药品经营企业“必须按照国务院药品监督管理部门依据本法制定的《药品经营质量管理规范》经营药品”。这条规定的核心是为药品经营企业设定了法定义务。就是要严格执行 GSP。既然是一项法定义务，就必须认真履行，不履行的，则应承担本法所规定的法律责任。因此，依法执行《药品经营质量管理规范》，对于规范企业药品经营条件和行为，保证药品经营质量具有重要作用。

2. 国务院药品监督管理部门依据本法制定 GSP。通过法律的规定和授权后，实施 GSP 就作为药品监督管理工作的职能，具有了法律的强制作用，通过行政管理手段，强制药品经营企业实施 GSP，并由药品监督管理部门对实施的过程和结果进行全方位的监督管理。这种监督管理在实施 GSP 方面包括的职责之一就是由国务院药品监督管理部门依法制定 GSP，作为部门行政规章，在全国范围内具有法律的强制作用。通过药品监督管理部门监督实施 GSP，使药品经营企业按照 GSP 的标准改造企业的经营条件，完善各项制度和管理，规范各项经营活动，保证按照 GSP 经营药品，使企业置于法律的约束和 GSP 的要求之下从事药品经营活动。

3. 国家实施 GSP 认证制度。“药品监督管理部门按照规定对药品经营企业是否符合《药品经营质量管理规范》的要求进行认证；对认证合格的，发给认证证书。”这里法律规定了四个方面关于认证的问题：①建立 GSP 认证制度；②确立了认证部门；③明确了认证标准；④GSP 认证的结果。

（1）按照规定进行认证，是建立 GSP 认证制度的法律依据，具有法律效力的“规定”，包括《药品管理法》、《药品管理法实施条例》、相关行政法规及国务院药品监督管理部门的具体规章。

（2）药品监督管理部门负责 GSP 认证工作。《药品管理法实施条例》对认证部门的职权作了划分：省、自治区、直辖市人民政府药品监督管理部门负责组织药品经营企业的认证工作。

（3）药品经营企业认证标准是 GSP。“对药品经营企业是否符合 GSP 的要求进行认证”，确立了具体的认证标准是 GSP。

（4）GSP 的认证结果。认证结果有两种情况：认证符合 GSP 的，发给认证证书；不符合 GSP 的，不予认证，按规定期限整改，整改后仍不符合的，将按规定给予行政处罚，直至吊销《药品经营许可证》。

4. GSP 的具体实施办法、步骤由国务院药品监督管理部门制定。《药品管理法》第十六条第二款规定：“《药品经营质量管理规范》具体实施办法、实施步骤由国务院药品监督管理部门制定。”国务院药品监督管理部门应依照《药品管理法》及其实施条例，结合我国药品经营企业的实际情况，制定具体的实施办法和实施步骤。如制定发布的“药品经营质量管理规范认证管理办法”、“关于加快 GSP 认证步伐和推进监督实施 GSP 工作进程的通知”等具体规定。

（二）实施 GSP 的意义

（1）实施 GSP，是消除经营药品质量隐患，确保药品安全有效的需要。

（2）实施 GSP，是企业发展的基石，是企业发展的动力，是药品经营企业参与市场竞争的需要。

（3）实施 GSP，是重塑企业品牌和形象，提高企业素质和质量管理水平的需要。

(4) 实施 GSP，是整顿和规范药品市场秩序的需要。

(三) 我国实施 GSP 的历史现状

1982 年，中国医药公司在考察、分析研究日本等国家药品经营质量管理工作经验的基础上，对我国建国 30 多年来的医药商业质量管理工作实践进行总结，将我国医药商业质量工作的有益经验与日本先进的 GSP 观念融合后，制定了我国第一部 GSP。1984 年，我国第一部 GSP 由原国家医药管理局发布，在全国医药商业系统内予以试行。我国第一部 GSP 的发布实施，引起医药经营企业的广泛重视，许多企业将 GSP 逐步纳入企业发展的轨道，使之成为企业经营管理的重要组成部分，我国 GSP 自 1984 年问世以来经历了企业自愿试行、行业主管部门推行、国家药品监督管理部门监督实施和依法强制实施的不同阶段，各阶段 GSP 实施方式的发展变化，充分证明了 GSP 的科学性、有效性和广泛的认同性。

2001 年 12 月 1 日起修订施行的《中华人民共和国药品管理法》第十六条规定："药品经营企业必须按照国务院药品监督管理部门依据本法制定的《药品经营质量管理规范》经营药品。药品监督管理部门按照规定对药品经营企业是否符合《药品经营质量管理规范》的要求进行认证，对认证合格的，发给认证证书。"《药品管理法》对 GSP 的明确规定，标志着我国实施 GSP 工作进入到了依法强制实施阶段。我国政府将以此为契机，大力推动我国药品经营企业向规模化、集约化方向发展，逐步淘汰小、散、乱、差的企业，从而达到优化医药产业结构，提高药品经营企业整体竞争实力，确保药品经营质量的监管目的。

2001 年 10 月，国家药品监督管理局为加快 GSP 认证步伐和推进监督实施 GSP 工作进程，制定了加快 GSP 认证工作的总体目标：将原设想的 5 年内结束现有企业的 GSP 认证时间缩短到 3 年，并通过对药品经营企业实施 GSP 改造，强化药品经营领域的结构调整和市场行为的规范，取消一批逾期仍不能符合 GSP 要求的药品经营企业的经营资格。在这一政策的推动下，GSP 认证工作在全国范围内全面展开，经过多年的努力，已在全国范围内完成了对现有企业的 GSP 认证，构建起 GSP 认证的基本体制，建立了较为完整的认证管理体系和各项制度，初步形成一支能够维持认证工作正常开展的检查员队伍。同时 GSP 认证作为药品监管的常态工作，已成为实施药品市场监管的主要手段，在很大程度上规范了药品流通环节的质量管理，药品安全有了一定的保障，提升了药品经营企业的整体素质，促进了药品流通行业的结构调整。对提高我国药品经营企业素质、规范市场行为、促进我国药品监督管理工作顺利发展、保证人民用药安全有效，起到更为积极和重要的作用。

随着我国经济与社会的快速发展，现行 GSP 已不能适应药品流通发展和药品监管工作要求，主要表现在：一是与《药品管理法》等法律法规以及有关监管政策存在不一致的地方；二是一些规定已不能适应药品流通发展的状况，如购销模式的改变、企业管理技术和物流业的发展等；三是不能适应药品市场监管新的发展需要，如对购销渠道的规范管理、储存温湿度的控制、高风险品种的市场监管、电子监管的要求等；四是 GSP 的标准总体上已不适应药品许可管理要求，落后于推进产业发展的目标，降低了市场准入的标准，不利于保证药品安全。尤其是《国家药品安全"十二五"规划》、《"十二五"期间深化医药卫生体制改革规划暨实施方案》等一系列重要文件的发布，对药品流通改革提出了更明确的要求，现行 GSP 已不能适应医改工作的发展和药品监管工作的需要，修订十分必要。

从 2005 年起，原国家食品药品监督管理局着手开展调查研究，探索在 GSP 修订中如何贯彻科学监管理念，有效提高监管工作效能，2009 年正式启动修订工作。在修订过程中，广泛借鉴了世界卫生组织以及一些发达国家和地区药品流通监管政策，全面调查了我国药品流通行业状况，多次召开地方食品药品监管部门、药品生产与经营企业以及相关部门代表座谈会，三次上网征求意见，同时征求了商务部、工信部、卫生部、国家税务总局、国家中医药管理局等部门和相关行业协会的意见，最终形成了 GSP 修订草案，上报卫生部审议，2012 年 11 月 6 日经卫生部部务会审议通过，自 2013 年 6 月 1 日起施行。

修订后的药品 GSP 共 4 章，包括总则、药品批发的质量管理、药品零售的质量管理和附则，共计 187 条。新修订药品 GSP 集现行药品 GSP 及其实施细则为一体，虽然篇幅没有大的变化，但增加了许多新的管理内容，如吸收了供应链管理观念，增加了计算机信息化管理、仓储温湿度自动监测、药品冷链管理等管理要求，引入了质量风险管理、体系内审、设备验证等新的管理理念和方法。新修订药品 GSP 按照完善质量管理体系的要求，从药品经营企业的人员、机构、设施设备、体系文件等质量管理要素的各个方面，对药品的采购、验收、储存、养护、销售、运输、售后管理等环节做出了规定。

此次修订工作的总体思路，一是依据《药品管理法》、《药品管理法实施条例》和《行政许可法》等法律法规及有关政策开展修订工作；二是查找药品流通过程中各种影响药品质量的安全隐患，采取切实可行的管理措施加以控制，保证经营活动中的药品安全；三是调整现行药品 GSP 中不符合药品监管和流通发展要求的、与药品经营企业经营管理实际不相适应的内容，重点解决药品流通中存在的突出问题和难点问题；四是以促进药品经营企业整体水平提升为方向，使修订的规范具有一定的前瞻性；五是积极吸收国外药品流通管理的先进经验，促进我国药品经营质量管理与国际药品流通质量管理的逐步接轨。按照这一思路，确定了“提高标准、完善管理，强化重点、突破难点”的修订原则，明确了“全面推进一项管理手段、强化两个重点环节、突破三个难点问题”的修订目标。一项管理手段就是实施企业计算机管理信息系统，两个重点环节就是药品购销渠道和仓储温湿度控制，三个难点就是票据管理、冷链管理和药品运输。

新修订的药品 GSP 按照完善质量管理体系的要求，从药品经营企业的人员、机构、设施、设备、体系文件等质量管理要素的各个方面对药品的采购、验收、存储、养护、销售、运输以及售后服务、售后管理等各个环节作出了规定。修订的主要内容包括以下几个方面。

一是全面提升软件和硬件要求。新修订药品 GSP 全面提升了企业经营的软硬件标准和要求，在保障药品质量的同时，也提高了市场准入门槛，有助于抑制低水平重复，促进行业结构调整，提高市场集中度。

在软件方面，新修订药品 GSP 明确要求企业建立质量管理体系，设立质量管理部门或者配备质量管理人员，并对质量管理制度、岗位职责、操作规程、记录、凭证等一系列质量管理体系文件提出详细要求，并强调了文件的执行和实效；提高了企业负责人、质量负责人、质量管理部门负责人以及质管、验收、养护等岗位人员的资质要求。

在硬件方面，新修订药品 GSP 全面推行计算机信息化管理，着重规定计算机管理的设施、网络环境、数据库及应用软件功能要求；明确规定企业应当对药品仓库采用温湿度自动监测系统，对仓储环境实施持续、有效地实时监测；对储存、运输冷藏、冷冻药品要求配备特定的设施设备。

二是针对薄弱环节增设一系列新制度。针对药品经营行为不规范、购销渠道不清、票据管理混乱等问题，新修订药品 GSP 明确要求药品购销过程必须开具发票，出库运输药品必须有随货同行单（票）并在收货环节查验，物流活动要做到票、账、货相符，以达到规范药品经营行为、维护药品市场秩序的目的。

针对委托第三方运输，新修订药品 GSP 要求委托方应当考察承运方的运输能力和相关质量保证条件，签订明确质量责任的委托协议，并要求通过记录实现运输过程的质量追踪，强化了企业质量责任意识，提高了风险控制能力。

针对冷链管理，新修订药品 GSP 提高了对冷藏、冷冻药品储存、运输设施设备的要求，特别规定了此类药品运输、收货等环节的交接程序和温度监测、跟踪、查验等要求，强化了对高风险品种的质量保障能力。

三是与药品安全“十二五”规划及医改“十二五”规划等新政策紧密衔接。为落实医改“十二五”规划和药品安全“十二五”规划关于药品全品种全过程实施电子监管、保证药品可追溯的要求，新修订药品 GSP 规定了药品经营企业应制定执行药品电子监管的制度，并对药品验收入库、出库、销售等环节的扫码和数据上传等操作提出具体要求。

为配合药品安全“十二五”规划对执业药师配备的要求，新修订药品 GSP 规定了药品零售企业的法定代表人或企业负责人应当具备执业药师资格；企业应当按国家有关规定配备执业药师，负责处方审核，指导合理用药。

药品 GSP 的修订是我国药品流通监管政策的一次较大调整，是对药品经营活动所应具备的条件和规范要求的一次较大提升，对企业经营质量管理要求明显提高，有效增强了流通环节药品质量风险控制能力。国家食品药品监督管理总局将及时出台具体实施步骤，严格监督实施新修订药品 GSP，进一步加强药品经营质量管理，规范药品经营行为，切实保障公众用药安全、有效。

（四）GSP 的特征

（1）法定性。GSP 认证是法定的，不同于 ISO 系列等认证，《药品管理法》第十六条作了明确规定。

（2）强制性。不实施 GSP 认证是一种违法行为，《药品管理法》第七十九条规定，企业未按规定实施 GSP，将受到处罚，最高可吊销《药品经营许可证》。

（3）过程性。对药品经营全过程进行质量控制，从合同签订到售后服务，是一种过程的管理。

（4）规范性。GSP 是一套规范化的管理程序和标准。

二、GSP 的主要内容

（一）GSP 的基本要求

本规范是药品经营管理和质量控制的基本准则，企业应当在药品采购、储存、销售、运输等环节采取有效的质量控制措施，确保药品质量。

（二）对药品批发的要求

1. 质量管理体系要求

企业应当依据有关法律法规及本规范的要求建立质量管理体系，确定质量方针，制定质量管理体系文件，开展质量策划、质量控制、质量保证、质量改进和质量风险管理等活动。

（1）质量方针要求。企业制定的质量方针文件应当明确企业总的质量目标和要求，并贯彻到药品经营活动的全过程。

（2）质量管理体系要素要求。企业质量管理体系应当与其经营范围和规模相适应，包括组织机构、人员、设施设备、质量管理体系文件及相应的计算机系统等。

（3）质量管理体系内审要求。企业应当定期以及在质量管理体系关键要素发生重大变化时，组织开展内审。

（4）质量管理体系改进要求。企业应当对内审的情况进行分析，依据分析结论制定相应的质量管理体系改进措施，不断提高质量控制水平，保证质量管理体系持续有效运行。

（5）质量风险管理要求。企业应当采用前瞻或者回顾的方式，对药品流通过程中的质量风险进行评估、控制、沟通和审核。

（6）对外审核要求。企业应当对药品供货单位、购货单位的质量管理体系进行评价，确认其质量保证能力和质量信誉，必要时进行实地考察。

（7）全员质量责任要求。企业应当全员参与质量管理，各部门、岗位人员应当正确理解并履行职责，承担相应质量责任。

2. 组织机构与质量管理职责要求

企业应当设立与其经营活动和质量管理相适应的组织机构或者岗位，明确规定其职责、权限及相互关系。

（1）质量管理部门设立要求。企业应当设立质量管理部门，有效开展质量管理工作。质量管理部门的职责不得由其他部门及人员履行。

（2）质量管理部门职责。督促相关部门和岗位人员执行药品管理的法律法规及本规范；组织制订质量管理体系文件，并指导、监督文件的执行；负责对供货单位和购货单位的合法性、购进药品的合法性以及供货单位销售人员、购货单位采购人员的合法资格进行审核，并根据审核内容的变化进行动态管理；负责质量信息的收集和管理，并建立药品质量档案；负责药品的验收，指导并监督药品采购、储存、养护、销售、退货、运输等环节的质量管理工作；负责不合格药品的确认，对不合格药品的处理过程实施监督；负责药品质量投诉和质量事故的调查、处理及报告；负责假劣药品的报告；负责药品质量查询；负责指导设定计算机系统质量控制功能；负责计算机系统操作权限的审核和质量管理基础数据的建立及更新；组织验证、校准相关设施设备；负责药品召回的管理；负责药品不良反应的报告；组织质量管理体系的内审和风险评估；组织对药品供货单位及购货单位质量管理体系和服务质量的考察和评价；组织对被委托运输的承运方运输条件和质量保障能力的审查；协助开展质量管理教育和培训；其他应当由质量管理部门履行的职责。

（3）企业质量负责人职责。全面负责药品质量管理工作，独立履行职责，在企业内部对药品质量管理具有裁决权。

（4）企业负责人职责。是药品质量的主要责任人，全面负责企业日常管理，负责提供必要的条件，保证质量管理部门和质量管理人员有效履行职责，确保企业实现质量目标并按照本规范要求经营药品。

3. 人员与培训要求

（1）人员资格要求。人员资格见表4－1。

表4－1　药品批发人员资格规定

人员	资格
企业负责人	具有大学专科以上学历或者中级以上专业技术职称，经过基本的药学专业知识培训，熟悉有关药品管理的法律法规及本规范
企业质量负责人	具有大学本科以上学历、执业药师资格和3年以上药品经营质量管理工作经历，在质量管理工作中具备正确判断和保障实施的能力
企业质量管理部门负责人	具有执业药师资格和3年以上药品经营质量管理工作经历，能独立解决经营过程中的质量问题
从事质量管理工作人员	具有药学中专或者医学、生物、化学等相关专业大学专科以上学历或者具有药学初级以上专业技术职称
从事验收、养护工作人员	具有药学或者医学、生物、化学等相关专业中专以上学历或者具有药学初级以上专业技术职称 从事中药材、中药饮片验收工作人员具有中药学专业中专以上学历或者具有中药学中级以上专业技术职称 直接收购地产中药材的验收人员应当具有中药学中级以上专业技术职称 经营疫苗的企业还应当配备2名以上专业技术人员专门负责疫苗质量管理和验收工作，专业技术人员应当具有预防医学、药学、微生物学或者医学等专业本科以上学历及中级以上专业技术职称，并有3年以上从事疫苗管理或者技术工作经历 从事中药材、中药饮片养护工作人员具有中药学专业中专以上学历或者具有中药学初级以上专业技术职称
从事采购工作人员	具有药学或者医学、生物、化学等相关专业中专以上学历，从事销售、储存等工作的人员应当具有高中以上文化程度

（2）培训要求。企业应当对各岗位人员进行与其职责和工作内容相关的包括相关法律法规、药品专业知识及技能、质量管理制度、职责及岗位操作规程等岗前培训和继续培训，以符合本规范要求。

（3）健康检查要求。质量管理、验收、养护、储存等直接接触药品岗位的人员应当进行岗前及年度健康检查，并建立健康档案。患有传染病或者其他可能污染药品的疾病的人员，不得从事直接接触药品的工作。身体条件不符合相应岗位特定要求的，不得从事相关工作。

4. 质量管理体系文件要求

药品批发企业应依据有关法律、法规和 GSP，结合企业实际制定企业质量管理体系文件。文件包括质量管理制度、部门及岗位职责、操作规程、档案、报告、记录和凭证等。文件的起草、修订、审核、批准、分发、保管，以及修改、撤销、替换、销毁等应当按照文件管理操作规程进行，并保存相关记录。

质量管理制度制定应遵循以下原则：

（1）指令性。各项制度有严格的指令性，是企业内部的“法律”，只能严格按制度要求执行，制度的约束对象不具有酌情处理权，因此制度要做到目的明确、要求明确。

（2）系统性。制度要成体系，全面反映并符合 GSP 的要求，同时也要体现质量管理的全面性、全过程性和全员性。

（3）合法性。制度是组织成员工作行为的依据，首先工作行为制订的依据要合法。因此，文件的制订要符合国家法律、法规（如《药品管理法》）和 GSP 的要求，要随时根据国家有关法律法规的变动做好文件的修订工作。

（4）协调性。要综合考虑制度之间的协调性，这是工作协调性的基础。制度要正确体现组织活动中分工与协作的关系，明确工作中的责权关系，避免责权冲突和矛盾，特别是在工作衔接中要有统一的规定。

（5）先进性。制度尽可能体现并使用科学的、先进的管理模式和手段。

（6）可行性。制订的制度要和企业的工作实际相符合，并与企业的管理能力相符合。并不是所有企业都必须建立每一种管理制度，比如，没有特殊管理药品经营资格的企业就不需要建立与经营特殊管理药品有关的管理制度；再比如，企业的经营范围中有经营中药饮片的资格，但企业至今从未经营过中药饮片，企业也必须建立有关中药饮片经营管理的制度。另外，企业也可根据企业管理实际，制订企业实际管理需要的其他制度，如企业采用计算机网络管理过程中的有关计算机质量数据安全管理的制度，数据信息责任界定的有关制度等。因此，企业必须结合其工作的实际，制订出适合企业自身的质量管理制度。

（7）可考核性。制度是工作的基本依据，因此制订的制度要便于考核实际工作情况以及制度的执行情况，因此制度中不允许出现模棱两可的字眼，如“要定期进行质量事故处理情况的检查”中时间的模糊性，必须明确是每月一次还是每年一次进行质量事故的检查。再如，“发现问题要及时报有关部门并采取相应措施”中什么才算做是“问题”，多长时间报才算“及时”，“有关部门”是指哪个部门，“相应措施”到底是什么措施等都必须在制度中予以明确。

质量管理制度应当包括以下内容：质量管理体系内审的规定；质量否决权的规定；质量管理文件的管理；质量信息的管理；供货单位、购货单位、供货单位销售人员及购货单位采购人员等资格审核的规定；药品采购、收货、验收、储存、养护、销售、出库、运输的管理；特殊管理药品的规定；药品有效期的管理；不合格药品、药品销毁的管理；药品退货的管理；药品召回的管理；质量查询的管理；质量事故、质量投诉的管理；药品不良反应报告的规定；环境卫生、人员健康的规定；质量方面的教育、培训及考核的规定；设施设备保管和维护的管理；设施设备验证和校准的管理；记录和凭证的管理；计算机系统的管理；执行药品电子监管的规定；其他应当规定的内容。

部门及岗位职责应当包括：质量管理、采购、储存、销售、运输、财务和信息管理等部门职责；企业负责人、质量负责人及质量管理、采购、储存、销售、运输、财务和信息管理等部门负责人的岗位职责；质量管理、采购、收货、验收、储存、养护、销售、出库复核、运输、财务、信息管理等岗位职责；与药品经营相关的其他岗位职责。

操作规程：企业应当制定药品采购、收货、验收、储存、养护、销售、出库复核、运输等环节及计算机系统的操作规程。

记录：企业应当通过计算机系统建立药品采购、验收、养护、销售、出库复核、销后退回和购进退出、运输、储运温湿度监测、不合格药品处理等相关记录，做到真实、完整、准确、有效和可追溯。记录及凭证应当至少保存 5 年。疫苗、特殊管理的药品的记录及凭证按相关规定保存。

5. 设施与设备要求

(1) 库房的规定。企业应当具有与其药品经营范围、经营规模相适应的库房。库房的选址、设计、布局、建造、改造和维护应当符合药品储存的要求，防止药品的污染、交叉污染、混淆和差错。

(2) 库房的要求。库房内外环境整洁，无污染源，库区地面硬化或者绿化；库房内墙、顶光洁，地面平整，门窗结构严密；库房有可靠的安全防护措施，能够对无关人员进入实行可控管理，防止药品被盗、替换或者混入假药；有防止室外装卸、搬运、接收、发运等作业受异常天气影响的措施。

(3) 仓库应具有的设施和设备。药品与地面之间有效隔离的设备；避光、通风、防潮、防虫、防鼠等设备；有效调控温湿度及室内外空气交换的设备；自动监测、记录库房温湿度的设备；符合储存作业要求的照明设备；用于零货拣选、拼箱发货操作及复核的作业区域和设备；包装物料的存放场所；验收、发货、退货的专用场所；不合格药品专用存放场所；经营特殊管理的药品有符合国家规定的储存设施。

(4) 经营冷藏、冷冻药品应当配备的设施设备。与其经营规模和品种相适应的冷库，经营疫苗的应当配备两个以上独立冷库；用于冷库温度自动监测、显示、记录、调控、报警的设备；冷库制冷设备的备用发电机组或者双回路供电系统；对有特殊低温要求的药品，应当配备符合其储存要求的设施设备；冷藏车及车载冷藏箱或者保温箱等设备。

(5) 运输药品的要求。运输药品应当使用封闭式货物运输工具。运输冷藏、冷冻药品的冷藏车及车载冷藏箱、保温箱应当符合药品运输过程中对温度控制的要求。冷藏车具有自动调控温度、显示温度、存储和读取温度监测数据的功能；冷藏箱及保温箱具有外部显示和采集箱体内温度数据的功能。

6. 校准与验证的要求

企业应当按照国家有关规定，对计量器具、温湿度监测设备等定期进行校准或者检定。企业应当对冷库、储运温湿度监测系统以及冷藏运输等设施设备进行使用前验证、定期验证及停用时间超过规定时限的验证。

7. 计算机系统的要求

(1) 计算机系统的规定。企业应当建立能够符合经营全过程管理及质量控制要求的计算机系统，实现药品质量可追溯，并满足药品电子监管的实施条件。

（2）企业计算机系统的要求。有支持系统正常运行的服务器和终端机；有安全、稳定的网络环境，有固定接入互联网的方式和安全可靠的信息平台；有实现部门之间、岗位之间信息传输和数据共享的局域网；有药品经营业务票据生成、打印和管理功能；有符合本规范要求及企业管理实际需要的应用软件和相关数据库。

8. 采购的要求

（1）企业采购活动的要求。确定供货单位的合法资格；确定所购入药品的合法性；核实供货单位销售人员的合法资格；与供货单位签订质量保证协议。

（2）审核首营企业要求。对首营企业的审核，应当查验加盖其公章原印章的以下资料，确认真实、有效：《药品生产许可证》或者《药品经营许可证》复印件；营业执照及其年检证明复印件；《药品生产质量管理规范》认证证书或者《药品经营质量管理规范》认证证书复印件；相关印章、随货同行单（票）样式；开户户名、开户银行及账号；《税务登记证》和《组织机构代码证》复印件。

（3）审核首营品种要求。采购首营品种应当审核药品的合法性，索取加盖供货单位公章原印章的药品生产或者进口批准证明文件复印件并予以审核，审核无误的方可采购。

（4）核实销售人员要求。企业应当核实、留存供货单位销售人员以下资料：加盖供货单位公章原印章的销售人员身份证复印件；加盖供货单位公章原印章和法定代表人印章或者签名的授权书，授权书应当载明被授权人姓名、身份证号码，以及授权销售的品种、地域、期限；供货单位及供货品种相关资料。

（5）质量保证协议内容要求。企业与供货单位签订的质量保证协议至少包括以下内容：明确双方质量责任；供货单位应当提供符合规定的资料且对其真实性、有效性负责；供货单位应当按照国家规定开具发票；药品质量符合药品标准等有关要求；药品包装、标签、说明书符合有关规定；药品运输的质量保证及责任；质量保证协议的有效期限。

（6）发票要求。采购药品时，企业应当向供货单位索取发票。发票应当列明药品的通用名称、规格、单位、数量、单价、金额等；不能全部列明的，应当附《销售货物或者提供应税劳务清单》，并加盖供货单位发票专用章原印章、注明税票号码。

（7）记录要求。采购药品应当建立采购记录。采购记录应当有药品的通用名称、剂型、规格、生产厂商、供货单位、数量、价格、购货日期等内容，采购中药材、中药饮片的还应当标明产地。

（8）药品直调要求。发生灾情、疫情、突发事件或者临床紧急救治等特殊情况，以及其他符合国家有关规定的情形，企业可采用直调方式购销药品，将已采购的药品不入本企业仓库，直接从供货单位发送到购货单位，并建立专门的采购记录，保证有效的质量跟踪和追溯。

（9）质量评审要求。企业应当定期对药品采购的整体情况进行综合质量评审，建立药品质量评审和供货单位质量档案，并进行动态跟踪管理。

9. 收货与验收要求

企业应当按照规定的程序和要求对到货药品逐批进行收货、验收，防止不合格药品入库。

（1）收货要求。药品到货时，收货人员应当核实运输方式是否符合要求，并对照随货同行单（票）和采购记录核对药品，做到票、账、货相符。冷藏、冷冻药品到货时，应当对其运输方式及运输过程的温度记录、运输时间等质量控制状况进行重点检查并记录。不符合温度要求的应当拒收。

（2）收货药品放置要求。收货人员对符合收货要求的药品，应当按品种特性要求放于相应待验区域，或者设置状态标志，通知验收。冷藏、冷冻药品应当在冷库内待验。

（3）验收要求。验收药品应当按照药品批号查验同批号的检验报告书。供货单位为批发企业的，检验报告书应当加盖其质量管理专用章原印章。检验报告书的传递和保存可以采用电子数据形式，但应当保证其合法性和有效性。

（4）验收抽样要求。企业应当按照验收规定，对每次到货药品进行逐批抽样验收，抽取的样品应当具有代表性。同一批号的药品应当至少检查一个最小包装，但生产企业有特殊质量控制要求或者打开最小包装可能影响药品质量的，可不打开最小包装；破损、污染、渗液、封条损坏等包装异常以及零货、拼箱的，应当开箱检查至最小包装；外包装及封签完整的原料药、实施批签发管理的生物制品，可不开箱检查。

（5）验收项目要求。验收人员应当对抽样药品的外观、包装、标签、说明书以及相关的证明文件等逐一进行检查、核对；验收结束后，应当将抽取的完好样品放回原包装箱，加封并标示。特殊管理的药品应当按照相关规定在专库或者专区内验收。

（6）验收记录要求。验收药品应当做好验收记录，包括药品的通用名称、剂型、规格、批准文号、批号、生产日期、有效期、生产厂商、供货单位、到货数量、到货日期、验收合格数量、验收结果等内容。验收人员应当在验收记录上签署姓名和验收日期。中药材验收记录应当包括品名、产地、供货单位、到货数量、验收合格数量等内容。中药饮片验收记录应当包括品名、规格、批号、产地、生产日期、生产厂商、供货单位、到货数量、验收合格数量等内容，实施批准文号管理的中药饮片还应当记录批准文号。验收不合格的还应当注明不合格事项及处置措施。

（7）电子监管要求。对实施电子监管的药品，企业应当按规定进行药品电子监管码扫码，并及时将数据上传至中国药品电子监管网系统平台。企业对未按规定加印或者加贴中国药品电子监管码，或者监管码的印刷不符合规定要求的，应当拒收。监管码信息与药品包装信息不符的，应当及时向供货单位查询，未得到确认之前不得入库，必要时向当地药品监督管理部门报告。

（8）库存记录要求。企业应当建立库存记录，验收合格的药品应当及时入库登记；验收不合格的，不得入库，并由质量管理部门处理。

10. 储存与养护要求

（1）储存要求。企业应当根据药品的质量特性对药品进行合理储存，并符合以下要求：按包装标示的温度要求储存药品，包装上没有标示具体温度的，按照《中华人民共和国药典》规定的贮藏要求进行储存；储存药品相对湿度为35%～75%；在人工作业的库房储存药品，按质量状态实行色标管理，合格药品为绿色，不合格药品为红色，待确定药品为黄色；储存药品应当按照要求采取避光、遮光、通风、防潮、防虫、防鼠等措施；搬运和堆码药品应当严格按照外包装标示要求规范操作，堆码高度符合包装图示要求，避免损坏药品包装；药品按批号堆码，不同批号的药品不得混垛，垛间距不小于5厘米，与库房内墙、顶、温度调控设备及管道等设施间距不小于30厘米，与地面间距不小于10厘米；药品与非药品、外用药与其他药品分开存放，中药材和中药饮片分库存放；特殊管理的药品应当按照国家有关规定储存；拆除外包装的零货药品应当集中存放；储存药品的货架、托盘等设施设备应当保持清洁，无破损和杂物堆放；未经批准的人员不得进入储存作业区，储存作业区内的人员不得有影响药品质量和安全的行为；药品储存作业区内不得存放与储存管理无关的物品。

（2）养护要求。养护人员应当根据库房条件、外部环境、药品质量特性等对药品进行养护，主要内容是：指导和督促储存人员对药品进行合理储存与作业；检查并改善储存条件、防护措施、卫生环境；对库房温湿度进行有效监测、调控；按照养护计划对库存药品的外观、包装等质量状况进行检查，并建立养护记录；对储存条件有特殊要求的或者有效期较短的品种应当进行重点养护；发现有问题的药品应当及时在计算机系统中锁定和记录，并通知质量管理部门处理；对中药材和中药饮片应当按其特性采取有效方法进行养护并记录，所采取的养护方法不得对药品造成污染；定期汇总、分析养护信息。

（3）有效期药品控制要求。企业应当采用计算机系统对库存药品的有效期进行自动跟踪和控制，采取近效期预警及超过有效期自动锁定等措施，防止过期药品销售。

（4）问题药品采取措施要求。对质量可疑的药品应当立即采取停售措施，并在计算机系统中锁定，同时报告质量管理部门确认。对存在质量问题的药品应当采取以下措施：存放于标志明显的专用场所，并有效隔离，不得销售；怀疑为假药的，及时报告药品监督管理部门；属于特殊管理的药品，按照国家有关规定处理；不合格药品的处理过程应当有完整的手续和记录；对不合格药品应当查明并分析原因，及时采取预防措施。

（5）盘点要求。企业应当对库存药品定期盘点，做到账、货相符。

11. 销售要求

企业应当将药品销售给合法的购货单位，并对购货单位的证明文件、采购人员及提货人员的身份证明进行核实，保证药品销售流向真实、合法。

（1）购货单位要求。企业应当严格审核购货单位的生产范围、经营范围或者诊疗范围，并按照相应的范围销售药品。

（2）销售发票要求。企业销售药品，应当如实开具发票，做到票、账、货、款一致。

（3）销售记录要求。企业应当做好药品销售记录。销售记录应当包括药品的通用名称、规格、剂型、批号、有效期、生产厂商、购货单位、销售数量、单价、金额、销售日期等内容。按照本规范第六十九条规定进行药品直调的，应当建立专门的销售记录。中药材销售记录应当包括品名、规格、产地、购货单位、销售数量、单价、金额、销售日期等内容；中药饮片销售记录应当包括品名、规格、批号、产地、生产厂商、购货单位、销售数量、单价、金额、销售日期等内容。

（4）特殊药品销售要求。销售特殊管理的药品以及国家有专门管理要求的药品，应当严格按照国家有关规定执行。

12. 出库要求

（1）不出库要求。出库时应当对照销售记录进行复核。发现以下情况不得出库，并报告质量管理部门处理：药品包装出现破损、污染、封口不牢、衬垫不实、封条损坏等问题；包装内有异常响动或者液体渗漏；标签脱落、字迹模糊不清或者标识内容与实物不符；药品已超过有效期；其他异常情况的药品。

（2）出库要求。药品出库时，应当附加盖企业药品出库专用章原印章的随货同行单（票），药品拼箱发货的代用包装箱应当有醒目的拼箱标志，直调药品出库时，由供货单位开具两份随货同行单（票），分别发往直调企业和购货单位，对实施电子监管的药品，应当在出库时进行扫码和数据上传。

（3）出库复核记录要求。药品出库复核应当建立记录，包括购货单位、药品的通用名称、剂型、规格、数量、批号、有效期、生产厂商、出库日期、质量状况和复核人员等内容。特殊管理的药品出库应当按照有关规定进行复核。

（4）冷藏、冷冻药品出库要求。冷藏、冷冻药品的装箱、装车等项作业，应当由专人负责并符合以下要求：车载冷藏箱或者保温箱在使用前应当达到相应的温度要求；应当在冷藏环境下完成冷藏、冷冻药品的装箱、封箱工作；装车前应当检查冷藏车辆的启动、运行状态，达到规定温度后方可装车；启运时应当做好运输记录，内容包括运输工具和启运时间等。

13. 运输与配送要求

企业应当按照质量管理制度的要求，严格执行运输操作规程，并采取有效措施保证运输过程中的药品质量与安全。

（1）运输工具要求。运输药品，应当根据药品的包装、质量特性并针对车况、道路、天气等因素，选用适宜的运输工具，采取相应措施防止出现破损、污染等问题。发运药品时，应当检查运输工具，发现运输条件不符合规定的，不得发运。运输药品过程中，运载工具应当保持密闭。

（2）运输温度要求。企业应当根据药品的温度控制要求，在运输过程中采取必要的保温或者冷藏、冷冻措施。运输过程中，药品不得直接接触冰袋、冰排等蓄冷剂，防止对药品质量造成影响。在冷藏、冷冻药品运输途中，应当实时监测并记录冷藏车、冷藏箱或者保温箱内的温度数据。

（3）搬运、装卸要求。企业应当严格按照外包装标示的要求搬运、装卸药品。

（4）应急预案要求。企业应当制定冷藏、冷冻药品运输应急预案，对运输途中可能发生的设备故障、异常天气影响、交通拥堵等突发事件，能够采取相应的应对措施。

（5）委托运输药品要求。企业委托其他单位运输药品的，应当对承运方运输药品的质量保障能力进行审计，索取运输车辆的相关资料，符合本规范运输设施设备条件和要求的方可委托。委托运输药品应当与承运方签订运输协议，明确药品质量责任、遵守运输操作规程和在途时限等内容。企业委托运输药品应当有记录，实现运输过程的质量追溯。记录至少包括发货时间、发货地址、收货单位、收货地址、货单号、药品件数、运输方式、委托经办人、承运单位，采用车辆运输的还应当载明车牌号，并留存驾驶人员的驾驶证复印件。记录应当至少保存 5 年。

（6）特殊管理药品。特殊管理的药品的运输应当符合国家有关规定。

14. 售后管理要求

（1）退货的要求。企业应当加强对退货的管理，保证退货环节药品的质量和安全，防止混入假冒药品。

（2）投诉要求。企业应当按照质量管理制度的要求，制定投诉管理操作规程，内容包括投诉渠道及方式、档案记录、调查与评估、处理措施、反馈和事后跟踪等；企业应当配备专职或者兼职人员负责售后投诉管理，对投诉的质量问题查明原因，采取有效措施及时处理和反馈，并做好记录，必要时应当通知供货单位及药品生产企业；企业应当及时将投诉及处理结果等信息记入档案，以便查询和跟踪。

（3）追回与召回要求。企业发现已售出药品有严重质量问题，应当立即通知购货单位停售、追回并做好记录，同时向药品监督管理部门报告。企业应当协助药品生产企业履行召回义务，按照召回计划的要求及时传达、反馈药品召回信息，控制和收回存在安全隐患的药品，并建立药品召回记录。

（4）不良反应报告要求。企业质量管理部门应当配备专职或者兼职人员，按照国家有关规定承担药品不良反应监测和报告工作。

（三）对药品零售的要求

1. 质量管理与职责要求

企业应当按照有关法律法规及本规范的要求制定质量管理文件，开展质量管理活动，确保药品质量。

（1）经营条件要求。企业应当具有与其经营范围和规模相适应的经营条件，包括组织机构、人员、设施设备、质量管理文件，并按照规定设置计算机系统。

（2）负责人职责。企业负责人是药品质量的主要责任人，负责企业日常管理，负责提供必要的条件，保证质量管理部门和质量管理人员有效履行职责，确保企业按照本规范要求经营药品。

（3）质量管理部门或质量管理人员职责。企业应当设置质量管理部门或者配备质量管理人员，履行以下职责：督促相关部门和岗位人员执行药品管理的法律法规及本规范；组织制订质量管理文件，并指导、监督文件的执行；负责对供货单位及其销售人员资格证明的审核；负责对所采购药品合法性的审核；负责药品的验收，指导并监督药品采购、储存、陈列、销售等环节的质量管理工作；负责药品质量查询及质量信息管理；负责药品质量投诉和质量事故的调查、处理及报告；负责对不合格药品的确认及处理；负责假劣药品的报告；负责药品不良反应的报告；开展药品质量管理教育和培训；负责计算机系统操作权限的审核、控制及质量管理基础数据的维护；负责组织计量器具的校准及检定工作；指导并监督药学服务工作；其他应当由质量管理部门或者质量管理人员履行的职责。

2. 人员管理要求

（1）人员资格的要求。人员资格见表4－2。

表4-2 人员资格

人员类别	资格
法定代表人或负责人	执业药师
处方审核人员	执业药师
从事质量管理、验收、采购人员	具有药学或者医学、生物、化学等相关专业学历或者具有药学专业技术职称 从事中药饮片质量管理、验收、采购人员应当具有中药学中专以上学历或者具有中药学专业初级以上专业技术职称
营业员	具有高中以上文化程度或者符合省级药品监督管理部门规定的条件 中药饮片调剂人员应当具有中药学中专以上学历或者具备中药调剂员资格

（2）培训要求。企业应当按照培训管理制度制定内容包括相关法律法规及药品专业知识与技能的年度培训计划并开展培训，使相关人员能正确理解并履行职责。培训工作应当做好记录并建立档案。

（3）工作服要求。在营业场所内，企业工作人员应当穿着整洁、卫生的工作服。

（4）健康检查要求。企业应当对直接接触药品岗位的人员进行岗前及年度健康检查，并建立健康档案。患有传染病或者其他可能污染药品的疾病的，不得从事直接接触药品的工作。

（5）用品与行为要求。在药品储存、陈列等区域不得存放与经营活动无关的物品及私人用品，在工作区域内不得有影响药品质量和安全的行为。

3. 文件管理要求

企业应当按照有关法律法规及本规范规定，制定符合企业实际的质量管理文件。文件包括质量管理制度、岗位职责、操作规程、档案、记录和凭证等，并对质量管理文件定期审核、及时修订。

（1）药品零售质量管理制度内容要求。质量管理制度应当包括以下内容：药品采购、验收、陈列、销售等环节的管理，设置库房的还应当包括储存、养护的管理；供货单位和采购品种的审核；处方药销售的管理；药品拆零的管理；特殊管理的药品和国家有专门管理要求的药品的管理；记录和凭证的管理；收集和查询质量信息的管理；质量事故、质量投诉的管理；中药饮片处方审核、调配、核对的管理；药品有效期的管理；不合格药品、药品销毁的管理；环境卫生、人员健康的规定；提供用药咨询、指导合理用药等药学服务的管理；人员培训及考核的规定；药品不良反应报告的规定；计算机系统的管理；执行药品电子监管的规定；其他应当规定的内容。

（2）职责要求。企业应当明确企业负责人、质量管理、采购、验收、营业员以及处方审核、调配等岗位的职责，设置库房的还应当包括储存、养护等岗位职责。

（3）操作规程要求。药品零售操作规程应当包括：药品采购、验收、销售；处方审核、调配、核对；中药饮片处方审核、调配、核对；药品拆零销售；特殊管理的药品和国家有专门管理要求的药品的销售；营业场所药品陈列及检查；营业场所冷藏药品的存放；计算机系统的操作和管理；设置库房的还应当包括储存和养护的操作规程。

（4）记录要求。企业应当建立药品采购、验收、销售、陈列检查、温湿度监测、不合格药品处理等相关记录，做到真实、完整、准确、有效和可追溯。记录及相关凭证应当至少保存5年。特殊管理药品的记录及凭证按相关规定保存。

（5）计算机系统记录要求。通过计算机系统记录数据时，相关岗位人员应当按照操作规程，通过授权及密码登录计算机系统，进行数据的录入，保证数据原始、真实、准确、安全和可追溯。电子记录数据应当以安全、可靠方式定期备份。

4. 设施与设备要求

企业的营业场所应当与其药品经营范围、经营规模相适应，并与药品储存、办公、生活辅助及其他区域分开。

（1）营业设备要求。营业场所应当有以下营业设备：货架和柜台；监测、调控温度的设备；经营中药饮片的，有存放饮片和处方调配的设备；经营冷藏药品的，有专用冷藏设备；经营第二类精神药品、毒性中药品种和罂粟壳的，有符合安全规定的专用存放设备；药品拆零销售所需的调配工具、包装用品。

（2）计算机系统要求。企业应当建立能够符合经营和质量管理要求的计算机系统，并满足药品电子监管的实施条件。

（3）库房设施设备要求。仓库应当有以下设施设备：药品与地面之间有效隔离的设备；避光、通风、防潮、防虫、防鼠等设备；有效监测和调控温湿度的设备；符合储存作业要求的照明设备；验收专用场所；不合格药品专用存放场所；经营冷藏药品的，有与其经营品种及经营规模相适应的专用设备；经营特殊管理的药品应当有符合国家规定的储存设施。

（4）校准或检定要求。企业应当按照国家有关规定，对计量器具、温湿度监测设备等定期进行校准或者检定。

5. 采购与验收要求

企业采购药品，应当符合前述药品批发企业采购药品的相关规定。

（1）收货要求。药品到货时，收货人员应当按采购记录，对照供货单位的随货同行单（票）核实药品实物，做到票、账、货相符。冷藏药品到货时，应当按照前述批发企业的相关规定进行检查。

（2）验收要求。企业应当按规定的程序和要求对到货药品逐批进行验收，并做好验收记录。验收抽取的样品应当具有代表性。

（3）验收药品处理要求。验收合格的药品应当及时入库或者上架，实施电子监管的药品，还应当进行扫码和数据上传，验收不合格的，不得入库或者上架，并报告质量管理人员处理。

6. 陈列与储存要求

（1）陈列要求。药品的陈列应当符合以下要求：按剂型、用途以及储存要求分类陈列，并设置醒目标志，类别标签字迹清晰、放置准确；药品放置于货架（柜），摆放整齐有序，避免阳光直射；处方药、非处方药分区陈列，并有处方药、非处方药专用标识；处方药不得采用开架自选的方式陈列和销售；外用药与其他药品分开摆放；拆零销售的药品集中存放于拆零专柜或者专区；第二类精神药品、毒性中药品种和罂粟壳不得陈列；冷藏药品放置在冷藏设备中，按规定对温度进行监测和记录，并保证存放温度符合要求；中药饮片柜斗谱的书写应当正名正字；装斗前应当复核，防止错斗、串斗；应当定期清斗，防止饮片生虫、发霉、变质；不同批号的饮片装斗前应当清斗并记录；存放、陈列药品的设备应当保持清洁卫生，不得放置与销售活动无关的物品，并采取防虫、防鼠等措施，防止污染药品；经营非药品应当设置专区，与药品区域明显隔离，并有醒目标志。

（2）检查要求。企业应当定期进行卫生检查，保持环境整洁；定期对陈列、存放的药品进行检查，重点检查拆零药品和易变质、近效期、摆放时间较长的药品以及中药饮片。发现有质量疑问的药品应当及时撤柜，停止销售，由质量管理人员确认和处理，并保留相关记录。

（3）温度监控要求。企业应当对营业场所温度进行监测和调控，以使营业场所的温度符合常温要求。

（4）储存与养护要求。企业设置库房的，库房的药品储存与养护管理应当符合前述批发企业的相关规定。

7. 销售管理要求

（1）证照悬挂要求。企业应当在营业场所的显著位置悬挂《药品经营许可证》、营业执照、执业药师注册证等。

（2）工作牌要求。营业人员应当佩戴有照片、姓名、岗位等内容的工作牌，是执业药师和药学技术人员的，工作牌还应当标明执业资格或者药学专业技术职称。在岗执业的执业药师应当挂牌明示。

（3）销售药品要求。销售药品应当符合以下要求：处方经执业药师审核后方可调配；对处方所列药品不得擅自更改或者代用，对有配伍禁忌或者超剂量的处方，应当拒绝调配，但经处方医师更正或者重新签字确认的，可以调配；调配处方后经过核对方可销售；处方审核、调配、核对人员应当在处方上签字或者盖章，并按照有关规定保存处方或者其复印件；销售近效期药品应当向顾客告知有效期；销售中药饮片做到计量准确，并告知煎服方法及注意事项；提供中药饮片代煎服务，应当符合国家有关规定；企业销售药品应当开具销售凭证，内容包括药品名称、生产厂商、数量、价格、批号、规格等，并做好销售记录；销售特殊管理的药品和国家有专门管理要求的药品，应当严格执行国家有关规定。

（4）药品拆零要求。药品拆零销售应当符合以下要求：负责拆零销售的人员经过专门培训；拆零的工作台及工具保持清洁、卫生，防止交叉污染；做好拆零销售记录，内容包括拆零起始日期、药品的通用名称、规格、批号、生产厂商、有效期、销售数量、销售日期、分拆及复核人员等；拆零销售应当使用洁净、卫生的包装，包装上注明药品名称、规格、数量、用法、用量、批号、有效期以及药店名称等内容；提供药品说明书原件或者复印件；拆零销售期间，保留原包装和说明书。

（5）广告要求。药品广告宣传应当严格执行国家有关广告管理的规定。

（6）外来人员要求。非本企业在职人员不得在营业场所内从事药品销售相关活动。

（7）电子监管要求。对实施电子监管的药品，在售出时，应当进行扫码和数据上传。

8. 售后管理要求

（1）退换要求。除药品质量原因外，药品一经售出，不得退换。

（2）投诉要求。企业应当在营业场所公布药品监督管理部门的监督电话，设置顾客意见簿，及时处理顾客对药品质量的投诉。

（3）不良反应报告要求。企业应当按照国家有关药品不良反应报告制度的规定，收集、报告药品不良反应信息。

（4）追回与召回要求。企业发现已售出药品有严重质量问题，应当及时采取措施追回药品并做好记录，同时向药品监督管理部门报告。企业应当协助药品生产企业履行召回义务，控制和收回存在安全隐患的药品，并建立药品召回记录。

9. 药品零售连锁企业总部与门店要求

药品零售连锁企业总部的管理应当符合本规范药品批发企业相关规定，门店的管理应当符合本规范药品零售企业相关规定。

三、《药品经营质量管理规范》附录

（一）起草背景和过程

《药品经营质量管理规范》（卫生部令第90号，以下简称药品GSP）第一百八十三条，“本规范为药品经营质量管理的基本要求。对企业信息化管理、药品储运温湿度自动监测、药品验收管理、药品冷链物流管理、零售连锁管理等具体要求，由国家食品药品监督管理局以附录方式另行制定”。

药品GSP附录属于规范性附录类别，是药品GSP内容不可分割的部分，可以视为药品GSP正文的附加条款，与药品GSP正文条款具有同等效力。新修订药品GSP采用了正文加附录，正文相对固定，附录根据行业发展和监管工作需要动态追加的形式来发布。这是国际上有关技术标准（如欧盟GMP、GDP）的通行做法。

2010年10月，原国家食品药品监督管理局在京召开新修订药品GSP修订工作启动会，会上对每个附录的起草编写工作进行了明确的分工，由部分省食品药品监管部门参与附录的起草工作。在广泛借鉴了WHO及一些发达国家和地区药品流通监管政策，和调查我国药品流通行业状况的基础上，附录（初稿）于2011年初完成。后经过多次组织专家对附录（初稿）进行研究，到2012年末，确定了首批的这5个附录。2013年，5个附录经上网公开征求意见后，总局两次组织部分药品GSP专家，对5个附录进行最后的修订后形成送审稿，经局长办公会审议通过后发布。

（二）起草思路和内容

在药品GSP的修订中，以目前我国药品流通行业的管理发展和技术应用为基础，充分学习和借鉴国际药品流通领域先进的质量控制手段和技术，对药品经营企业在供应链全程温度有效控制和实时监测、冷链质量控制、计算机信息化应用等方面提出了具体要求。由于目前我国药品流通行业整体管理基础薄弱、专业技术人员缺乏、企业规模偏小、行业集约化程度较低，对于新修订药品GSP提出的新管理措施、新技术要求理解及实施上存在较大难度，因此有必要借鉴我国药品GMP以及国际通行的规范编制方式，对于一些专业化程度高、技术应用先进、管理控制严格、流程作业标准化的专项内容，以附录的形式进行具体、统一、准确、规范的要求，以保证新修订药品GSP新引入的各项质量控制手段在质量管理关键环节，特别是药品质量高风险环节能得到正确的实施和应用，切实起到“防范质量风险、杜绝质量事故”的实施目标。

1. 冷藏、冷冻药品的储存与运输管理

冷藏、冷冻药品属于温度敏感性药品，在药品质量控制中具有高风险、专业化程度高、操作标准严格、设施设备专业等特点。多年的管理实践表明，这类药品在收货、验收、储存、养护、运输等环节以及各环节的衔接上，稍有疏漏都会导致产生严重的质量问题，必须采用最细致的制度、最先进的技术和最严格的标准进行管理。附录《冷藏、冷冻药品的储存与运输管理》共13条，是我国药品流通过程中第一个全面、系统、全供应链实施质量控制的管理标准，对冷链药品的物流过程做出了具体规定，对冷链药品的设施设备配置、人员条件、制度建设、质量追溯提出了具体的工作要求，明确了冷库、冷藏车及冷藏箱的技术指标，细化了操作规程，强调了人员培训，是药品经营企业开展冷链药品储存、运输管理的基本准则和操作标准。

2. 药品经营企业计算机系统

可核查、可追溯是药品质量安全监管的基本要求，计算机管理技术的应用为实现药品质量的可核查、可追溯提供了强有力的技术支撑，对防止和配合打击目前流通领域存在的挂靠经营、虚开增值税发票、无票购进及无票销售等违法违规行为具有重要的作用。附录《药品经营企业计算机系统》共22条，是对药品流通各环节采用计算机管理的流程作业、功能设定、规范操作、质量控制进行的具体规定，在硬件、软件和人员职责等方面都做了细化，详细地规定了系统的硬件设施和网络环境的要求，对关键岗位人员职责进行了明确，确保各环节人员严格按规范作业，杜绝违规操作，控制和防范质量风险，确保药品经营质量，并可以实现药品质量的全程有效追溯和企业经营行为的严格控制。

3. 温湿度自动监测

温湿度控制是保证药品质量的基本条件，而温湿度自动监测以及数据的实时采集和记录，是做好温湿度控制的前提和保障。药品GSP对药品储存运输环境温湿度实施自动监测，是我国药品流通领域在药品储运过程的第一次应用，也是借鉴和学习国际先进、科学、有效的温湿度监测管理技术，确保温湿度控制的全程化、全天候及真实性的有效手段。这一技术的应用，将彻底改变我国药品经营企业普遍存在的库房空调不开、温度无控制、监测数据造假、药品质量无保障、运输过程无控制、冷链药品管理高风险的状况。附录《温湿度自动监测》共17条，对药品储运温湿度自动监测系统的监测功能、数据安全管理、风险预警与应急、系统安装与操作等进行了具体规定，明确了系统的硬件组成、测点精度和布点密度，强调了系统的独立性，防止因断电等故障因素影响系统正常运行或造成数据丢失。对于测点的安装位置、校准以及设施设备的维护也提出了具体的要求，确保了系统各项功能的有效实现和药品温湿度数据的有效追溯。

4. 药品收货与验收

药品收货与验收活动是药品经营企业确保所采购的药品已经实际到达，检查到达药品的数量和质量，确保与交接手续有关的文件都已经登记并交给有关人员的工作过程，是控制实物药品质量的第一关，也是避免药品差错的重要环节。附录《药品收货与验收》共19条，明确了到货验收时检查的具体内容，强调了冷藏、冷冻药品到货时应当检查的项目，明确了到货药品与采购记录不符等情况的处理办法，细化了退货药品的管理措施，对实施电子监管的药品及验收记录等内容也作了详细的规定，使企业在实际操作中，能更好地掌握和实施药品 GSP。

5. 验证管理

验证是现代管理的重要手段，是保证各项设施设备及管理系统始终处于完好、适用状态的措施。药品储运冷链验证已经是国际上通行并成熟应用的强制管理标准，也是冷链药品储运质量管理的前提条件和基本保障，但在我国药品流通领域却是第一次引入。附录《验证管理》共 12 条，对于验证的范围、参数标准、设备条件、实施项目、具体操作、数据分析、偏差处理及风险控制、质量控制文件编制、验证结果应用等都进行了具体规定。对于我国的药品经营企业来说，验证是一项全新的工作。该附录详细地提出了验证方案的制定、验证项目的确定、验证方案的实施等内容，并具体明确了冷库、冷藏车、冷藏箱（保温箱）和温湿度自动监测系统的验证项目。

思考题

1. 简述 GSP 的主要内容。
2. GSP 的基本要求是什么？
3. 药品经营企业采购药品必须符合哪些规定？对首营企业和首营品种审查有哪些规定？

第二节　药品 GSP 认证程序

GSP 认证是药品监督管理部门依法对药品经营企业药品经营质量管理进行监督检查的一种手段，是对药品经营企业实施《药品经营质量管理规范》情况的检查、评价并决定是否发给认证证书的监督管理过程。药品批发 GSP 认证程序如下。

一、申请

（一）申请条件

申请 GSP 认证的药品经营企业，应符合以下条件：

（1）具有依法领取的《药品经营许可证》和《企业法人营业执照》或《营业执照》。

（2）企业经过内部评审，基本符合《药品经营质量管理规范》及其附录规定的条件和要求。

（3）在申请认证前 12 个月内，企业没有因违规经营造成的销售假劣药品问题（以药品监督管理部门给予行政处罚的日期为准，下同）。

（二）申报资料

1. 申请书及资料

申请 GSP 认证的药品经营企业，应填报《药品经营质量管理规范认证申请书》，同时报送以下资料：

(1)《药品经营许可证》和营业执照复印件。

(2) 企业实施《药品经营质量管理规范》情况的自查报告。

(3) 企业非违规销售假劣药品问题的说明及有效的证明文件。

(4) 企业负责人员和质量管理人员情况表；企业药品验收、养护人员情况表。

(5) 企业经营场所、仓储、验收养护等设施、设备情况表。

(6) 企业所属非法人分支机构情况表。

(7) 企业药品经营质量管理制度目录。

(8) 企业质量管理组织、机构的设置与职能框图。

(9) 企业经营场所和仓库的平面布局图。

2. 申报资料要求

企业填报的《药品经营质量管理规范认证申请书》及上述相关资料，应按规定做到详实和准确。企业不得隐瞒、谎报、漏报，否则将驳回认证申请、中止认证现场检查或判定其认证不合格。

二、初审

1. 初审部门

药品经营企业将认证申请书及资料报所在地设区的市级药品监督管理机构或者省、自治区、直辖市药品监督管理部门直接设置的县级药品监督管理机构（以下简称初审部门）进行初审。

2. 初审内容

对认证申请的初审，一般仅限于对申请书及申报资料的审查。有特殊情况应对申请认证企业进行现场核查，并根据核查结果对认证申请予以处理。

3. 初审时限

初审部门应在收到认证申请书及资料起 10 个工作日内完成初审，初审合格的将其认证申请书和资料移送省、自治区、直辖市药品监督管理部门（以下简称省级局）审查。

三、受理

1. 形式审查及受理

省级局在收到认证申请书及资料之日起 25 个工作日内完成形式审查，并将是否受理的意见填入认证申请书，填写《药品 GSP 认证申请受理通知书》，在 3 个工作日告知初审部门和申请认证企业，并将认证申请书及资料转送省、自治区、直辖市药品监督管理部门设置的药品认证中心（以下简称省级认证中心）。不同意受理的认证申请，填写《药品 GSP 认证申请不予受理通知书》，在 3 个工作日告知初审部门和申请认证企业。

2. 异疑的处理

形式审查中对认证申请书和资料中有异疑的，省级局应一次性通知申请企业，要求企业限期予以说明或补充资料，同时抄送初审部门。逾期未说明或资料仍不符合要求的，由省级局予以退审。

四、技术审查

1. 技术审查时限

省级认证中心收到省级局转送的企业认证申请书和资料之日起15个工作日内，对其进行技术审查。

2. 技术审查内容

省级认证中心对企业证照、质量管理体系、人员配备、设施设备等情况进行技术审查。

3. 补充资料要求

在技术审查中，需要补充资料的，省级认证中心应一次性通知申请企业。申请企业必须在10个工作日内完成补充资料。逾期未报或资料仍不符合要求的，报请省级局驳回申请。

五、现场检查

对通过技术审查的企业，省级认证中心应在15个工作日内按受理时间顺序组织对认证申请企业进行现场检查。

（一）检查的准备

1. 组织检查组

省级认证中心应按照规定，从认证检查员库随机抽取3名以上GSP认证检查员组成现场检查组，检查组实行组长负责制。检查组组长的主要职责如下：

（1）根据现场检查方案，组织、协调现场检查工作；

（2）负责与受检查企业交换意见；

（3）负责汇总检查情况，拟定和宣读现场检查报告；

（4）负责向省级认证中心提交现场检查报告及有关资料。

另外省级认证中心组织现场检查时，可视需要由有关药品监督管理部门选派1名观察员协助工作。

2. 制定检查方案

省级认证中心负责制定现场检查方案。检查方案包括检查时间、有关要求和检查组成员等。

3. 通知检查

检查前，省级认证中心应将现场检查通知书提前3日发至被检查企业，并抄送省级局和初审部门。

（二）现场检查的原则

现场检查时检查员应坚持一定的原则，以确保检查的成功。

1. 坚持以客观证据为依据的原则

这是最为基本、主要的原则。没有客观证据而获取的任何信息都不能作为不合格项判断的依据，客观证据不足或未经验证也不能作为判断不合格项的证据；客观证据必须以事实为基础，且可陈述、可验证，不应含有任何个人的猜想、推理的成分；客观证据必须是有效的，如所提供的文件和记录应经过法定批准或签字，应是实际使用、执行的结果，应反映当前质量管理体系运行的真实状态和结果。

2. 坚持标准与实际核对的原则

检查不能脱离检查准则。因为检查是一个抽样过程，并限制在某段时间、某个范围内进行，所以更需要紧扣检查主题，严格对照标准，确定检查项目、要点和抽样方案，寻找客观证据。检查员应在检查准则与检查证据比较核对后才能得出合格与否的结论。凡标准与实际未核对过的项目，都不能判断为合格或不合格。所谓的实际，应包括有没有、做没做、做得怎样依次递进的三个方面。

3. 坚持独立、公正的原则

检查判断时应坚决排除其他干扰因素，包括来自受检查方的、检查员感情上的等等影响判断独立、公正的因素，自始至终维护、保持检查判断的独立性和公正性，不能因情面或畏惧而私自消化不合格项。

4. 坚持“三要三不要”原则

即：要讲客观证据，不要凭感情、凭感觉、凭印象用事；要追溯到实际做得怎样，不要停留在文件、嘴巴（回答）上面；要按检查方案如期进行，不要“不查出问题非好汉”。当按方案检查后无不合格项时，就应采取“无罪推定”的原则，转到下一个检查项目上去。

（三）现场检查的控制

现场检查在整个 GSP 认证过程中占有非常重要的位置。GSP 认证的大部分时间是花在现场检查上的，最后的认证结论都是依据现场检查的结果作出的，因此对现场检查的控制就成为检查成功的一个重要方面。现场检查控制主要责任者是检查组长。

1. 检查目的控制

检查从开始到提交检查报告结束，自始至终应忠于检查目的，在现场检查时，会有各种干扰，稍不注意就会使检查偏离原定轨道。检查组长在组织检查过程中，应随时掌握动态，把握方向，认准目标，发现偏离及时协调、调整；检查员应保持清醒的头脑，清楚自己正在干什么；应干什么，怎么去干，坚定地按照计划方案安排进行，不要因各种干扰而轻易转移检查视线，偏离检查目的。

2. 检查节奏的控制

检查组长是乐队指挥，应注重乐队团体的和谐，发挥整体功能。检查员应按计划方案有序协调地进行，服从检查组长指挥，检查员间彼此充分沟通、协调、互补。这些是保持检查节奏的关键。

3. 检查方案的控制

通常应依照检查方案进行检查，只有当认为改变检查方案可以更好地达到检查目的时，才可适当变更。变更检查方案需得到省级认证中心的批准。

4. 检查进度和范围的控制

检查工作应按照预定的时间完成，如果出现了不能按预定计划时间完成的情况，检查组长应及时作出调整，使检查工作按预定的检查方案进行下去。检查范围不能超出 GSP 认证范围。

5. 检查气氛的控制

检查组长应时刻注意检查工作的进展情况，对检查中不应该出现的气氛紧张或过于潦草等情况，采取适当的措施纠正。融洽的气氛有利于检查的进行。

6. 其他控制

应对违反检查纪律或不利于检查正常进行的言行及时纠正，对某些意外情况应及时妥善处理。

（四）现场检查方法

1. 查阅资料法

查阅资料法是通过查阅企业所提供的相关资料以了解企业 GSP 实施的基本状况。主要是查阅企业的规范性资料（如质量管理制度、质量管理程序、部门或岗位职责等）和实证性资料（如档案资料、证明文件、原始记录等），以考查企业是否规范了 GSP 要求规范的企业行为以及企业是否按规范的要求去行为。其中质量管理文件的检查方法有以下几点。

（1）检查企业的所有质量管理文件是否经过审核，是否有审核批准的记录，只有通过企业法定的程序批准、发布的管理制度才是有效的。

（2）企业的所有质量管理文件是否依现行的法律法规进行了修订，是否符合现行的法律法规规定的要求，有无与现行的法律法规相抵触的内容。

（3）质量管理文件是否涵盖了 GSP 要求的所有内容，有无遗漏，是否做到事事有规定，各项工作均有行为依据。

（4）质量管理文件与企业的实际管理过程是否相符合，检查管理文件的有效性和实用性。

2. 现场查看法

现场查看法是检查员通过到现场去观察以了解企业实施 GSP 的状况。就硬件而言，主要是查看企业是否按 GSP 的要求配备了相应的设施与设备，以及这些设施与设备是否处于正常运行状态，也包括企业的环境、场所和区划是否符合要求并有相应标识，还包括企业是否按 GSP 的要求在相应的岗位上配备了符合要求的人员。就软件而言，现场观察实际工作过程是否符合制度、程序等的要求，是否与制度、程序等的要求一致；也包括抽查药品，依记录和凭证检查药品，看记录和凭证与实际经营的药品是否一致，或依药品检查相关记录和凭证，看库存药品是否都进行相关的记录和是否与凭证一致等。

3. 走访面谈法

走访面谈法是检查员到员工的实际工作岗位上与企业员工面对面的交流与沟通，从而了解企业实施 GSP 的状况。通过交流，了解员工对 GSP 的认识，特别是了解员工对 GSP 中与自己的工作岗位相关的规定是否了解，以及企业对该岗位如何要求，员工是否明确知道这些要求；通过交流，还要了解员工是否知道在该岗位上如何进行业务处理以及处理的方式是否符合 GSP 的要求，甚至走访面谈过程中，检查员还要求某岗位员工做一些业务处理的现场演示，了解员工所做的与员工所说的以及工作的记录、制度的要求是否一致。走访面谈法是检查员发现问题的最有效方式。

4. 正向检查法

所谓正向检查法也称顺序检查法，即按“先观察企业的整体情况，再看企业的管理文件、规章制度，然后查各种执行记录，最后查执行结果”的顺序进行检查。这是一种普遍应用的检查方法。查看企业的管理文件，我们可以了解企业的整体管理情况，掌握企业在管理过程中的细节。对制度有了大概的了解后，再对照制度去查执行记录，看实际操作中是否按制度执行，同时要看执行的结果如何。从而判定对条款的执行情况，同时也可以判定企业管理制度制定得是否合理，是否符合实际。

5. 反向检查法

反向检查法也称倒查法，即先看执行结果，反过来查管理文件，再对照条款的内容，最后作出判定。

6. 模拟操作法

所谓模拟操作法，即根据条款内容设计题目，要求企业有关人员按题目要求进行模拟操作。模拟操作法可以反映企业人员的整体素质和对各项管理制度的执行是否到位。

7. 相互印证法

所谓相互印证法也称推理法，即在考察企业执行某项条款是否到位时，进行前后印证的方法。

（五）现场检查技巧

1. 沟通技巧

检查过程实际上是一个沟通过程，而且是一个正式的双向沟通过程，掌握沟通技巧，是对检查员的基本要求。充分、流畅的沟通是检查成功的关键之一。

（1）面谈技巧。一次成功的面谈，有利于建立融洽关系，消除心理障碍，有助于争取受检查方人员的合作，有助于查明情况，获取需要的客观证据。在面谈时的检查员应掌握的技巧有：得当的提问；说要少，听要多；保持融洽的关系；选择适当的面谈对象。

在面谈时，检查员应自始至终保持礼貌、友善的态度，如：对面谈对象及内容表示兴趣，对误解要耐心；避免打断、干扰、反驳对方的谈话，“请”和“谢谢”适时使用；保持客观、公正的态度等。

面谈是收集信息的一种重要手段，面谈的方式应与面谈情况和接受面谈的人员相适应，此外，检查员还应考虑以下方面：

①为了获得具有代表性的信息，在检查期间同受检查方不同层次和职能的人员应予以面谈，尤其是检查需考虑活动或任务的执行人员。

②面谈应尽量在接受面谈人员的正式工作场所进行。

③应采取各种方式，避免接受面谈的人员在开始面谈前感到紧张。

④面谈的理由与所做的笔录应予以说明。

⑤面谈可以首先要求接受面谈的人员介绍其工作内容。

⑥面谈的结果应予以归纳，所得出的任何结论应在可能的情况下与接受面谈人员进行验证。

⑦所提出的问题可以是开放式或封闭式的，但应避免引导式的问题。

⑧对接受面谈的人员的参与与合作应表示感谢。

（2）提问技巧。提问是检查中运用最多、最基本的方法。采用正确的提问方式提问，这是检查员基本的沟通技巧。

1）提问的目的

①获取检查所需的信息。通过提问，有目的、有重点地去收集信息。信息不是越多越好，而是适用信息越多越好，即所获取的信息应有助于迅速地、正确地达到检查目的。

②掌握检查主动权，保证检查计划方案如期兑现。根据检查的目的、计划、方案，有选择、有重点地提问，使受检查方能在你的提问下自觉或不自觉地提供你所需要的信息和证据，将受检查方的行为引入到你的检查计划方案安排的轨道上来，保证检查计划方案顺利实施。

2）提问的类型

①开放式提问。以能得到较广泛的回答为目的的提问方式。“怎么样？什么……”这样的问式为开放式提问。

②封闭式提问。可以用“是”、“不是”或一两个字就能回答的提问方式。检查员除必要时应尽量少用封闭式提问。封闭式提问往往会使面谈对象情绪紧张，有些问题也很难回答，实际中的许多情况是不能用“是”或“不是”来定论的。

③思考式提问。可围绕问题展开讨论以便获得更多的信息的提问方式。问式常有：“为什么？请告诉我……”

④按检查项目提问和检查进展情况提问。

检查员根据打算了解的情况、面谈对象的情况和面谈发展的情况，可灵活使用上述类型的提问。

总之，提问方式有许多种，不管哪种方式，重要的是你的提问必须观点和目的明确，时机适当，必须表述准确、清楚、层次分明，依次递进，就象剥笋一样一层层剥进去直至剥到你需要的地方。提问要用最短的时间，从最佳角度获得最能达到检查目标的信息和证据。选择问题则显得灵活，有针对性，能提高提问效果。一个老练的检查员的提问方式常常在表面看来是随机的，但他总是能在当时场景中找到最适当的提问方式，并得到理想的答案。同时，在提问时还应注意：①考虑被问者的背景；②观察神态表情；③适时表示谢意；④努力理解回答；⑤不能建议或暗示某种答案；⑥不说有情绪的话；⑦不要连珠炮式地发问。

（3）聆听技巧。学会聆听，对检查员来说是非常重要的。在检查过程中，检查员聆听的时间可能会达到总时间的80%，谦虚和认真的聆听态度有助于形成融洽气氛和获得有价值的信息，有助于得出客观的检查发现。

聆听技巧有：①少讲多听；②不怕沉默；排除干扰；③多问开放性问题；④多鼓励讲话者；⑤善意的态度。

聆听时注意事项：①持平等、真诚的态度；②专注、认真地听；③有耐心并及时反馈；④尽可能不要做出不恰当的反应。

2. 验证技巧

检查员得到对方回答后，需要辨别真伪，正确理解意思，所以进行分析验证是必不可少的。

主要包括以下四个方面：

（1）把对方回答与环境（背景）因素作为一个整体考虑分析；

（2）通过一种或多种渠道加以验证，验证是一种最直接有效的方法；

（3）从比较合适的角度分析、理解对方的回答；

（4）对对方表达的意思要具有职业的敏感性，善于从中捕捞到蛛丝马迹，顺藤摸瓜。

一般情况下，检查员在得到回答后，常采用“请给我看……”的语句，如果客观证据一时拿不出，受检查方推托或稍后提供时，检查员应记下此细节，以防遗忘。检查员不能认为某人说的就是事实而忽略客观证据的验证，否则将会导致错误的检查结论。

验证时，可按下述思路进行：

（1）有没有。不能因为回答得很圆满，检查就到此止步。还要按照标准要求，验证应具备的程序文件、计划、记录等是否符合要求；

（2）做没做。不能因为文件、计划、记录编制得很好、很多，就认为符合要求了，还要按照文件、计划进行观察、面谈、核查，判断实际是否做了；

（3）做得怎样。不能因为已按文件、计划做了，检查到位了，还要检查实际做的结果是否有效，是否真正进入了受控状态，是否达到了质量活动规定的目标；

（4）做笔记。在提问、验证、观察中发现的客观证据应及时予以记录，并让受检查方确认。

3. 一些典型情况的应对技巧

实际检查中会遇到各种各样的人，由于这些人对检查持有不同的看法，就会产生不同的态度，检查员应针对不同类型的人采用适当的应对技巧。

（1）“没问题”型。这种人试图使检查员产生“优秀”的看法，只给你看好的一面，对差的地方搪塞了事。

应对技巧是：坚持全面检查，听好的，也要听差的，看好的，也要看差的。

（2）“抵触”型。不欢迎任何批评，轻视检查员的意见，不与检查员合作。

应对技巧是：保持冷静，坚持检查，对查到的问题作清楚耐心的说明。

（3）“掩盖”型。尽可能少说话、少回答问题，即便回答问题也兜个圈子，力图使检查员少了解真实情况。

应对技巧是：耐心、容忍、灵敏变换问法，直至达到目的。

（4）“一问三不知”型。对所提的问题以情况不热悉为由不作回答。

应对技巧是：请示受检查方领导另派熟悉情况的人陪同或介绍情况。

（5）“高谈阔论”型。对检查员提出的问题旁征博引，高谈阔论，与你进行理论探讨，想利用专业方面的优势震慑住检查员，减缓检查进度。

应对技巧是：及时插入最实际的问题，不与其辩论理论问题或技术问题。

（6）“办不到”型。当检查员提出问题时，以实际行不通、做不到、没必要、太繁琐等为理由向你解释，不肯承认问题。

应对技巧是：清楚、耐心地说明这是标准的要求，检查是标准与实际核对的过程。

(7)“辩解”型。对被查到的不合格项千方百计辩解，寻找开脱理由。

应对技巧是：可以重新核查，坚持以事实为依据。

(8)“主动暴露”型。向检查员主动介绍存在问题，并推卸责任。

应对技巧是：先核实其所介绍的问题，但应谨慎，不可介入受检查方的人际矛盾。

(9)“求饶”型。承认检查员查到的问题，但要求检查员高抬贵手，不要判不合格项，并表示立即纠正。

应对技巧是：应坚持原则，但对受检查方可表示同情，持理解的态度。

(10)“故意拖延”型。千方百计转移检查员检查目标、精力和时间，你让他取资料，他迟迟不提供，你让他介绍，他给你海阔天空吹一通；陪同人员口才特好，总爱主动介绍情况或经常用标准解释有关问题或经常溜号，要寻找才来等。

应对技巧是：尽量避免做不相干的事，周密计划，保持检查目标明确，要主动客气地打断不相干的介绍，催促受检查方提交资料，不与人讨论问题等。

(11)“热情过度”型。对检查员非常客气热情，泡茶、递烟、供水果等，以此淡化检查气氛。

应对技巧是：检查时尽量少应酬，通常不吃水果之类的食物，客气但严肃。

(六)现场检查的实施

在现场检查中，检查员运用各种检查策略和技巧，把收集到的客观证据适时记录，通过对客观证据、检查中发现问题的整理分析和判断，并经受检查方确认后出具不合格项和现场检查报告，最后以末次会议结束现场检查。

1. 首次会议

首次会议是检查组全体成员与受检查方领导及有关人员共同参加的会议，首次会议由检查组长主持。

(1)会议议程。介绍检查组成员，宣读检查纪律、检查方案，核实企业有无违规经营假劣药品情况，落实检查日程，说明检查注意事项，确认检查陪同人员，听取企业 GSP 实施情况汇报等。

现场检查陪同人员应是被检查企业负责人或是经营、质量管理部门负责人，应熟悉药品经营和质量管理的有关环节和要求，能准确回答检查组提出的有关问题。

(2)会议要求。①首次会议应准时、简短，会议以不超过半小时为宜；②会议应始终围绕主题，简明扼要；③首次会议应致力于建立一个良好的检查“风格”和“氛围”；④首次会议应获得受检查方的理解并得到支持。

2. 检查和取证

(1)检查组将严格按照现场检查方案进行检查。

(2)检查期间检查组认为现场检查方案或检查项目需要修改，须经省级认证中心批准后执行。

(3)检查组组长应充分听取组员意见，组员应服从组长的统一领导，体现集体智慧和民主集中的原则。检查组长应及时掌握检查情况，控制检查进度，保证检查质量。

(4)检查时，按照《现场检查项目》中规定的内容，准确、全面地查验企业相关情况。

(5)检查员应对照检查项目现场核实，对检查中发现的不合格项目如实记录，并注重事实的准确描述，具有可追溯性（如访问对象、文件编号等记录），经检查员签字生效。

（5）检查过程中，如发现被检查单位有违法、违规行为，检查组应按照法定程序查实、取证，移交当地药品监督管理部门按法定程序处理。检查组应将查实取证情况书面报告省级认证中心。

3. 综合评定

（1）情况汇总。全部检查结束后，由组长组织评定汇总，撰写现场检查报告。检查组应根据检查项目和评定标准客观公正地逐项作出评定及综合评定，作出综合评定意见。

（2）项目评定。检查组应根据检查标准，对检查项目进行评定，确定不合格项目。

（3）拟定现场检查报告。根据现场检查情况、综合评定意见及评定结果，由检查组成员提出意见，检查组组长拟定检查报告。

（4）通过检查报告。检查报告应经检查组成员全体通过，并在报告上签字。

4. 末次会议

（1）检查组于检查终结应召开由检查组成员、参加现场检查工作的有关人员和被检查企业有关人员参加的末次会议，向被检查单位通报检查情况，检查组长宣读综合评定结果。对提出的不合格项目，由检查组全体成员和被检查企业负责人在不合格项目情况表上签字，双方各执一份。

（2）检查组对提交认证管理机构的现场检查报告，应由检查组全体成员签字确认。

5. 异议的处理

（1）企业对检查结果产生异议，可向检查组提出说明或做出解释。如双方未能达成共识，检查组应对异议内容予以记录，经检查组全体成员及企业主要负责人双方签字确认后，与检查报告等有关资料一并送交省级认证中心。

（2）被检查单位对不合格项目情况表提出异议，检查组应给予解释和说明。对有明显争议的问题，必要时可重新核对。

（3）如被检查单位对不合格项目情况表拒绝签字，检查组应在现场检查报告中予以说明，并附观察员意见。

6. 现场检查资料的提交

检查完毕，检查组必须及时将《GSP 认证现场检查报告》、检查员记录及相关材料提交省级认证中心。

六、审批与发证

审批与发证操作流程如下：

（1）根据检查组现场检查报告并结合有关情况，省级认证中心在收到报告的 10 个工作日内提出审核意见，送交省级局审批。

（2）省级局在收到审核意见之日起 15 个工作日内进行审查，作出认证是否合格或者限期整改的结论。

（3）被要求限期整改的企业，应在接到通知的 3 个月内向省级局和省级认证中心报送整改报告，提出复查申请。省级认证中心应在收到复查申请的 15 个工作日内组织复查。对超过规定期限未提出复查申请或经过复查仍未通过现场检查的不再给予复查，应确定为认证不合格。

（4）对通过认证现场检查的企业，省级局在进行审查前应通过媒体（其中药品批发企业还应通过国家药品监督管理部门政府网站）向社会公示。在公示的规定期间内，如果没有出现针对这一企业的投诉、举报等问题，省级局即可根据审查结果作出认证结论；如果出现问题，省级局必须在组织核查后，根据核查结果再作结论。

（5）对认证合格的企业，省级局应向企业颁发《药品经营质量管理规范认证证书》；对认证不合格的企业，省级局应书面通知企业。企业可在通知下发之日 6 个月后，重新申请 GSP 认证。

（6）对认证合格的企业，省级局应在本地区公布；对认证合格的药品批发企业，除在本地区公布外，还应通过国家局政府网站向全国公布。

药品零售认证程序参照药品批发认证程序执行，由设区的市级药品监督管理部门负责药品零售认证。

药品经营质量管理规范认证证书见图 4－1。

中华人民共和国

药品经营质量管理规范认证证书

认证范围：处方药、非处方药
中药材、中药饮片、中成药、化学药制剂、抗生素制剂、生化药品、生物制品（预防性生物制品除外）。

经审查，符合《药品经营质量管理规范》要求，特发此证。

发证机关：

有效期至 2011 年 4 月 30 日

国家食品药品监督管理局制

图 4－1　药品经营质量管理规范认证证书

思考题

1. 申请 GSP 认证的条件有哪些？申请 GSP 认证需申报哪些资料？
2. 简述 GSP 认证程序。

第三节　药品经营质量管理规范现场指导原则

为规范《药品经营质量管理规范》检查工作，确保检查工作质量，根据《药品经营质量管理规范》，制定《药品经营质量管理规范现场检查指导原则》。现场检查应当按照本指导原则中包含的检查项目和所对应的附录检查内容，对药品经营企业实施《药品经营质量管理规范》情况进行全面检查。按照本指导原则进行检查过程中，有关检查项目应当同时对照所对应的附录检查内容进行检查。如果附录检查内容检查中存在任何不符合要求的情形，所对应的检查项目应当判定为不符合要求。

一、认证检查项目

（1）批发企业检查项目共258项，其中严重缺陷项目（＊＊）6项，主要缺陷项目（＊）107项，一般缺陷项目145项。

（2）零售企业检查项目共180项，其中严重缺陷项目（＊＊）4项，主要缺陷项（＊）58项，一般缺陷项118项。

（3）药品零售连锁企业总部及配送中心按照药品批发企业检查项目检查，药品零售连锁企业门店按照药品零售企业检查项目检查。

二、认证结果判定

检查项目			结果判定
严重缺陷项目	主要缺陷项目	一般缺陷项目	
0	0	≤20%	通过检查
0	0	20%～30%	限期整改后复核检查
0	<10%	<20%	
≥1			不通过检查
0	≥10%		
0	<10%	≥20%	
0	0	≥30%	

注：缺陷项目比例数＝对应的缺陷项目中不符合项目数/（对应缺陷项目总数－对应缺陷检查项目合理缺项数）×100%。

思考题

简述GSP认证结果判定。

第四节 药品GSP认证监督管理

各级药品监督管理部门将定期对辖区内已认证合格企业进行监督检查，以确认认证合格企业是否仍然符合认证标准。监督检查包括跟踪检查、日常抽查和专项检查三种形式。监督检查的结果应记录在案，并按规定定期报送上一级药品监督管理部门。

一、跟踪检查

（一）跟踪检查的概念

跟踪检查是指药品监督管理部门对认证合格满 24 个月的药品经营企业进行的监督检查。新开办药品经营企业，自取得《药品经营质量管理规范认证证书》后 12 个月内跟踪检查一次。

符合下列情形之一的企业，亦列入跟踪检查范围：

（1）上年度以来药品质量监督抽验中出现不合格药品的；

（2）上年度以来药品经营行为不规范受到群众举报的；

（3）上年度以来违反药品法律、法规，受到行政处罚的。

（二）跟踪检查的分工

（1）省级药品监督管理部门负责辖区内药品经营企业 GSP 认证监督检查的组织和管理。

（2）设区的市级药品监督管理部门或省级药品监督管理部门直接设置的县级药品监督管理部门负责辖区内药品零售企业的 GSP 认证跟踪检查。

（三）跟踪检查的要求

（1）每个企业的检查时间根据检查实际需要确定，原则上批发及零售连锁企业为一天，零售企业半天，必要时可以适当延长。

（2）GSP 认证跟踪检查组一般由 2～3 名药品 GSP 检查员组成，根据检查工作需要可以邀请有关专家参加。

（3）检查组应当严格遵守工作纪律和现场检查程序，不得泄露检查有关情况和举报人信息。

（4）GSP 认证跟踪检查一般不事先告知企业，检查组可将其到达时间和被检查企业适时通知企业所在地的药品监督管理部门。

（5）被检查企业所在地市或县级食品药品监督管理局应选派药品监管人员担任观察员，协助检查组完成 GSP 跟踪检查工作。

（四）跟踪检查方案

负责组织检查的部门应根据企业的实际情况及日常监管等发现的主要问题，制定有针对性的跟踪检查方案。

（五）跟踪检查程序

跟踪检查按照认证现场检查的方法和程序进行。现场检查程序如下：

（1）召开首次会议。检查组宣读现场检查方案、认证检查纪律、检查要求和注意事项。

（2）实施现场检查。检查组认真查看有关资料，按照 GSP 标准逐项进行检查；检查组在现场检查过程中应注意及时记录，详细记录检查时间、地点、现场状况、发现的问题、询问对象和内容等。对严重不符合 GSP 规定的情况进行及时取证，做好调查笔录。必要时，通知当地药品监督管理部门依法采取相应措施。

（3）汇总检查情况。确定药品 GSP 跟踪现场检查缺陷项目，制作《药品 GSP 认证跟踪现场检查不合格项目情况表》，详细表述发现的问题或核实的情况，写出 GSP 认证跟踪现场检查报告和《药品 GSP 认证跟踪检查意见》。

（4）召开末次会议。通报检查情况。检查组成员、观察员、被检查企业负责人或相关负责人员应在《药品 GSP 认证跟踪现场检查不合格项目情况表》和《药品 GSP 认证跟踪检查意见》上签字，拒绝签字的，检查组应予注明。被检查企业对检查结果有异议的，检查组及被检查企业应提交书面说明。

GSP 跟踪检查结束后，检查组应及时将检查报告、药品 GSP 跟踪现场检查工作记录、《药品 GSP 认证跟踪检查意见》、《GSP 跟踪检查严重缺陷问题移交通知单》、《药品 GSP 认证跟踪现场检查不合格项目情况表》、企业的书面说明及相关证据资料上报检查组派遣单位。

（六）跟踪检查发现问题的处理

1. 严重缺陷项目

跟踪检查中发现存在严重缺陷项目的，检查组应与跟踪检查派遣单位汇报商定后，填写《GSP 跟踪检查严重缺陷问题移交通知单》，与《药品 GSP 认证跟踪现场检查不合格项目情况表》、《药品 GSP 认证跟踪检查意见》及有关资料一并移交当地药品监督管理部门，依法予以处罚，并将处理结果及时上报跟踪检查派遣单位；存在 3 条（含 3 条）以上严重缺陷项目的企业，检查组应现场收回该企业《药品经营质量管理规范认证证书》，并上缴发证机关；情况严重的，由发证机关依法吊销其《药品经营许可证》。

2. 终止经营

跟踪检查发现药品经营企业终止药品经营活动的，检查组应写明原因，由发证部门撤销该企业《药品经营质量管理规范认证证书》，并由发证部门依法办理其《药品经营许可证》注销手续。

3. 限期改正

对收回《药品经营质量管理规范认证证书》的药品经营企业，应责令其限期改正，企业整改完成后提出复查申请，经复查合格的，发还《药品经营质量管理规范认证证书》；不合格的，由发证机关撤销其《药品经营质量管理规范认证证书》。

4. 其他违法行为

检查组现场检查发现被检查企业存在 GSP 检查项目以外的违法情况，应将有关资料移交当地药品监督管理部门依法处理，当地药品监督管理部门应在规定时间内将处理结果书面上报检查组派遣单位。

二、日常抽查

设区的市级药品监督管理部门或者省级药品监督管理部门直接设置的县级药品监督管理部门，应结合日常监督管理工作，定期对辖区内认证合格企业进行一定比例的抽查，检查企业是否能按照 GSP 的规定从事药品经营活动。

三、专项检查

1. 专项检查情形

认证合格的药品经营企业在认证证书有效期内，如果改变了经营规模和经营范围，或在经营场所、经营条件等方面发生了以下变化，省、自治区、直辖市药品监督管理部门和设区的市级药品监督管理部门应组织对其进行专项检查：

（1）药品批发企业和药品零售连锁企业（总部）的办公、营业场所和仓库迁址。

（2）企业经营规模的扩大，导致企业类型改变。

2. 专项检查的程序同认证程序

四、监督检查不合格的处理

对监督检查中发现的不符合GSP要求的认证合格企业，药品监督管理部门应按照《中华人民共和国药品管理法》第七十九条的规定，要求限期予以纠正或者给予行政处罚。在监督检查中发现的不符合GSP要求且情节严重的、或者屡次发生违反GSP规定但不予改正的企业，其所在地省级药品监督管理部门应依法撤销其《药品经营质量管理规范认证证书》，并在辖区内公布，药品批发、零售连锁企业、除在辖区内公布外，还应通过国家药品监督管理部门政府网站向全国公布。

思考题

1. 何为GSP认证后的跟踪检查、日常抽查和专项检查？
2. 对监督检查中发现的不符合GSP要求的认证合格企业，如何处理？
3. 简述跟踪检查的程序。

学习小结

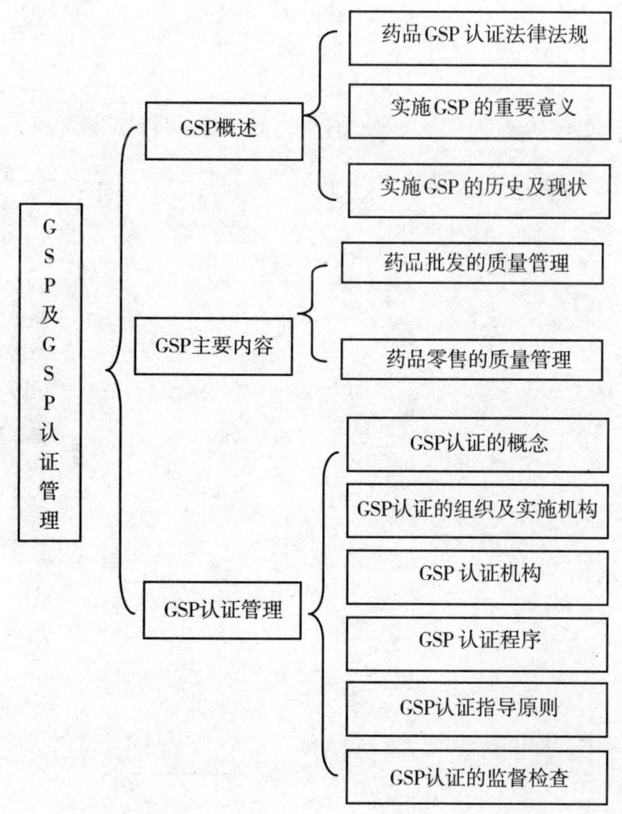

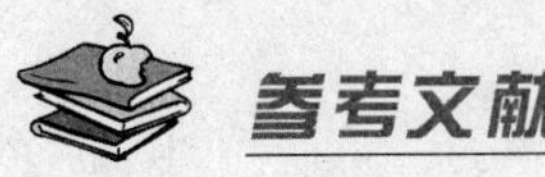

参考文献

[1] 杨世民. 中国药事法规. 2 版. 北京：化学工业出版社，2007.
[2] 刘新社. 药事法学. 北京：对外经济贸易大学出版社，2010.
[3] 陈玉文. 实用药品 GSP 实施技术. 北京：化学工业出版社，2003.
[4] 赵葆. GSP 实战教程. 北京：学苑出版社，2003.
[5] 嵇国光，赵菁. 质量管理体系内部审核培训教程. 北京：中国标准出版社，2001.

（张延庆　孟　坤）

第五章

互联网药品信息和交易服务

学习要点

1.掌握互联网药品信息服务和交易服务的概念以及分类。

2.熟悉申请互联网药品信息服务和交易服务所需的条件及程序。

3.了解各相关部门在互联网药品信息服务和交易服务监管中的职责分工以及违法行为的处罚规定等。

导语

互联网药品信息和交易服务作为一种新的服务形式，它对药品信息的有效传播起着积极的促进作用。特别是随着电子商务广泛普及和逐渐成熟，网上药品交易越来越得到人们的认可。随之带来的问题是，一些违法分子利用这种新的形式向公众发布大量的药品虚假信息和违法广告欺骗和误导消费者，甚至为假劣药品提供了信息发布和流通的渠道。为此，国家食品药品监督管理总局先后出台了《互联网药品信息服务管理办法》、《互联网药品交易服务审批暂行规定》等规章，本章以上述规章或规范性文件为主要依据，分别讲述互联网药品信息服务和交易服务的分类，申请条件，审批程序及监管措施等。通过加强互联网药品信息服务和交易服务监管，规范互联网药品信息服务和交易服务行为，保障互联网药品信息和交易的合法性、真实性、安全性，为人民群众安全用药创造良好环境。

第一节　互联网药品信息服务

一、互联网药品信息服务的概念与分类

（一）互联网药品信息服务的定义

互联网药品信息服务，是指通过互联网向上网用户提供药品（含医疗器械）信息的服务活动。从定义可以看出，我们通常所讲的互联网药品信息服务包括两种情况，一种是通过互联网向上网用户提供药品信息的服务活动，一种是通过互联网向上网用户提供医疗器械信息的服务活动。为了讲述方便，本章节简称互联

网药品信息服务。

（二）互联网药品信息服务的分类

根据服务性质的不同，互联网药品信息服务分为非经营性和经营性两大类。

1. 非经营性互联网药品信息服务

非经营性互联网药品信息服务是指通过互联网向上网用户无偿提供公开的、共享性药品信息等服务的活动。

2. 经营性互联网药品信息服务

经营性互联网药品信息服务是指通过互联网向上网用户有偿提供药品信息等服务的活动。

上述概念和分类是在《互联网信息服务管理办法》中关于“互联网信息服务”定义、分类基础上所做的延伸。

知识链接

互联网信息服务的分类

互联网信息服务，是指通过互联网向上网用户提供信息的服务活动。互联网信息服务分为经营性和非经营性两类。经营性互联网信息服务，是指通过互联网向上网用户有偿提供信息或者网页制作等服务活动。非经营性互联网信息服务，是指通过互联网向上网用户无偿提供具有公开性、共享性信息的服务活动。

二、互联网药品信息服务的前置审批

药品是一种特殊商品，直接关系到人民群众的身体健康和生命安全，因此发布到网站上的信息必须真实、安全、有效。如何保证发布到网站上的信息真实、安全、有效，除了信息发布者自律以外，相关主管部门的规范、监管也是必不可少的。为此，国家相继出台了一系列行政法规或部门规章，对申请提供互联网药品信息服务的条件、审批程序及法律责任等做了相应规定。

1. 前置审批的提出

为了规范互联网信息服务活动，促进互联网信息服务健康有序发展，2000 年 9 月，国务院出台了《互联网信息服务管理办法》（国务院令第 292 号）。其中第五条明确规定，从事新闻、出版、教育、医疗保健、药品和医疗器械等互联网信息服务，依照法律、行政法规以及国家有关规定须经有关主管部门审核同意，在申请经营许可或者履行备案手续前，应当依法经有关主管部门审核同意。也就是说各有关单位或组织在从事互联网药品、医疗器械信息服务活动前必须进行前置审批。

2. 具体实施办法的出台

根据《互联网信息服务管理办法》关于前置审批的规定及各相关部门职责分工，

药品监管部门负责对从事药品和医疗器械互联网信息服务网站的前置审批。为了规范互联网药品、医疗器械信息服务发布秩序，严厉打击利用互联网发布虚假违法药品信息行为，保证互联网药品信息的真实、准确，确保公众用药安全，原国家食品药品监督管理局出台了《互联网药品信息服务管理办法》（国家局令第9号）。该办法规定，国家食品药品监督管理局对全国提供互联网药品信息服务活动的网站实施监督管理。省级食品药品监督管理部门对本行政区域内提供互联网药品信息服务活动的网站实施监督管理。拟提供互联网药品信息服务的网站，应当在向国务院信息产业主管部门或者省级电信管理机构申请办理经营许可证或者办理备案手续之前，按照属地管理的原则，向该网站主办单位所在地省级食品药品监督管理部门提出申请，经审核同意后取得提供互联网药品信息服务的资格。

三、申请提供互联网药品信息服务所需的条件

申请提供互联网药品信息服务，除应当符合《互联网信息服务管理办法》规定的要求外，还应当具备下列条件：

（1）互联网药品信息服务的提供者应当为依法设立的企事业单位或者其他组织（换句话说，个人开办的网站不能从事互联网药品信息服务活动）；

（2）具有与开展互联网药品信息服务活动相适应的专业人员、设施及相关制度；

（3）有2名以上熟悉药品、医疗器械管理法律、法规和药品、医疗器械专业知识，或者依法经资格认定的药学、医疗器械技术人员。

四、申请互联网药品信息服务需要提交的材料

申请提供互联网药品信息服务的单位，应当在国家食品药品监督管理总局网站（网址：www. sfda. gov. cn）在线申请（申请人务必记清网上申请成功后随机自动生成ID号码），同时向网站主办单位所在地省级药品监督管理部门提交以下申报资料：

（1）《互联网药品信息服务申请表》（与在线申请内容一致）一式三份；

（2）企业营业执照复印件（新办企业提供工商行政管理部门出具的名称预先核准通知书及相关材料）；

（3）网站域名注册的相关证书或者证明文件。从事互联网药品信息服务网站的中文名称，除与主办单位名称相同的以外，不得以“中国”、“中华”、“全国”等冠名；

（4）网站栏目设置说明（申请经营性互联网药品信息服务的网站需提供收费栏目及收费方式的说明）；

（5）网站对历史发布信息进行备份和查阅的相关管理制度及执行情况说明；

（6）药品监督管理部门在线浏览网站上所有栏目、内容的方法及操作说明；

（7）药品及医疗器械相关专业技术人员学历证明或者其专业技术资格证书复印件、网站负责人身份证复印件及简历；

（8）健全的网络与信息安全保障措施，包括网站安全保障措施、信息安全保密管理制度、用户信息安全管理制度；

（9）保证药品信息来源合法、真实、安全的管理措施、情况说明及相关证明。

五、互联网药品信息服务资格审批程序

省、自治区、直辖市药品监督管理部门负责互联网药品信息服务资格的审批，具体审批程序见下图。

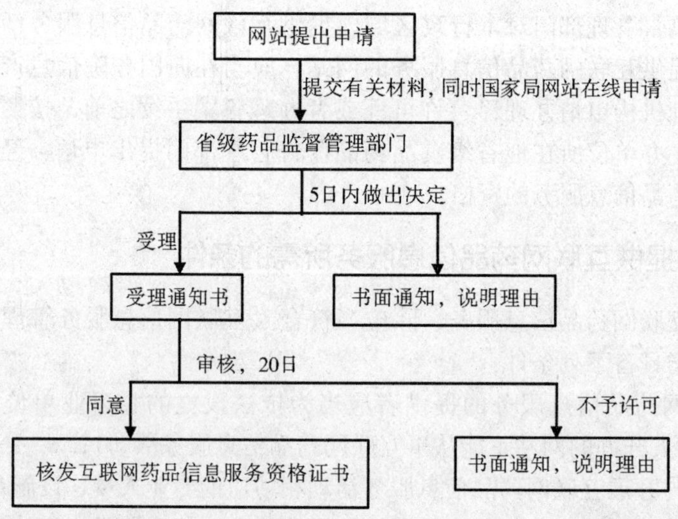

六、互联网药品信息服务资格证书的管理

（一）互联网药品信息服务资格证书的核发

根据互联网药品信息服务的服务性质，《互联网药品信息服务资格证书》包括两种。一种是非经营性互联网药品信息服务资格证书，一种是经营性互联网药品信息服务资格证书。

《互联网药品信息服务资格证书》采用以下编号规则：（省级简称）＋“－”＋服务性质＋“－”＋年度码＋“－”＋年度该类型证书流水号。

《互联网药品信息服务资格证书》的编号示例：以北京市2011年发放的第一个非经营性的互联网药品信息服务资格证书为例，证书编号为“（京）－非经营性－2011－0001”。

提供互联网药品信息服务的网站，应当在其网站主页显著位置标注《互联网药品信息服务资格证书》的证书编号。

知识链接

互联网药品信息服务资格证书的查询

依法取得《互联网药品信息服务资格证书》，可以从事互联网药品信息服务的网

站的详细信息请登录国家食品药品监督管理局在线查询。具体查询步骤为：国家食品药品监督管理总局网站（www. sfda. gov. cn）→信息公开→数据查询→其他→互联网药品信息服务。截止2014年7月3日，全国取得《互联网药品信息服务资格证书》的单位共有5055家。

（二）互联网药品信息服务资格证书的变更

互联网药品信息服务提供者变更单位名称、网站IP地址、网站名称、法定代表人、企业地址、服务方式及服务项目等许可事项，应当向原发证机关申请办理变更手续，变更程序与原申请程序相同。

变更互联网药品信息服务许可项目也应当在国家食品药品监督管理总局网站（网址：www. sfda. gov. cn）在线申请，同时向原发证机关提交以下申报资料：

（1）《互联网药品信息服务项目变更申请表》（与在线申请变更内容一致）；

（2）《互联网药品信息服务资格证书》中审核批准的项目（互联网药品信息服务提供者单位名称、网站名称、IP地址等）；

（3）互联网药品信息服务提供者的基本项目（地址、法定代表人、企业负责人等）；

（4）网站提供互联网药品信息服务的基本情况（服务方式、服务项目等）。

变更后的《互联网药品信息服务资格证书》的“证书编号”、“有效期”不变，“发证时间”为新变更时间。

（三）互联网药品信息服务资格证书的换发

《互联网药品信息服务资格证书》有效期为5年。有效期届满，需要继续提供互联网药品信息服务的，持证单位应当在有效期届满前6个月内，向原发证机关申请换发《互联网药品信息服务资格证书》。原发证机关进行审核后，认为符合条件的，予以换发新证；认为不符合条件的，发给不予换发新证的通知并说明理由，原《互联网药品信息服务资格证书》由原发证机关收回并公告注销。

省级药品监督管理部门根据申请人的申请，应当在《互联网药品信息服务资格证书》有效期届满前作出是否准予其换证的决定。逾期未作出决定的，视为准予换证。

换发互联网药品信息服务资格证书同样应当在国家食品药品监督管理总局网站（网址：www. sfda. gov. cn）在线申请，同时向原发证机关提交以下申报资料：

（1）《互联网药品信息服务换证申请表》（与在线申请内容一致）；

（2）首次申请互联网药品信息服务资格证书时规定的材料；

（3）《互联网药品信息服务资格证书》正副本原件；

（4）互联网信息服务增值电信业务经营许可证或者ICP备案证明文件复印件（加盖企业公章）；

（5）五年来开展互联网药品信息服务自查报告；

（6）药品监管部门要求的其他材料。

关于换发《互联网药品信息服务资格证书》的规定

2009 年 8 月，原国家食品药品监督管理局下发了《做好换发<互联网药品信息服务资格证书>工作的通知》（国食药监稽［2009］521 号），就做好《互联网药品信息服务资格证书》换证工作有关事宜做出了规定。详情请查阅此文件。

（四）互联网药品信息服务资格证书的补发

在证书有效期内遗失、损毁的，持证企业在原发证机关指定的媒体上登载遗失声明后，到原发证机关申请补发。

现行的《互联网药品信息服务管理办法》没有对《互联网药品信息服务资格证书》的补发做出规定。但是，这种现象在现实中又是确实存在的，笔者认为，在国家食品药品监督管理总局对证书的补发未做出明确规定之前，各有关单位和组织在申请补发证书时应遵从申请单位所在地省级食品药品监管部门的规定及要求。

（五）互联网药品信息服务资格证书的收回

1. 依申请的收回

据互联网药品信息服务提供者的书面申请，由原发证机关收回，原发证机关应当报国家食品药品监督管理总局备案并发布公告。被收回《互联网药品信息服务资格证书》的网站不得继续从事互联网药品信息服务。

2. 不符合规定的收回

不符合换证条件的，发给不予换发新证的通知并说明理由，原《互联网药品信息服务资格证书》由原发证机关收回并公告注销。

（六）互联网药品信息服务资格证书的撤销

省级药品监督管理部门违法对互联网药品信息服务申请作出审核批准的，原发证机关应当撤销原批准的《互联网药品信息服务资格证书》，由此给申请人的合法权益造成损害的，由原发证机关依照国家赔偿法的规定给予赔偿；对直接负责的主管人员和其他直接责任人员，由其所在单位或者上级机关依法给予行政处分。

1. 简述互联网药品信息服务的定义与分类。

2. 王某是一家药品生产企业的网络技术人员，其个人及所在企业名下分别拥有一个网站，请问：这两个网站可以申请互联网药品信息服务吗？如果可以，需要哪些材料？审批程序是怎样的？如果不可以，请说明原因。

第二节 互联网药品交易服务

近年来，随着信息技术的不断发展，电子商务的发展热度空前，已经渗透到生活的各个方面，作为与国计民生息息相关的医药市场，也随处可见电子商务的影子。网上销售药品也随之兴起，如何对网上售药的合法性、安全性进行有效的监管，成为药品监督管理执法部门和社会普遍关心的热点问题。据中国医药报报道，2000 年我国已有商务网站 1100 多家，其中购物网站 800 多家，有医药健康类网站 200 多家，而医药商务类网站也达 40 多家，但真正符合 2000 年 6 月 26 日实施的《药品电子商务试点监督管理办法》以及 2001 年 2 月 1 日实施的《互联网药品信息服务管理暂行规定》（原国家药品监督管理局令第 26 号），而被国家药品监督管理部门批准且形成交易的寥寥无几。如此令人堪忧的现状急需一个相对完整、规范的准入制度来确保医药电子商务的有序进行，根据《中华人民共和国药品管理法》、《中华人民共和国药品管理法实施条例》及其他相关法律、法规，《互联网药品交易服务审批暂行规定》应运而生。

一、药品电子商务的发展

20 世纪 90 年代，在美国诞生了一种结合医药与信息技术的全新商务模式—电子商务，它是在西方发达国家追求利润最大化背景下产生的，它的诞生给医药流通领域带来了新的生机与活力，是一次革命性的变革，引起国际医药界的广泛关注。

（一）医药电子商务的概念

1. 电子商务

电子商务是指企业利用互联网络和电子技术来从事的外部经营和营销活动。电子商务包括两种情况：一是利用网络来从事各种营销活动，而实际交易过程仍通过传统的商业环境和渠道来进行，这种方式对网络和技术支撑环境的依赖较小。二是利用网络来从事实际交易活动，如商务单证的交换、商务和金融票据的在线传递、电子支付、资金结算等，这种方式对网络和技术支撑环境要求较高。例如：政策法规、网络安全认证等等。

2. 医药电子商务

医药电子商务是指医药生产者、经营者或使用者，通过信息网络系统以电子数据信息交换的方式进行，并完成各种商务活动和相关的服务活动。

（二）医药电子商务的主要模式

在对医药电子商务的分类方面，医药电子商务主要分为以下三种模式。

1. 第三方交易平台模式

第三方药品交易平台，是独立的互联网医药信息和交易服务系统。不参与医药生产经营活动，同行政机关、医疗机构、药品生产经营企业不存在隶属关系、产权关系和经济利益关系。

2. 企业对企业模式（Business to Business，简称 B2B）

指企业之间通过互联网进行产品服务及信息的交换，进行电子商务交易的供需双方都是企业，他们使用了互联网的技术或各种商务网络平台，完成药品商务交易。包括发布供求信息，订货及确认订货，支付过程及票据的签发、传送和接收，确定配送方案并监控配送过程等。

3. 企业对消费者模式（Business to Consumer，简称 B2C）

指网上药店对消费者的交易。这种形式的电子商务一般以网络零售业为主，主要借助于互联网开展在线销售活动，直接面向消费者销售产品和服务。从长远来看，B2C 可以使企业增进与顾客的交流，为顾客提供更多选择，提供更具个性化的服务，而这些都是传统经营方式无法实现的。

目前，世界各国医药电子商务主要采取两种模式，一种是 B2B 模式，它是医药电子商务的主流，一种是 B2C 模式，由于药品是特殊商品，这种模式的业务世界各国比较少，但是，随着互联网的不断发展，近几年这种模式增长速度较快。

二、互联网药品交易服务的概念与分类

（一）互联网药品交易服务的定义

互联网药品交易服务，是指通过互联网提供药品（包括医疗器械）交易服务的电子商务活动。我们通常所讲的互联网药品交易服务包括两种情况，一种是通过互联网提供药品交易服务的电子商务活动；一种是通过互联网提供包括医疗器械交易服务的电子商务活动。为了讲述方便，本章节简称为互联网药品交易服务。

知识链接

关于对直接接触药品的包装材料和容器的审批问题

《互联网药品交易服务审批暂行规定》对“互联网药品交易服务”的定义是包含直接接触药品的包装材料和容器的，但是，2006 年，国家局下发了《关于实施 <互联网药品交易服务审批暂行规定> 有关问题的补充通知》，对互联网药品交易的审批适用范围进行了调整。对提供直接接触药品的包装材料和容器的互联网交易服务，暂不进行审批。

（二）互联网药品交易服务的分类

互联网药品交易服务包括为药品生产企业、药品经营企业和医疗机构之间的互联网药品交易提供的服务（简称第一类）；药品生产企业、药品批发企业通过自身网站与本企业成员之外的其他企业进行的互联网药品交易以及向个人消费者提供的互联网药品交易服务（简称第二类）。

知识链接

第二类互联网药品交易服务有关本企业成员的解释

《互联网药品交易服务审批暂行规定》第三条对“本企业成员”的意思做了解释。本

企业成员是指企业集团成员或者提供互联网药品交易服务的药品生产企业、药品批发企业对其拥有全部股权或者控股权的企业法人。

三、申请提供互联网药品交易服务所需的条件

（一）第一类应当符合的设置标准

1. 依法设立的企业法人；

2. 提供互联网药品交易服务的网站已获得从事互联网药品信息服务的资格三个月以上，系统运行稳定并连续三个月无任何违法提供互联网药品信息服务的记录；

3. 申请企业拥有独立的机房和服务器，或将自有服务器托管于满足条件的互联网数据中心（IDC）机房；

4. 拥有与开展业务相适应的场所、设施、设备，并具备自我管理和维护的能力；

5. 具有健全的网络与交易安全保障措施以及完整的管理制度；

6. 具有完整保存交易记录的能力、设施和设备；

7. 具备网上查询、生成订单、电子合同、网上支付等交易服务功能；

8. 具有保证上网交易资料和信息的合法性、真实性的完善的管理制度、设备与技术措施；

9. 具有保证网络正常运营和日常维护的计算机专业技术人员，具有健全的企业内部管理机构和技术保障机构；

10. 具有药学或者相关专业本科学历，熟悉药品、医疗器械相关法规的专职专业人员组成的审核部门负责网上交易的审查工作。

（二）第二类应当符合的设置标准

1. 通过自身网站与本企业成员之外的其他企业进行互联网药品交易的药品生产企业和药品批发企业应当具备以下条件：

（1）提供互联网药品交易服务的网站已获得从事互联网药品信息服务的资格三个月以上，系统运行稳定并连续三个月无任何违法提供互联网药品信息服务的记录；

（2）申请企业拥有独立的机房和服务器，或将自有服务器托管于满足条件的互联网数据中心（IDC）机房；

（3）具有与开展业务相适应的场所、设施、设备，并具备自我管理和维护的能力；

（4）具有健全的管理机构，具备网络与交易安全保障措施以及完整的管理制度；

（5）具有完整保存交易记录的设施、设备；

（6）具备网上查询、生成订单、电子合同等基本交易服务功能；

（7）具有保证网上交易的资料和信息的合法性、真实性的完善管理制度、设施、设备与技术措施。

2. 向个人消费者提供互联网药品交易服务的药品零售连锁企业应当具备以下条件：

（1）依法设立的药品连锁零售企业；

（2）提供互联网药品交易服务的网站已获得从事互联网药品信息服务的资格三个月以上，系统运行稳定并连续三个月无任何违法提供互联网药品信息服务的记录；

（3）申请企业拥有独立的机房和服务器，或将自有服务器托管于满足条件的互联网数据中心（IDC）机房；

（4）具有健全的网络与交易安全保障措施以及完整的管理制度；

（5）具有完整保存交易记录的能力、设施和设备；

（6）具备网上咨询、网上查询、生成定单、电子合同等基本交易服务功能；

（7）对上网交易的品种有完整的管理制度与措施；

（8）具有与上网交易的品种相适应的药品配送系统；

（9）具有执业药师负责网上实时咨询，并有保存完整咨询内容的设施、设备及相关管理制度；

（10）从事医疗器械交易服务，应当配备拥有医疗器械相关专业学历、熟悉医疗器械相关法规的专职专业人员。

小贴士

不得申请互联网药品交易服务的单位

各级药品监督管理部门所管理的单位以及医疗单位开办的网站不得从事任何形式的互联网药品交易服务活动。

四、申请提供互联网药品交易服务需要提交的材料

首次申请互联网药品交易服务的申请单位，应当在国家食品药品监督管理总局网站（网址：www. sfda. gov. cn）在线申请（申请人务必记清网上申请成功后随机自动生成 ID 号码），同时提交以下申报资料：

1.《从事互联网药品交易服务申请表》（与在线申请内容一致）一式三份。

2. 申请单位的营业执照复印件。

3. 互联网药品交易服务的网站获准从事互联网药品信息服务资格证书复印件。

申请从事互联网药品交易服务的网站，必须是取得《互联网药品信息服务资格证书》至少期满三个月，系统运行稳定并且连续三个月内没有任何违法提供互联网药品信息服务记录的网站。

4. 业务发展计划及相关技术方案。

5. 交易用户与交易药品合法、真实、安全的管理措施说明及交易合同文书范本。

小贴士

合同文书应当包括的内容

提供互联网药品交易服务企业所制定的合同文书范本中，必须包括因产品信息的

真实性、交易产品的质量、达成交易后产品的配送、网络安全性等方面出现问题而导致有关方面利益受到损失时的责任约定内容。企业在提交申请资料时，需向药品监督管理部门提供合同文书的范本。

6. 保障网络和交易安全的管理制度及措施。

7. 规定的专业技术人员的身份证明、学历证明、职称证明复印件及简历。

8. 设备汇总表。

9. 开展业务的基本流程说明及相关材料。

10. 软件测评机构对相关功能模块以及系统安全性的测评报告（测评报告要根据国家食品药品监督管理总局出台的互联网药品交易服务系统软件测评大纲一、互联网药品交易服务系统软件测评大纲二的要求逐一进行测评）。

11. 企业法定代表人证明文件和企业各部门组织机构职能表。

12. 审批部门要求提供的其他材料。

13. 企业关于以上材料真实有效的声明。

小贴士

软件评测机构的资质要求

参与互联网药品交易服务平台软件测评的机构，要求至少获得中国实验室国家认可委员会认可，认可的检测能力范围应至少包括对软件产品功能性、可靠性及效率的测评。

五、申请提供互联网药品交易服务的审批程序

根据《国务院对确需保留的行政审批项目设定行政许可的决定》（国务院令第412号）和《互联网药品交易服务审批暂行规定》，国家食品药品监督管理总局对为药品生产企业、药品经营企业和医疗机构之间的互联网药品交易提供服务的企业进行审批。省级药品监督管理部门对本行政区域内通过自身网站与本企业成员之外的其他企业进行互联网药品交易的药品生产企业、药品批发企业和向个人消费者提供互联网药品交易服务的企业进行审批。简言之，国家食品药品监督管理总局负责对申请第一类互联网药品交易服务单位的审批，省级药品监督管理部门负责对申请第二类互联网药品交易服务单位的审批。

1. 第一类的审批程序

拟从事第一类互联网药品交易服务的单位，应向省级药品监督管理部门提出申请。省局对申请材料进行形式审查同意后，在10个工作日内转报国家食品药品监督管理总局。国家食品药品监督管理总局按照有关规定对申请材料进行审核，并在20个工作日内作出同意或者不同意进行现场验收的决定，并书面通知申请人，同时抄送受理申请的省级药品监督管理部门。国家食品药品监督管理总局同意进行现场验收的，应当在

20个工作日内对申请人按验收标准组织进行现场验收。验收不合格的，书面通知申请人并说明理由，同时告知申请人享有依法申请行政复议或者提起行政诉讼的权利；验收合格的，国家食品药品监督管理总局应当在10个工作日内向申请人核发并送达同意其从事互联网药品交易服务的互联网药品交易服务资格证书。

具体审批流程图如下：

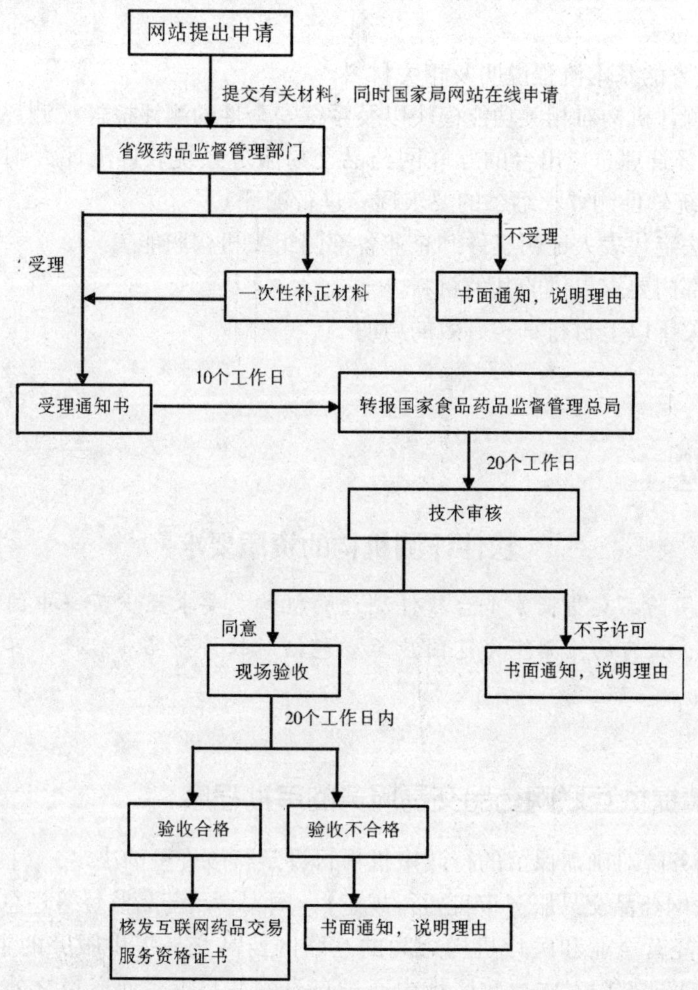

2. 第二、第三类的审批程序

拟从事第二类互联网药品交易服务的单位，应当向企业所在地市药品监督管理部门提出申请。省级药品监督管理部门按照有关规定对通过自身网站与本企业成员之外的其他企业进行互联网药品交易服务的药品生产企业、药品批发企业和向个人消费者提供互联网药品交易服务的申请人提交的材料进行审批，并在20个工作日内作出同意或者不同意进行现场验收的决定，并书面通知申请人。省、自治区、直辖市药品监督管理部门同意进行现场验收的，应当在20个工作日内组织对申请人进行现场验收。验收不合格的，书面通知申请人并说明理由，同时告知申请人享有依法申请行政复议或者提起行政诉讼的权利；经验收合格的，省、自治区、直辖市药品监督管理部门应当在10个工作日内向申请人核发并送达同意其从事互联网药品交易服务的互联网药品交易服务资格证书。

具体审批流程图如下：

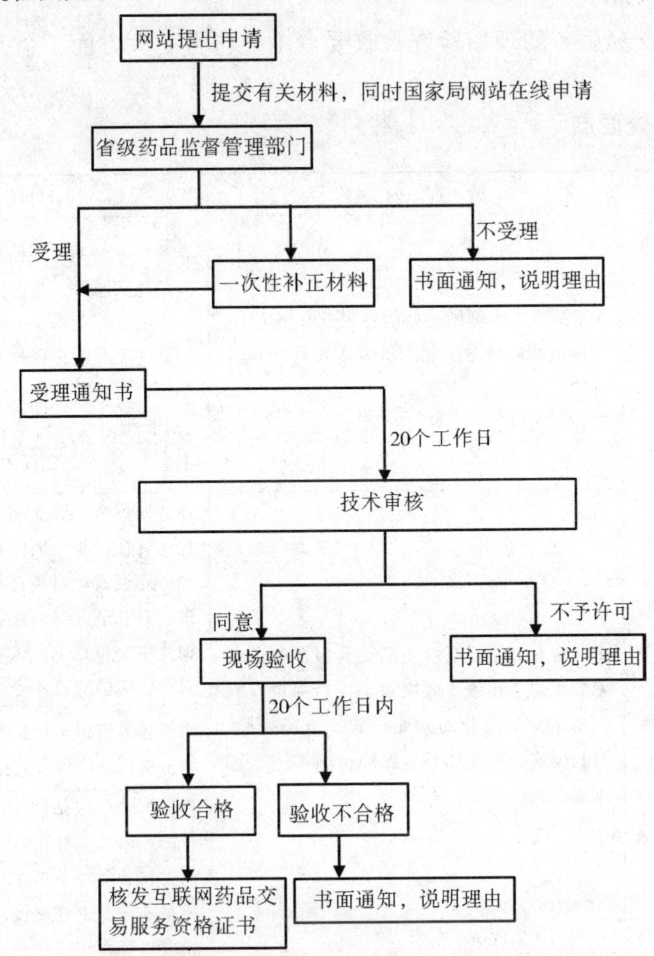

六、互联网药品交易服务的现场检查

为统一互联网药品交易服务验收标准，规范现场检验程序，保证验收工作质量，根据《互联网药品交易服务审批暂行规定》及《互联网药品交易服务机构验收标准》，国家食品药品监督管理局制定了互联网药品交易服务检查验收标准实施细则（简称实施细则）。实施细则分为验收标准一和验收标准二。验收标准一是针对第一类互联网药品交易服务的现场验收，验收标准二是针对第二类互联网药品交易服务的现场验收。

（1）验收标准一的检查项目共39项，其中必须项目11项（条款前加“＊＊”），重要项目（条款前加“＊”）15项，一般项目13项。验收标准二的检查项目共20项，其中必须项目6项（条款前加“＊＊”），重要项目（条款前加“＊”）7项，一般项目7项。

（2）现场检查时，应对检查的项目及其涵盖的内容进行全面检查，并逐项做出“通过”或者”未通过”的评定。

（3）评分规则：基础分值为100分，未通过的条款，按其分值进行扣除，如果验收后分值大于或等于60分（即未通过条款扣除的分值少于40分），则视为现场验收合格；否则为现场验收不合格，不予发放互联网药品交易服务资格证书。

(一) 检查要点

互联网药品交易服务的现场检查验收要点主要包含三大方面：企业管理、数据管理和技术管理。

1. 第一类检查要点

<table>
<tr><th></th><th>条款</th><th>检 查 内 容</th><th>检查办法及细则</th></tr>
<tr><td rowspan="9">企业管理</td><td rowspan="2">1－1＊＊</td><td rowspan="2">企业应具有互联网药品信息服务资格证书、营业执照以及与执业人员要求相符的执业证明</td><td>查看《互联网药品信息服务资格证书》，营业执照原件，并查验是否在有效期内</td></tr>
<tr><td>查看药品及医疗器械相关专业技术人员学历证明及其专业技术资格证书复印件（执业药师或医药专业中级以上职称证书等）、公司法定代表人身份证复印件</td></tr>
<tr><td rowspan="3">1－2＊</td><td rowspan="3">企业应有关于互联网药品交易服务的业务发展规划。业务发展规划必须对提供互联网药品交易服务的商业模式、市场目标、盈利模式、组织体系、保障措施等进行详细说明</td><td>业务发展规划的商业模式应清晰明确，描述其在行业中地位及其所提供的服务和产品模式；市场目标清晰、具体、合理，有三至五年的业务发展规划；盈利模式主要包括其收入模式，即对收费项目存在明确的界定</td></tr>
<tr><td>组织体系应包括企业内部的组织结构图、业务部门的岗位及人员设置</td></tr>
<tr><td>保障措施应包括健全的管理机构、具备保障网络及交易安全的措施及管理制度、对交易各个环节可能出现的风险控制措施或手段。上述制度或措施应具有针对性和可操作性</td></tr>
<tr><td rowspan="3">1－3＊＊</td><td rowspan="3">企业应具有承担数据管理、技术维护、客户服务、交易审查等专项职能的部门，且拥有相应的场所、设施，并具备自我管理和维护的能力</td><td>各部门需有相应的管理制度，每个部门配有能胜任相应职责的工作人员</td></tr>
<tr><td>企业应该拥有自有服务器，并拥有独立的机房，或者将自有服务器托管于 IDC 机房（Internet Data Center 互联网数据中心），人员有独立办公场所</td></tr>
<tr><td>交易审查部门应制定产品订单审核制度，并制定相应的操作规程。交易审查部门的人员应具有药品或相关专业本科学历，熟悉药品、医疗器械相关法律法规</td></tr>
<tr><td>1－4</td><td>企业应具备现场的客户服务能力，制定并遵守相应的客户服务流程规范和操作规范，建立相应的现场客户服务制度，配备现场客户服务人员、设备，并由专门人员指导、督促制度的执行</td><td>查看企业制定的客户服务管理制度及操作规范；查看企业的岗位设置描述，检查是否有负责现场客户服务的岗位及人员，是否配备能够满足对客户现场服务的办公设备，是否设置了监督电话，客户服务热线电话以及客户服务邮箱等</td></tr>
</table>

续表

	条款	检查内容	检查办法及细则
企业管理	1-5	企业应建立完善的客户资料管理体系，并能够随时汇总和提供完整准确的客户资料和信息备查，以及与之配套的场地、人员、设备	在交易系统中查看录入至系统的客户资料信息，并随机挑选若干个客户，要求与资料柜中所对应的客户纸质资料信息一致；查看企业的岗位设置描述，检查是否有负责客户资料管理的岗位及人员
	1-6**	企业与其服务的客户之间，应制定明确的法律合同文书范本，范本中必须明确双方的权利义务以及违约责任，特别要明确由于网络安全问题导致用户利益受到损失时的责任约定	查看企业制定的合同文书范本，并检查范本中是否明确双方的权利义务和违约责任，特别要重点查看合同范本中对提供交易产品信息的真实性、交易产品的质量、交易达成后产品的配送以及由于网络安全问题导致的用户利益受到损失时与其服务的对象间的责任约定
数据管理	1-7**	企业应建立医疗机构、药品生产企业、经营企业、产品等基本信息库，及相应资质文档管理库	进入系统查看数据库是否存在，各数据库是否有独立的界面供访问，各数据库数据量应满足业务要求
	1-8	上述基本信息库应当准确反映医疗机构、药品生产企业、经营企业、产品的实际情况，数据管理部门必须建立完善的数据更新管理制度，应做到及时收集、更新各种有效、合法、准确的基本信息数据	根据已有客户的资料，随机挑选，在数据库中查询 查看数据管理部门的数据更新管理制度，检查是否全面包括了数据的搜集、更新、甄别、使用等方面
	1-9*	企业基本信息库中每个医疗机构、药品生产企业、经营企业对应唯一的机构编码，数据内容应至少包括如下基本信息：编码、名称、地址、等级（专指医疗机构）、联系方式、执照信息、许可证信息、认证信息等基本内容	分别查看相关基本信息库结构字段 在信息库中，随机挑选数据对比验证是否能够保证编码的唯一性 在信息库中，随机挑选数据来验证是否包含了编码、名称、地址、等级（专指医疗机构）、联系方式、营业执照信息，生产（经营）许可证信息，企业、产品认证信息，（上述应包括企业名称、注册地址、法定代表人、生产（经营）许可证号、生产地址、生产（经营）范围、有效截止日期、GSP 认证信息、GMP 认证信息）、组织机构代码等基本信息
	1-10*	产品基本信息库中每个产品对应唯一的产品编码，数据内容应至少包括如下基本信息：产品编码、产品名称、产品分类、剂型、规格，并以产品批准证明文件为依据	查看产品数据库的编码规则、结构字段 随机挑选数据验证是否与编码规则一致，是否能够保证编码的唯一性 随机挑选数据条来验证是否包含了产品编码、产品名称、产品分类、剂型、规格等基本信息，并检查是否与产品批准证明文件一致

续表

	条款	检查内容	检查办法及细则
数据管理	1-11**	企业、产品资质文档基本信息库应至少包括企业资质相关证明文件信息、产品的批准证明文件信息、产品说明书信息、包装、标签信息及其他可证明药品合法性的相关文件信息	随机查验是否包含了企业、产品的资质文档基本信息 企业资质文档基本信息包括：企业生产许可证、GMP、经营许可证、GSP、营业执照；产品资质文档基本信息包括：产品名称（通用名、商品名）、产品的基本属性（包括药品的产品编码、剂型、规格、包装单位转换比、医保类型、国家基本药物、OTC、质量标准类别，质量标准编号、新药、优质优价中成药、中药保护品种、委托加工、物价）、批准证明文件信息（产品批准文号或进口产品注册证号）、包装标签（指经药监部门批准印刷的包装设计图）、说明书信息
	1-12**	参与互联网药品交易的各方企业及产品均须有纸质资质文档备案。至少保存3年，可供随时查证，数据项错误率应低于千分之五。企业需有相应的档案管理及存放的配套制度和场地、人员、设备	企业应保存所有企业及产品的纸质资质文件，从企业、产品基本信息库及资质文档信息库中各随机挑选数据对照查找相应的纸质文件，对照后差错不能超过千分之五
			查看企业的档案管理及有关制度，检查是否有负责纸质档案管理的岗位及人员，查看该岗位的职责描述
			查看是否拥有独立封闭、能够满足三年纸质文档存储场地，该场地必须具备通风、防火、安全及相应的存储条件
	1-13**	企业数据管理人员必须熟悉有关药品管理法律法规，熟悉临床常用药品知识，并且具备对数据质量负责的能力和专业水平。数据管理部门配备的人员中，具有国家承认的药学专业本科以上学历的人员比例不得少于数据管理人员总数的50%；具有执业药师（含执业中药师）资格的人员比例不得少于数据管理人员的20%，且总数不得少于2名。专业人员需出具相应执业证明以及专业技术证书	查看企业数据管理人员的劳动合同，并查看执业药师注册证书或专业人员的执业证明以及专业技术证书原件，以验证是否达到标准规定的人员比例要求
	1-14*	企业应当具有保障参与互联网药品交易企业和药品合法、合规性的管理办法和具体措施	查看企业数据管理部门制定的保障参与互联网药品交易企业和药品合法、合规性的管理办法和具体措施

续表

	条款	检查内容	检查办法及细则
技术管理	1－15＊	企业应当建立完整、规范的数据管理流程，对数据的采集、存贮、加工、提取、发布等相关环节进行明确的说明，并有专人负责监督、实施，对数据的操作需有详细纪录，能够随时查证	查看企业的数据管理流程是否明确，全面和规范，是否覆盖了数据管理的各个环节
			查看企业的岗位设置描述，检查是否有负责对数据管理流程进行监督实施的岗位及人员
			检查数据操作的实际记录，是否明确、详细
	1－16＊＊	企业技术部门应提供详细的系统技术方案，应包括：系统分析和设计报告；系统安全解决方案；系统安全管理机构及制度。以上所提系统方案，均需具有所对应的各种软硬件设施	查看企业提供的详细系统技术方案，检查是否包含所规定的各个部分
			根据系统技术方案，检查各项软硬件设施是否存在并正常运行，检查企业互联网药品交易系统在互联网接入带宽、机房电力供应保障、系统应用能力负载、数据备份和灾难备份、网络安全等方面的软硬件设备资料： 对于拥有独立机房的企业，要求有足够的互联网接入带宽满足交易服务，能至少支持8小时的不间断电源、保持恒温、双路供电；对于将自有服务器托管于（Internet Data Center 互联网数据中心）机房的企业，在托管合同中必须明确说明所提供的机房条件不低于上述要求，通过查看托管合同验证；系统软硬件，包括服务器、系统软件、应用软件、防火墙、入侵检测系统等，须提供采购合同
	1－17	系统分析和设计报告，应当至少包含如下内容：	检查系统分析和设计报告，是否准确、全面
		系统体系结构	检查系统体系结构是否合理，是否能满足安全及扩展性的需要
		网络结构	检查网络结构是否有安全，快速，是否有冗余设计，是否能满足内部用户和外部用户的各项要求
		应用软件架构	检查所采用应用软件的主要技术特点和指标，查看相应软件合同或授权
		关键技术描述	检查关键技术的难点和实现方式
	1－18＊	系统安全解决方案，应当至少包含如下内容： 系统资产，关键业务信息 可能攻击源的综合性分析 清晰明确的安全指标 采用的安全手段和方法 保证交易数据的安全、完整、准确与不可抵赖	检查系统安全解决方案，是否准确、全面 提交经过国家有关部门认可的评测机构提供的系统安全综合测评报告

续表

	条款	检查内容	检查办法及细则
技术管理	1-19	系统安全管理机构及制度，包含与系统安全相关的机构设置，岗位职责，以及相应的管理制度，其中管理制度应当至少包括：	查看安全管理机构设置是否合理、相应的岗位职责描述清晰，管理制度是否全面
		人员制度	检查人员管理制度是否明确、完善
		机房管理制度	检查机房管理制度是否明确、完善
		运行安全制度	检查运行安全制度是否明确、完善
		备份恢复制度	检查备份恢复制度是否明确、完善
	1-20**	企业为保证交易服务和审查所建立的技术系统，应至少包括数据管理子系统；合同成交子系统；订单管理子系统；结算子系统；监管子系统	现场演示，是否具备相应的功能模块
	1-21*	数据管理子系统应至少包含如下功能： 产品信息管理 企业信息管理 产品及企业资质信息管理	现场详细演示该功能模块，并提交国家有关部门认可的软件评测机构对该模块功性能的测评报告
	1-22*	合同成交子系统应至少包含合同管理功能，支持电子合同功能，并依照电子签名法的相关规定进行电子签名	现场详细演示该功能模块，并提交国家有关部门认可的软件评测机构对该模块功性能的测评报告 对电子签名，查看与合法的数字证书发放机构签订的合作合同以及对方加盖公章的营业执照和相应许可证的复印件
	1-23*	订单管理子系统应至少包含如下功能：制定采购计划；供应商确认定单；药品发货处理；药品到货确认；退货处理；交易记录查询系统；交易客户管理系统	现场演示，查看是否具备相应的功能模块
	1-24*	制定采购计划模块应当至少满足药品生产、经营企业和医疗机构实时制定电子采购计划、生成订单等功能	现场详细演示各功能模块，并提交国家有关部门认可的软件评测机构对该模块功性能的测评报告
	1-25*	供应商确认定单模块应当至少具有满足药品供应商查看并确认采购定单的功能	现场详细演示各功能模块，并提交国家有关部门认可的软件评测机构对该模块功性能的测评报告
	1-26*	药品发货处理模块应至少具有药品供应商对确认采购定单进行发货记录，支持多次发货等功能	现场详细演示各功能模块，并提交国家有关部门认可的软件评测机构对该模块功性能的测评报告
	1-27*	药品到货确认模块应至少具有对药品到货的情况进行详细记录的功能	现场详细演示各功能模块，并提交国家有关部门认可的软件评测机构对该模块功性能的测评报告
	1-28	退货处理模块应当至少具有可新建退货记录，对未完成的退货记录的维护和管理等功能	现场详细演示各功能模块

续表

	条款	检查内容	检查办法及细则
技术管理	1－29	交易记录查询系统应当可实时、快速、准确地查询每一笔交易记录	现场详细演示各功能模块
	1－30	交易客户管理系统应当可实时、快速、准确地查询客户的交易权限及当前状态	现场详细演示各功能模块
	1－31＊	互联网药品交易结算子系统应包含如下功能：应付账款管理；应收帐款管理；交易服务费管理；交易结算	现场演示，查看是否具备相应的功能模块
	1－32	应付账款管理模块应当至少满足可实时、快速、准确地对药品经营企业和医疗机构对交易所形成的应付账款进行查询和管理	现场详细演示各功能模块，并提交国家有关部门认可的软件评测机构对该模块功性能的测评报告
	1－33	应收账款管理模块应当至少满足可实时、快速、准确地对药品生产、经营企业对交易所形成的应收账款进行查询和管理	现场详细演示各功能模块，并提交国家有关部门认可的软件评测机构对该模块功性能的测评报告
	1－34	交易服务费管理模块应当至少满足可实时、快速、准确地对交易双方以及交易服务机构对交易服务费以及预收款的查询和管理	现场详细演示各功能模块，并提交国家有关部门认可的软件评测机构对该模块功性能的测评报告
	1－35＊＊	交易结算模块应至少满足交易双方和交易服务机构按照预先设定的交易规则或自主通过交易平台与金融机构的支付网关进行交易相关款项的结算划拨，并形成相关的结算单据。交易结算子系统应当功能完善，对各种交易账目进行安全可靠的记录，并可随时进行查询管理，实时生成各种结算单据	现场演示该功能模块，并提交国家有关部门认可的软件评测机构对该模块功性能的测评报告 查看系统的网上支付交易规则是否完善合理；查看与金融机构签订的网上支付协议
	1－36＊	交易服务信息系统监管子系统应包含如下功能：投诉处理；信息发布；市场与交易监管	现场演示，查看是否具备相应的功能模块
	1－37	投诉处理模块应至少可满足接受并处理药品生产、经营企业或者医疗机构的投诉信息	现场详细演示各功能模块
	1－38	信息发布模块应至少可满足收集并发布有关药品、药品生产、经营企业和医疗机构的各种处罚、表扬和相关政策信息	现场详细演示各功能模块
	1－39＊＊	市场与交易监管模块应可供政府主管部门即时查看完成交易的情况，至少包括交易产品的名称、批号、生产企业、交易数量、买卖双方信息，并随时对已发生的交易进行数据查询、汇总。每条交易记录的保存期至少不低于合同经济纠纷的追索期	现场详细演示各功能模块，并提交国家有关部门认可的软件评测机构对该模块功性能的测评报告

2. 第二类检查要点

条款		检查内容	检查办法及细则
企业管理	2-1**	企业应具有互联网药品信息服务资格证书、营业执照以及其他必备的与从事药品生产、经营相关的许可证、认证证书	查验《互联网药品信息服务资格证书》和营业执照原件，药品经营企业需提供GSP证书原件及经营许可证原件，药品生产企业需提供GMP证书原件及生产许可证原件，并查验上述证书是否在有效期内
	2-2*	企业应提供业务发展计划，对互联网药品交易服务的模式、组织体系、保障措施等提供详尽说明	企业业务发展计划应包括市场分析、服务内容、服务对象、发展计划、组织体系、资金计划、技术保障等内容。模式应清晰明确，能完整描述整个业务流程中网下业务与网上业务之间的关系，整体的交易流程
			组织体系应包括企业内部的组织结构图、业务部门的岗位及人员设置
			保障措施应包括健全的管理机构、具备保障网络及交易安全的措施及管理制度、对交易各个环节可能出现的风险控制措施或手段。上述制度或措施应具有针对性和可操作性
	2-3**	企业应具有承担数据管理、技术维护、客户服务、交易审查等专项职能的部门及人员，且拥有相应的场所、设施，并具备自我管理和维护的能力	各部门需有相应的管理制度，每个部门配有能胜任相应职责的工作人员
			企业应该拥有自有服务器，并拥有独立的机房，或者将自有服务器托管于合格的IDC机房（Internet Data Center 互联网数据中心），人员有独立办公场所
			交易审查部门应制定产品订单审核制度，并制定相应的操作规程。交易审查部门的人员应具有药品或相关专业本科学历，熟悉药品、医疗器械相关法律法规
			客户服务部门应制定产品配送制度，并制定相应的操作规程。客户服务部门的人员应具有药品或相关专业本科学历，熟悉药品、医疗器械相关法律法规
	2-4*	提供互联网药品交易服务的企业，应与其客户签署明确的法律合同文书范本，范本中必须明确双方的权利义务以及违约责任，特别要明确由于网络安全问题导致用户利益受到损失时的责任约定	查看企业制定的合同文书范本，并检查范本中是否明确双方的权利义务和违约责任，特别要重点查看合同范本中对因产品信息的真实性、交易产品的质量、交易达成后产品的配送以及由于网络安全问题导致的用户利益受到损失时双方的责任约定 向个人消费者提供互联网药品交易服务的企业，必须向消费者明示双方的权利、义务以及违约责任

续表

	条款	检查内容	检查办法及细则
数据管理	2-5*	企业数据管理部门应当为客户服务部门建立产品信息和产品资质文件数据库	查看系统提供的数据库中是否包括产品信息和产品资质文件信息，并提供独立的界面供访问
			产品信息及产品资质信息至少应包含本企业经营或生产的品种数据；对于零售连锁企业，向公众提供可通过互联网购买的产品数据只能是非处方药品种的数据
	2-6*	产品及产品资质信息数据库应当具有科学、规范、实用的编码体系，须保证每个产品在数据库中有唯一编码，产品的规格、剂型，应以药品批准证明文件为依据，并按国家相关规定进行分类。数据内容应至少包括如下基本信息： 药品编码、药品名称、药品分类、剂型、规格、药品批件信息、认证情况、检验合格情况	在数据库中，随机挑选数据验证产品信息是否包含了药品编码、药品名称、药品分类、剂型、规格等基本信息，并检查药品的通用名、产品的规格、剂型是否与药品批准证明文件相符；产品资质文件信息是否包含了药品批件信息（药品批准文号或进口药品注册号）；认证情况（GMP 认证）、检验合格情况（药检报告）等内容 向个人消费者提供互联网药品交易服务的，需提供对药品合法性相关信息的查询方式
	2-7**	产品信息及产品资质信息数据库应与产品纸质资质文件一致并及时更新，能随时查证，数据错误率应低于千分之五。企业需有相应的档案管理及存储相配套制度、场地、人员、设备	企业应保存所有产品的纸质资质文件（包括认证文件，批准文件，检验报告），从产品信息和产品资质文件数据库中随机挑选数据对照查找相应的纸质文件，对照后差错不能超过千分之五
			查看企业的档案管理及有关制度，检查是否有负责纸质档案管理的岗位及人员，查看该岗位的职责描述
			查看是否拥有独立封闭、能够存储纸质文档的场地，该场地必须具备通风、防火、安全及相应的存储条件
	2-8	上述产品信息及产品资质信息数据库应当准确反映产品的实际情况，产品各种信息的内容必须真实可靠，数据管理部门必须建立完善的数据更新管理制度，应做到及时收集、更新各种有效、合法、准确的企业及产品信息数据	查看数据更新管理制度是否详细、合理
			检查企业的信息数据是否与 SFDA 基础数据库和其他权威数据一致，并及时更新

续表

	条款	检查内容	检查办法及细则
数据管理	2-9**	数据管理人员必须熟悉有关药品管理法律法规，熟悉临床常用药品知识，并且具备对数据质量负责的能力和专业水平，专业人员需出具相应执业证明以及专业技术证书。数据管理部门配备的人员中，具有国家承认的药学专业本科以上学历的人员比例不得少于数据管理人员总数的50%；零售连锁企业中具有执业药师（含执业中药师）资格的人员比例不得少于数据管理人员的20%，提供在线购药咨询的执业药师总数不得少于2名	查看企业数据管理人员的劳动合同，并查看执业药师注册证书或医疗器械相关专业证书，验证是否达到标准规定的人员比例要求
技术管理	2-10**	企业技术部门应提供详细的系统技术方案，应包括：系统分析和设计报告；系统安全解决方案；系统安全管理机构及制度。以上所提系统方案，均需具有所对应的各种软硬件设施	查看企业提供的详细系统技术方案，检查是否包含所规定的各项内容
			根据系统技术方案，检查各项软硬件设施是否存在并正常运行，检查企业互联网药品交易系统在互联网接入带宽、机房电力供应保障、系统应用能力负载、数据备份和灾难备份、网络安全等方面的软硬件设备资料： 对于拥有独立机房的企业，要求有足够的互联网接入带宽满足交易服务，能至少支持8小时的不间断电源、保持恒温、双路供电；对于将自有服务器托管于IDC机房（Internet Data Center 互联网数据中心）的企业，在托管合同中必须明确说明所提供的机房条件不低于上述要求，通过查看托管合同验证；系统软硬件，包括服务器、系统软件、应用软件、防火墙、入侵检测系统等，须提供采购合同
	2-11	系统安全解决方案，应当至少包含如下内容： 系统资产，关键业务信息 可能攻击源的综合性分析 清晰明确的安全指标 采用的安全手段和方法 保证交易数据的安全、完整、准确与不可抵赖	检查系统安全解决方案，是否准确、全面； 提交经过国家有关部门认可的软件评测机构对该系统安全综合测评报告

续表

	条款	检查内容	检查办法及细则
技术管理	2－12	系统安全管理机构及制度，包含与系统安全相关的机构设置，岗位职责，以及相应的管理制度，其中管理制度应当至少包括：	查看安全管理机构设置是否合理、相应的岗位职责描述清晰，管理制度是否全面
		人员管理制度	检查人员管理制度是否明确、完善
		机房管理制度	检查机房管理制度是否明确、完善
		运行安全制度	检查运行安全制度是否明确、完善
		备份恢复制度	检查备份恢复制度是否明确、完善
	2－13＊	企业技术支撑部门应当建立交易服务信息子系统和交易服务监管子系统 交易服务信息子系统应至少包括数据管理子系统；浏览查询子系统；交易管理子系统；结算管理子系统 交易服务监管子系统应包含如下功能：投诉处理；信息发布；市场与交易监管	现场演示，查看是否有交易服务信息子系统和交易服务监管子系统功能模块
	2－14	数据管理子系统应当至少能满足对交易产品的数据管理和交易中用户的数据管理，能够实时、快速、准确的查询、汇总产品信息和用户信息	现场详细演示该功能模块，并提交国家有关部门认可的软件评测机构对该模块功性能的测评报告
	2－15	浏览查询子系统应当至少能够为用户提供多种方便灵活的方式，让用户通过系统对交易药品进行查看，并提供实时在线咨询服务	现场详细演示该功能模块
	2－16＊	交易管理子系统应当至少可满足如下功能：对买方和卖方的药品交易进行撮合，达成交易价格以及相关成交条件，签订成交合同，并在成交合同的基础上提供订购和配送等相关服务。交易进展情况应当可供实时查询	现场详细演示该功能模块，并提交国家有关部门认可的软件评测机构对该模块功性能的测评报告
	2－17＊	结算管理子系统应当至少可记录与交易相关的资金结算信息，系统必须具备网上支付功能，在需要的情况下通过支付网关，按照预先设定的交易规则，通过金融机构进行在线资金结算	现场演示该功能模块，并提交国家有关部门认可的软件评测机构对该模块功性能的测评报告 查看系统的网上支付交易规则，查看企业是否有资金结算管理制度 查看与金融机构签订的网上支付协议；目前仅暂时认可与银行签署的网上支付协议
	2－18	投诉处理模块应至少可接受并处理药品生产、经营企业或者医疗机构以及消费者的投诉信息	现场演示该功能模块
	2－19	信息发布模块应至少可收集并发布有关药品、药品生产及经营企业和医疗机构的各种处罚、表扬和相关政策信息，并保障上述信息与国家权威部门信息发布一致	现场演示该功能模块

续表

	条款	检 查 内 容	检查办法及细则
技术管理	2－20＊＊	市场与交易监管模块应可供政府主管部门即时查看完成交易的情况，至少包括交易产品的名称、批号、生产企业、交易数量、买卖双方信息，并随时对系统中发生的交易行为进行数据查询、汇总。每条交易记录的保存期至少不低于合同经济纠纷的追索期	现场演示该功能模块，并提交国家有关部门认可的软件评测机构对该模块功性能的测评报告

知识链接

现场检查验收人员的要求

药品监督管理部门应选择具有一定专业知识的人员做为现场检查员。选派人员不少于2名，现场检查员必须严格遵守有关法律法规，在现场验收前，向被验收单位负责人宣读《互联网药品交易服务机构验收检查纪律》；在验收结束时，对现场验收工作中遵守纪律的情况进行签字确认。

七、互联网药品交易服务资格证书的管理

（一）互联网药品交易服务资格证书的核发

1. 证书的发放部门

第一类《互联网药品交易服务资格证书》由国家食品药品监督管理总局审批并核发；第二类《互联网药品交易服务资格证书》由省级食品药品监督管理部门审批并核发。

已取得《互联网药品交易服务资格证书》的企业，其所属的子公司或分公司在该企业已获批准的互联网药品交易服务网站上开展互联网药品交易服务活动的，无需向药品监督管理部门提出申请。但是，已取得《互联网药品交易服务资格证书》的企业必须将允许使用其网站从事互联网药品交易服务的子公司或分公司的名单报原审批部门备案。

2. 证书的编号

（1）为药品生产企业、药品经营企业和医疗机构提供互联网药品交易服务的资格证书编号：

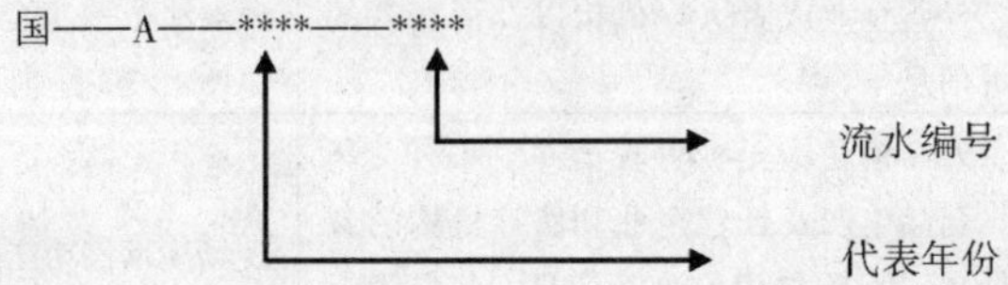

（2）通过自身网站与本企业成员之外的其他企业进行互联网药品交易服务的资格

证书编号：

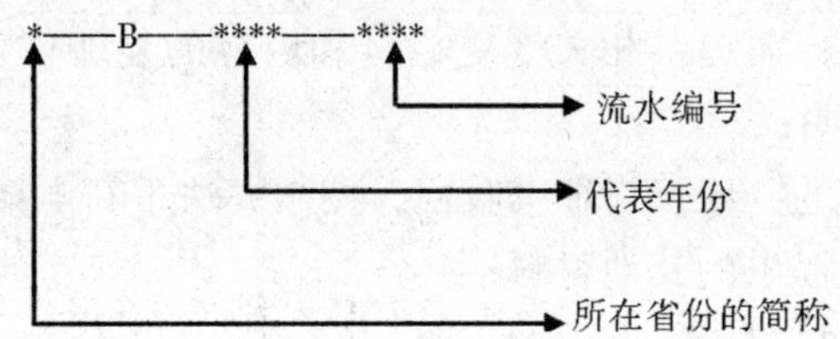

（3）向个人消费者提供互联网药品交易服务的资格证书编号

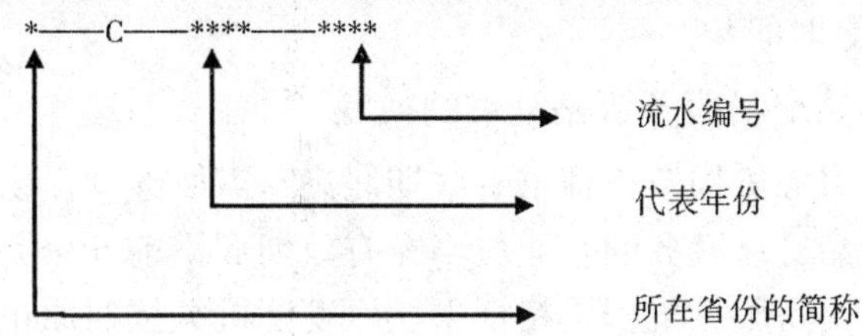

注：资格证书中的 A、B、C 分别代表不同的互联网药品交易服务范围。

知识链接

互联网药品交易服务资格证书的查询

依法取得《互联网药品交易服务资格证书》，可以从事互联网药品交易服务的网站的详细信息请登录国家食品药品监督管理总局在线查询。具体查询步骤为：国家食品药品监督管理总局网站（www. sfda. gov. cn）→信息公开→数据查询→其他→互联网药品交易服务。截止 2014 年 7 月 17 日，全国取得《互联网药品交易服务资格证书》的单位共有 283 家。其中，从事第一类互联网药品交易服务的单位 13 家，从事第二类互联网药品交易服务的单位 270 家，其中，B2B71 家，B2C 即可以针对个人消费者销售非处方药的单位 199 家。

（二）互联网药品交易服务资格证书的变更

1. 需申请变更的事项及要求

提供互联网药品交易服务的企业变更网站网址、企业名称、企业法定代表人、企业地址等事项的，应提前 30 个工作日向原审批部门申请办理变更手续，变更程序与原申请程序相同。

2. 申请变更需要提交的材料

变更互联网药品信息服务许可项目也应当在国家食品药品监督管理总局网站（网址：www. sfda. gov. cn）在线申请，同时向原发证机关提交以下申报资料：

（1）《互联网药品交易服务项目变更申请表》（与在线申请内容一致）一式三份；

（2）《互联网药品交易服务资格证书》正、副本原件和复印件；

（3）变更互联网药品交易服务单位名称，需提供变更后的《营业执照》复印件；

（4）变更网站名称、网站主服务器所在地地址/域名/IP 地址、网站其他服务器所在地地址/域名/IP 地址，应提供相关证明文件；

（5）变更法定代表人、网站负责人需提供人事任免决定和身份证复印件及简历；

（6）变更网站栏目，需提供相关变更栏目和内容的复印件，以及在线浏览网站变更内容的方法及操作说明；

（7）变更服务范围的，原资格证书收回，按本办法重新申请；

（8）审批部门要求提供的其他材料；

（9）企业关于以上材料真实有效的声明。

3. 变更后的《互联网药品交易服务资格证书》的“证书编号”、“有效期”不变，“发证时间”为新变更时间

（三）互联网药品交易服务资格证书的换发

互联网药品交易服务机构资格证书有效期届满，需要继续提供互联网药品交易服务的，提供互联网药品交易服务的企业应当在有效期届满前6个月内，向原发证机关申请换发互联网药品交易服务机构资格证书。原发证机关按照原申请程序对换证申请进行审核，认为符合条件的，予以换发新证；认为不符合条件的，发给不予换证通知书并说明理由，原互联网药品交易服务机构资格证书由原发证机关收回并公告注销。原发证机关应当在互联网药品交易服务机构资格证书有效期届满前作出是否准予换证的决定。逾期未作出决定的，视为准予换证，原发证机关应当在30个工作日内予以补办手续。

申请单位申请换发新证时应在国家食品药品监督管理总局政府网站在线申请，同时提交与在线申请内容一致的纸质《换发互联网药品交易服务资格证书申请表》一式三份，其中一份由负责审批的食品药品监督管理部门保存，一份由食品药品监督管理部门报同级信息产业部门备案，一份由申请单位留存。

（四）互联网药品交易服务资格证书的补发

在证书有效期内遗失、损毁的，持证企业在原发证机关指定的媒体上登载遗失声明后，到原发证机关补发。

小贴士

关于互联网药品交易服务资格证书补发的规定

现行的《互联网药品交易服务审批暂行规定》没有对《互联网药品交易服务资格证书》的补发做出规定。但是，这种现象在现实中又是确实存在的，笔者认为，在国家食品药品监督管理局对证书的补发未做出明确规定之前，各有关单位和组织在申请补发证书时应遵从申请单位所在地省级食品药品监管部门的规定及要求。

（五）互联网药品交易服务资格证书的收回

1. 依申请的收回

根据提供互联网药品交易服务的企业的书面申请，省、自治区、直辖市（食品）

药品监督管理部门可以收回互联网药品交易服务机构资格证书，报国家食品药品监督管理局备案并公告注销。互联网药品交易服务机构资格证书被收回的，不得继续从事互联网药品交易服务。

2. 不符合换证条件的收回

不符合换证条件的，发给不予换发新证的通知并说明理由，原《互联网药品信息服务资格证书》由原发证机关收回并公告注销。

3. 变更服务范围的收回

提供互联网药品交易服务的企业变更服务范围的，原有的资格证书收回，按互联网药品交易服务审批暂行规定的要求重新申请，重新审批。

（六）互联网药品交易服务资格证书的撤销

1. 提供互联网药品交易服务的企业有下列情形之一且情节严重的，撤销其互联网药品交易服务机构资格，并注销其互联网药品交易服务机构资格证书：

（1）未在其网站主页显著位置标明互联网药品交易服务机构资格证书号码的；

（2）超出审核同意范围提供互联网药品交易服务的；

（3）为药品生产企业、药品经营企业和医疗机构之间的互联网药品交易提供服务的企业与行政机关、医疗机构和药品生产经营企业存在隶属关系、产权关系或者其他经济利益关系的；

（4）有关变更事项未经审批的。

2. 提供互联网药品交易服务的企业为未经许可的企业或者机构交易未经审批的药品提供服务的，药品监督管理部门依照有关法律法规给予处罚，撤销其互联网药品交易服务机构资格，并注销其互联网药品交易服务机构资格证书，同时移交信息产业主管部门等有关部门依照有关法律、法规规定予以处罚。

3. 为药品生产企业、药品经营企业和医疗机构之间的互联网药品交易提供服务的企业直接参与药品经营的，药品监督管理部门依照《中华人民共和国药品管理法》第七十三条进行处罚，撤销其互联网药品交易服务机构资格，并注销其互联网药品交易服务机构资格证书，同时移交信息产业主管部门等有关部门依照有关法律、法规规定予以处罚。

4. 向个人消费者提供互联网药品交易服务的药品连锁零售企业在网上销售处方药或者向其他企业或者医疗机构销售药品的，药品监督管理部门依照药品管理法律法规给予处罚，撤销其互联网药品交易服务机构资格，并注销其互联网药品交易服务机构资格证书，同时移交信息产业主管部门等有关部门依照有关法律、法规的规定予以处罚。

5. 提供虚假材料申请从事互联网药品交易服务取得互联网药品交易服务机构资格证书的，药品监督管理部门应当撤销其互联网药品交易服务机构资格证书，三年内不受理其从事互联网药品交易服务的申请。

1. 互联网药品交易服务分为几类？不同类别的单位申请互联网药品交易服务所需的条件有哪些相同点和不同点？

2. 第二类互联网药品交易服务现场验收应注意哪些内容？

3. ××药品零售连锁有限公司于2009年6月22日取得互联网药品交易服务资格证书，2014年7月21日，日常监督检查发现，该企业在其网站上销售左氧氟沙星滴眼液，宣称安全无毒副作用。请问：该企业存在哪些问题？该如何改正？

第三节 监督管理

随着互联网药品信息服务、交易服务监管的不断深入，各个部门的职责分工也越来越明确。药品监督管理部门、通信管理部门、公安部门、工商管理部门在具体工作中既明确部门分工，强化部门职责，又加强工作协调，同心协力，齐抓共管，严厉打击未经审批违法发布互联网药品信息、进行互联网药品交易的行为，确保监管取得实效，保障人民群众用药安全。

一、各相关职能部门职责分工

1. 药品监督管理部门

负责对已取得互联网药品信息服务和交易服务资格网站的信息发布和交易行为的监测，依法查处网上销售假药的违法行为。

2. 通信管理部门

负责对药品监督管理部门移交的违法情节严重的互联网药品信息、交易服务网站依法予以关闭。

3. 公安部门

负责依法打击利用互联网销售假药等违法犯罪行为。重点对涉及刑事犯罪的假药案，进行立案侦查，特别是针对在主流互联网搜索引擎中接入的提供假药信息、销售假药的网站开展专项打击，运用各种措施和手段，加大案件侦破力度，坚决打击专业性、职业化的利用互联网销售假药的违法犯罪活动，铲除犯罪窝点及营销网络。

4. 工商管理部门

负责依法查处利用互联网发布的违法药品、医疗器械广告，对涉嫌违法犯罪的移送公安机关查处。

二、违法行为类型和处罚规定

（一）违法发布互联网药品信息的类型与处罚规定

序号	违法行为	行政处罚	其他法律责任	法规条款
1	未取得或者超出有效期使用《互联网药品信息服务资格证书》从事互联网药品信息服务的	由国家食品药品监督管理总局或者省级食品药品监督管理部门给予警告，并责令其停止从事互联网药品信息服务；情节严重的，移送通信管理部门，依照有关法律、法规给予处罚		《互联网药品信息服务管理办法》第二十二条
2	提供互联网药品信息服务的网站不在其网站主页的显著位置标注《互联网药品信息服务资格证书》的证书编号的	国家食品药品监督管理总局或者省级食品药品监督管理部门给予警告，责令限期改正；在限定期限内拒不改正的，对提供非经营性互联网药品信息服务的网站处以500元以下罚款，对提供经营性互联网药品信息服务的网站处以5000元以上1万元以下罚款		《互联网药品信息服务管理办法》第二十三条
3	互联网药品信息服务提供者有违下列情形之一的： （1）已经获得《互联网药品信息服务资格证书》，但提供的药品信息直接撮合药品网上交易的； （2）已经获得《互联网药品信息服务资格证书》，但超出审核同意的范围提供互联网药品信息服务的； （3）提供不真实互联网药品信息服务并造成不良社会影响的； （4）擅自变更互联网药品信息服务项目的	由国家食品药品监督管理总局或者省级食品药品监督管理部门给予警告，责令限期改正；情节严重的，对提供非经营性互联网药品信息服务的网站处以1000元以下罚款，对提供经营性互联网药品信息服务的网站处以1万元以上3万元以下罚款	构成犯罪的，移送司法部门追究刑事责任	《互联网药品信息服务管理办法》第二十四条
4	互联网药品信息服务提供者在其业务活动中，违法使用《互联网药品信息服务资格证书》的	由国家食品药品监督管理总局或者省级食品药品监督管理部门依照有关法律、法规的规定处罚		《互联网药品信息服务管理办法》第二十五条
5	省级食品药品监督管理部门违法对互联网药品信息服务申请作出审核批准的	原发证机关应当撤销原批准的《互联网药品信息服务资格证书》，由此给申请人的合法权益造成损害的，由原发证机关依照国家赔偿法的规定给予赔偿；对直接负责的主管人员和其他直接责任人员，由其所在单位或者上级机关依法给予行政处分		《互联网药品信息服务管理办法》第二十六条

（二）违法进行互联网药品交易的类型及处罚规定

序号	违法行为		行政处罚	法规条款
1	提供虚假材料	提供虚假材料申请互联网药品交易服务的	食品药品监督管理部门不予受理，给予警告，一年内不受理该企业提出的从事互联网药品交易服务的申请	《互联网药品交易服务审批暂行规定》第十六条
		提供虚假材料申请从事互联网药品交易服务取得互联网药品交易服务机构资格证书的	食品药品监督管理部门应当撤销其互联网药品交易服务机构资格证书，三年内不受理其从事互联网药品交易服务的申请	
2	未取得交易服务资格证书或证书超出有效期进行互联网药品交易的		食品药品监督管理部门责令限期改正，给予警告；情节严重的，移交信息产业主管部门等有关部门依照有关法律、法规规定予以处罚	《互联网药品交易服务审批暂行规定》第二十八条
3	提供互联网药品交易服务的企业为未经许可的企业或者机构交易未经审批的药品提供服务的		食品药品监督管理部门依照有关法律法规给予处罚，撤销其互联网药品交易服务机构资格，并注销其互联网药品交易服务机构资格证书，同时移交信息产业主管部门等有关部门依照有关法律、法规规定予以处罚	《互联网药品交易服务审批暂行规定》第三十条
4	为药品生产企业、药品经营企业和医疗机构之间的互联网药品交易提供服务的企业直接参与药品经营的		食品药品监督管理部门依照《中华人民共和国药品管理法》第七十三条进行处罚，撤销其互联网药品交易服务机构资格，并注销其互联网药品交易服务机构资格证书，同时移交信息产业主管部门等有关部门依照有关法律、法规规定予以处罚	《互联网药品交易服务审批暂行规定》第三十一条
5	向个人消费者提供互联网药品交易服务的药品连锁零售企业在网上销售处方药或者向其他企业或者医疗机构销售药品的		食品药品监督管理部门依照药品管理法律法规给予处罚，撤销其互联网药品交易服务机构资格，并注销其互联网药品交易服务机构资格证书，同时移交信息产业主管部门等有关部门依照有关法律、法规的规定予以处罚	《互联网药品交易服务审批暂行规定》第三十二条
6	药品生产企业、药品经营企业和医疗机构通过未经审批同意或者超出审批同意范围的互联网药品交易服务企业进行互联网药品交易的		食品药品监督管理部门责令改正，给予警告	《互联网药品交易服务审批暂行规定》第三十三条

续表

序号	违法行为	行政处罚	法规条款
6	有下列情形之一的： (1) 未在其网站主页显著位置标明互联网药品交易服务机构资格证书号码的； (2) 超出审核同意范围提供互联网药品交易服务的； (3) 为药品生产企业、药品经营企业和医疗机构之间的互联网药品交易提供服务的企业与行政机关、医疗机构和药品生产经营企业存在隶属关系、产权关系或者其他经济利益关系的； (4) 有关变更事项未经审批的	食品药品监督管理部门责令限期改正，给予警告，情节严重的，撤销其互联网药品交易服务机构资格，并注销其互联网药品交易服务机构资格证书	《互联网药品交易服务审批暂行规定》第二十九条

思考题

互联网药品交易行为的违法体现及处罚措施是什么？本章第二节第3题中针对企业所存在的问题分别该如何处理？

学习小结

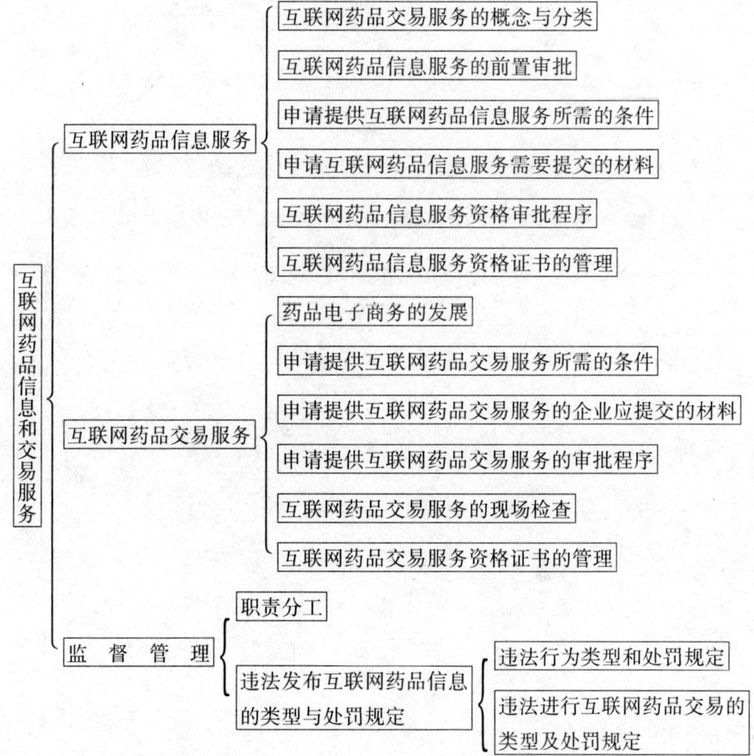

参考文献

[1] 杨世民. 中国药事法规. 2版. 北京:化学工业出版社,2007.
[2] 马凤森. 药事管理学. 杭州:浙江大学出版社,2010.
[3] 邵蓉. 中国药事法理论与实务. 北京:中国医药科技出版社,2010.

（王新建　孟坤）

第六章

流通环节药品分类管理

学习要点

1.了解药品分类管理制度的由来，熟悉我国流通环节实施药品分类管理制度的发展历程，明确我国推行药品分类管理的目的和意义。

2.掌握处方药与非处方药的概念和特点；了解非处方药的遴选、处方药与非处方药转换、“双跨”品种等概念。

3.熟悉我国流通环节药品分类管理的有关规定，掌握处方药与非处方药的零售要求及其他相关规定。

导语

《中华人民共和国药品管理法》明确规定，我国实行处方药与非处方药分类管理制度。将药品分为处方药和非处方药并实行分类管理是目前国际上通行的药品管理模式，是保证公众用药安全、促进合理用药的行之有效的管理制度。是否实行药品分类管理，已成为国家药物政策是否完善、公众用药安全有无保障的重要标志，也成为衡量社会发展水平和药品管理水平的重要标准之一。

流通环节药品分类管理，主要是通过药品零售环节得以体现。本章通过对药品分类管理制度概况、药品分类管理制度实施情况的介绍，使学员了解药品分类管理制度的发展历程，基本概念，掌握流通环节药品分类管理的法律法规规定，政策文件要求及监管工作的具体做法。

第一节　药品分类管理制度概况

本节重点介绍药品分类管理制度的由来、我国药品分类管理制度的发展历程、现状及处方药与非处方药的概念。

一、药品分类管理制度的由来

（一）世界各国药品分类管理制度实施概况

药品分类管理制度最早起源于美国、英国、日本等国家，距今有六十多年的历史。

美国是世界上第一个创建药品分类管理制度的国家，这是由于当时（20 世纪 30 ~ 40 年代）发生了几起严重的“药害”事件，使其必须加强对药品安全性和有效性的管理，通过立法，严格划分处方药与非处方药。1951 年美国国会通过了对《食品药品化妆品法》的修正案（即杜哈姆修正案），规定了处方药与非处方药的分类标准，正式对药品分类管理进行了立法，在世界上第一次创建了药品分类管理制度。1962 年又通过了《Kefauver - Harris 修正案》，对处方药和非处方药均增加了有效性要求，1966 年组织了对 1938 ~ 1962 年审批新药的药物有效性研究，审评药物总计 4000 多种，其中 425 种确认为非处方药。自 1972 年开始经历 10 年时间又对当时上市的所有非处方药进行审批，含 700 个化学单体，26 个药理作用类别。

随后，日本、英国、德国等国家于 20 世纪六、七十年代，相继通过立法建立起各自的药品分类管理制度。英国早在 19 世纪，便开始对药物销售进行控制，以后陆续颁布的《性病法》、《癌症法》、《药房和药物法》，对性病、癌症、白内障、青光眼、糖尿病等的治疗药物的销售、广告作了限制。《药品法》对处方药和非处方药的定义、分类标准、销售控制等作了明确规定，正式形成了一套较为系统的全面控制药品分发和销售的法律。

1989 年世界卫生组织向各国推荐此项管理制度。目前，世界上已有 100 多个国家和地区对药品实行分类管理，多数发展中国家与地区，包括我国、东南亚国家以及我国的香港、台湾地区都建立了这一制度，东欧国家也在近几年逐步推行了这一制度。

国际上药品分类管理制度的经验可简要概括为：①建立了明确区分处方药与非处方药管理法规；②建立了药品从处方药转为非处方药的机制；③重视对说明书与标签的管理；④有适当的法规和体制对广告进行管理；⑤依据各国的政治经济和卫生保健制度，建立价格管理，医疗保险（药品报销）和销售方式的管理模式；⑥鼓励自我药疗，方便消费者选用非处方药。

（二）我国药品分类管理制度的发展历程

长期以来，除特殊管理的药品外，我国其他药品一直处于自由销售状态，给广大人民群众的身体健康和生命安全造成极大隐患，特别是抗菌药物的滥用，还造成细菌耐药性的增加，严重威胁公众的健康和人类的生存。1995 年，我国响应世界卫生组织的倡导开始进行处方药与非处方药分类管理工作，成立了由卫生部、财政部、国家医药管理局、国家中医药管理局、总后卫生部等部门组成的处方药与非处方药分类管理领导小组，办公室设在卫生部，从此开始启动了我国的药品分类管理的前期准备工作。1997 年党中央、国务院《关于卫生改革与发展的决定》中做出了我国建立并完善处方药与非处方药分类管理的重要决策，1999 年，原国家药品监督管理局发布了《处方药与非处方药分类管理办法（试行）》，从 2000 年 1 月 1 日开始实施，我国的处方药与非处方药分类管理制度从此进入了实施阶段。2001 年修订发布的《药品管理法》将我国实施药品分类管理制度以法律形式做出了明确规定。

二、我国药品分类管理工作取得的成绩

我国药品分类管理工作方针是“积极稳妥、分步实施、注重实效、不断完善”。国家药品监督管理局成立以后，将药品分类管理作为药品监督管理体系中重要的药物政

策积极推进，经过努力初步建立了符合我国社会和经济发展实际的药品分类管理制度和模式。改变了长期以来形成的可在市场自由购买药品的市场销售形式，改变了人们长期以来形成的传统就医购药习惯，群众用药安全意识有了一定的加强，社会各界对药品分类管理制度的认识和理解水平得到提高，处方药与非处方药分类管理观念初步形成。药品分类管理在保证公众用药安全、用药合理方面发挥着越来越重要的作用。具体体现在以下几个方面：

（1）出台了一系列药品分类管理的政策和规章，初步建立了我国实施药品分类管理的法规体系。1999 年 4 月 19 日，原国家药品监督管理局会同卫生部、国家中医药管理局、劳动和社会保障部、国家工商行政管理局印发了《关于我国实施处方药与非处方药分类管理若干意见的通知》；同年 6 月 18 日，国家药品监督管理局颁布了《处方药与非处方药分类管理办法》（试行）；11 月 19 日颁布了《非处方药专有标识及管理规定》（暂行）；12 月 28 日颁布了《处方药与非处方药流通管理暂行规定》。2001 年颁布的《中华人民共和国药品管理法》规定，国家对药品实行处方药与非处方药分类管理制度，具体办法由国务院制定。至此，推行药品分类管理制度上升到了法律的高度。

（2）遴选了非处方药品种，开展了处方药与非处方药转换评价和非处方药注册审批工作，对非处方药目录实行了动态管理。初步对上市药品进行了处方药与非处方药的分类。自 1999 年 7 月开始，国家食品药品监督管理局先后公布了 5600 多个非处方药品种和规格，非处方药品种已达到相当数量，约占我国上市药品的 30%。已基本能满足消费者在零售药店选购非处方药，进行正常、合理的自我药疗的需要。

（3）规范了非处方药的包装、标签和说明书。制定非处方药说明书范本和说明书规范细则，公布了非处方药专有标识，建立了非处方药的审核登记制度。

（4）在流通领域推行了药品分类管理。按照流通领域药品分类管理的要求，将药品分类管理与药品零售药店 GSP 认证和《药品经营许可证》换、发证工作紧密结合，积极促进零售药店达到药品分类管理要求。不断规范零售药店驻店药师配备、处方审核、处方药与非处方药分柜摆放、指南性标识和警示语、忠告语的设置、凭处方销售等行为。

（5）规范了处方药广告的管理。从 2001 年 2 月 1 日起，停止受理和审查粉针剂类、大输液类、抗生素处方药的大众媒介广告，随后又停止大众媒介发布小容量注射剂药品广告，2002 年 2 月 1 日起停止发布用于治疗心绞痛、高血压、肝炎、糖尿病和激素类处方药的大众媒介广告，最后自 2002 年 11 月 30 日起，规定处方药一律不得在大众媒介发布广告。由于加强了处方药广告的监管，限制了处方药广告的发布，使得大众媒体处方药广告过滥、误导消费者的现象得到一定程度的改善。

（6）逐步加大对处方药的监管力度。自 1999 年 10 月我国正式启动处方药与非处方药分类管理流通试点工作以来，国家药品监督管理部门对处方药凭处方销售采取分步实施的政策，逐步加大了对处方药的监管力度。2000 年 4 月 1 日起大容量注射液、粉针剂类药品凭医生处方销售；2001 年 10 月 1 日所有注射剂药品必须凭医生处方才能销售；2004 年 7 月 1 日对未列入非处方药目录的抗菌药物凭处方销售和使用；自 2006 年 1 月 1 日起，在全国范围内基本实现处方药凭处方销售。

（7）加强了执业药师制度建设。执业药师数量不足是推进药品分类管理中遇到的主要问题之一。为此，国家药品监督管理部门采取了以下措施：一是对药品使用单位符合规定的药学或中药学高级专业技术职务人员进行执业药师资格认定；二是执业药师考试中对符合条件人员免去部分科目的考试，保证人员素质前提下，扩大执业药师数量；三是为弥补药品经营企业执业药师数量不足，2001 年至 2004 年期间开展了药品经营企业从业药师资格认定工作。通过这三项措施，我国执业药师包括从业药师人数大幅增加。同时，进一步加强了对执业药师和从业药师的培训工作，使零售药店经营水平、执业药师和从业药师指导用药的作用得到提高和加强。

（8）大力开展了宣传培训。近年来国家药品监督管理部门会同国务院有关部门，发挥各方面力量，开展了多层次、形式多样的宣传和培训活动。2003 ~ 2004 年为配合抗菌药物凭处方销售工作的实施，全国范围内组织组织开展了“合理使用抗菌药物”的宣传活动。在各有关部门的积极配合下，宣传活动收到了很好的效果，为抗菌药物凭处方销售的平稳实施打下了良好的基础。通过几年的努力，社会各界对药品分类管理工作的认识有了进一步提高，公众的安全用药意识也有了明显加强，不安全的自我购药、用药习惯有了较大程度的改善。

三、我国药品分类管理存在的主要问题

（一）现有的药品分类管理法规体系不够健全和完善

《药品管理法》授权国务院制定的《处方药与非处方药分类管理条例》迟迟没有出台，我国现在实施的药品分类管理的主要依据是国家药品监督管理部门颁布的《处方药与非处方药分类管理办法（试行)》和《处方药与非处方药流通管理暂行规定》等，这些部门规章和规范性文件都是在《药品管理法》修订以前出台的，这些规范性文件虽然在我国实施药品分类管理的起步阶段发挥了重要的作用，但在实施过程中也遇到了一些问题，一是药品分类管理制度是一项涉及药品监督管理、医疗卫生体制、医疗保险制度、广告管理、价格管理等多范围多部门的系统工程，由一个部门规章作为主要依据缺乏权威性，在协调相关部门开展工作，以及与相关政策衔接、配套方面存在较大的困难；二是药品分类管理制度与我国现行的医疗卫生体制、社会保障体制的衔接不够紧密；三是在推行药品分类管理制度的过程中对全国各地社会经济发展差异考虑得不充分。

（二）处方来源受限

处方来源一直是制约药品分类管理的瓶颈，尤其是随着医院电子化管理的普遍实行，开方、付款、取药一网完成，外流处方的量越来越少。药店不能实现和医院处方共享，没有稳定的处方来源，是影响药品分类管理规范实施的主要原因之一。

（三）处方合法性审查难度大

到目前为止，尚没有一个可以对医师处方合法性进行查验的手段。零售药店无法查验顾客所持处方的合法性，药品监督管理部门也无法判定医师处方、远程电子处方、抄录处方等的真实性及合法性，所以造成有些零售药店在无处方的情况下，自行编造处方以应对监督检查。

（四）执业药师的数量不足，分布不合理

执业药师在处方审核、调剂以及指导病患者合理用药方面起着非常关键的作用，近些年来，我国执业药师人数虽有大幅增加，但执业药师的总体数量不足的现状没有根本改变，分布也不合理，大部分执业药师不在药品零售第一线服务。执业药师尚未真正承担起用药咨询、用药指导的作用，这也在一定程度上影响了药品分类管理工作的质量和实施。

（五）群众对药品分类管理的认识和理解尚不够充分

在我国，群众自我药疗历史悠久、观念根深蒂固，许多消费者对于只有凭医师处方才能购买处方药难以理解，认为给自己增加了麻烦，增加了购药成本，从而造成一些误解。有几个城市曾经专门召开过听证会，做过民意调查，老百姓对凭处方销售处方药普遍持反对态度，认为不方便，不需要。

（六）严格处方药监管的机制尚未完善

药品分类管理的核心在于加强处方药的管理，处方药是否凭医师处方销售是衡量药品分类管理制度实施成功与否的主要标志。由于目前基层监管力量相对薄弱，面对点多面广的零售药店，基层药品监督管理部门的监管显得力不从心，对药店不凭处方销售的行为难以全面监控，存在执法成本高、执法难度大等诸多问题。

（七）药店违规销售处方药行为时有发生

据不完全统计，随着处方药非处方药分类管理制度的逐步推进，药店中处方药的销售量逐年下降，药店的利益受到很大影响，许多药店为片面追求经济利益，违规销售处方药。

四、实施药品分类管理的意义

药品分类管理是根据药品安全有效、使用方便的原则，依其品种、规格、适应证、剂量及给药途径不同，对药品分别按处方药和非处方药进行管理，包括建立相应法规、管理制度并实施监督管理。处方药与非处方药分类管理是在药品监督管理的实践中形成的高效率的管理方法。我国实行药品分类管理的根本目的是加强处方药的销售控制，规范非处方药的管理，保证公众用药安全有效、方便及时。

在实施药品分类管理前，我国主要只对上市药品中的精、麻、毒、放，戒毒药品和生物制品实行特殊管理，包括抗生素、注射剂、大输液等在内的其他药品不仅在社会零售药店基本处于自由销售状态，而且标识也没有明显区分和规范统一，对药品在大众媒体上的广告也没有明确的分类限制。一方面，由于对处方药的管理不严格，导致消费者在没有足够的专业知识情况下，自我购买、不合理使用处方药，给群众的身体健康和生命安全造成极大威胁；另一方面，由于对非处方药的管理不够规范，多数药品包装、标签、说明书的内容，以及流通、使用的管理都是针对医药专业人员设定的，既不方便公众使用，也容易导致消费者误用，极易引发人身健康安全问题和社会问题。随着人民物质、文化、生活水平的日益提高，人民群众的医疗保健观念将由“健康由国家负责”向“个人健康、自我负责”转变，消费者将注意力和消费转向对自我保健的投入。从加强药品监督管理的核心出发，为确保人民用药安全有效，建立

并实施药品分类管理制度势在必行。

建立药品分类管理制度，是中共中央、国务院在《中共中央、国务院关于卫生改革与发展的决定》中作出的重要决策，是药品监督管理模式的深刻变革。全面实施药品分类管理是社会进步、经济发展的标志和保障，是衡量国家药品监管水平的主要标准之一，也是保障人民健康用药安全合理的最基本要求。随着我国社会经济的发展，人民生活水平的逐步提高，群众自我保健意识不断增强，对药品安全有效、方便合理用药的要求也不断提高，这些都对药品监督管理提出了新的要求。全面推进药品分类管理还有利于合理分配医疗卫生资源，降低医疗费用，推动医疗保险制度的改革。总之药品分类管理对促进医疗卫生改革、完善药品监督管理、保障人民用药安全有效具有重要意义。

小贴士

由于消费者用药不当导致产生机体耐受性或耐药性，使用药剂量越来越大，造成药品资源浪费的同时，更严重的后果将直接影响我国的人口素质。我国药品不良反应监测中心统计了近几年26家医院717份药品不良反应报告，结果表明：抗感染类（以抗生素为主）的药品不良反应构成比例最高，占发病总数41.28%；在引起不良反应的全部47种药品中，以目前已公布的《国家非处方药目录》划分，处方药为42种，占89.4%，非处方药为5种，占10.6%，处方药的不良反应远远高于非处方药。这些统计报告是医院用药中发现的不良反应，而且是在医药专业人员指导下使用的。可以设想，在没有医药专业人员监督指导下，消费者自行使用这些药品后果的严重性。

五、处方药和非处方药的概念

（一）处方药的概念

1. 处方药

处方药（prescription drug）是指凭执业医师和执业助理医师处方方可购买、调配和使用的药品。

一般被列入处方药管理的药品应该是有毒性和潜在的不良影响或使用时需要有特定条件的药品。新药和列入国家特殊管理的药品也基本都是处方药。

2. 处方药的特点和管理要求

（1）处方药一般都具有强烈的药理作用，专用性强，副作用较大，消费者无权自主选购处方药，只有凭有处方权的执业医师或执业助理医师的处方才能购买并在其指导下使用。

（2）处方药只准在专业性医药报刊上进行广告宣传。

（3）处方药的包装或药品使用说明书上应印有“凭医师处方销售、购买和使用!”警示语或忠告语。

(4) 处方药不得采用开架自选的销售方式。

(二) 非处方药的概念

1. 非处方药

非处方药（nonprescription drug / over the counter，OTC）是指由国务院药品监督管理部门公布的，不需要凭执业医师和执业助理医师处方，消费者可以自行判断、购买和使用的药品。根据药品的安全性，非处方药又可以分为甲、乙两类。

2. 非处方药的特点

(1) 使用安全。非处方药是根据长期临床使用，被证实安全性大的药品，消费者能够自我诊断病情，自行在药店或者商店购买，不需要执业医师或者执业助理医师的处方。根据药品说明书即可正确使用，正常使用一般不会出现严重的不良反应或者中毒反应。

(2) 疗效确切、质量稳定、使用方便。药品在正常条件下储存质量稳定，包装符合要求。非处方药以口服、外用等为主，药品剂量容易掌握，说明书、标签简明易懂，使用时不需要医务人员的指导、监控和操作，可由患者自行选用，自己察觉治疗效果。

(3) 每个销售基本单元包装、标签和药品使用说明书上都印有非处方药专有标识，包装或说明书醒目地印制警示语“请仔细阅读药品使用说明书并按说明使用或在药师指导下购买和使用!”。

(4) 经批准后可以在大众媒体上广告宣传。

3. 非处方药的标识

(1) 非处方药专有标识的图案为椭圆形背景下的OTC三个英文字母，是国际上对非处方药的习惯称谓。非处方药专有标识图案分为红色和绿色，红色专有标识用于甲类非处方药药品，绿色专有标识用于乙类非处方药药品和企业指南性标志。

(2) 非处方药专有标识的固定位置在非处方药药品标签、使用说明书和每个销售基本单元包装印有中文药品通用名称（商品名称）一面（侧）的右上角。

(3) 非处方药专有标识应与药品标签、使用说明书、内包装外包装一体化印刷，其大小可根据实际需要设定，但必须醒目、清晰，并按照国家药品监督管理局公布的坐标比例使用。

(4) 使用非处方药专有标识时，药品的使用说明书和大包装可以单色印刷，标签和其他包装必须按照国家药品监督管理总局公布的色标要求印刷。单色印刷时，非处方药专有标识下方必须标示“甲类”或“乙类”字样。

知识链接

处方标准

1. 处方的概念　是指由注册的执业医师和执业助理医师（简称医师）在诊疗活动中为患者开具的、由取得药学专业技术职务任职资格的药学专业技术人员（简称药师）审核、调配、核对，并作为患者用药凭证的医疗文书。处方包括医疗机构病区用药医嘱单。

2. 处方标准

(1) 处方内容　①前记：包括医疗机构名称、费别、患者姓名、性别、年龄、门诊或住院病例号，科别或病区和床位号、临床诊断、开具日期等。可添列特殊要求的项目。

麻醉药品和第一类精神药品处方还应当包括患者身份证明编号，代办人姓名、身份证明编号。

②正文：以Rp或R（拉丁文Recipe“请取”的缩写）标示，分列药品名称、剂型、规格、数量、用法用量。

③后记：医师签名或者加盖专用签章，药品金额以及审核、调配、核对、发药药师签名或者加盖专用签章。

(2) 处方颜色：普通处方的印刷用纸为白色。

急诊处方的印刷用纸为淡黄色，右上角标注“急诊”。

儿科处方的印刷用纸为淡绿色，右上角标注“儿科”。

麻醉药品和第一类精神药品处方的印刷用纸为淡红色，右上角标注“麻、精一”。

第二类精神药品处方的印刷用纸为白色，右上角标注“精二”。

3. 处方的有效期　处方开具当日有效。特殊情况下需延长有效期的，由开具处方的医师注明有效期限，但有效期最长不得超过3天。

4. 处方一般用量　处方一般不得超过7日用量；急诊处方一般不得超过3日用量；对于某些慢性病、老年病或特殊情况，处方用量可适当延长，但医师应当注明理由。

医疗用毒性药品、放射性药品的处方用量应当严格按照国家有关规定执行。

知识链接

处方药销售双轨制

所谓处方药销售双轨制，即在药店部分处方药可凭处方销售，也可不凭处方销售。

我国于1999年6月开始试行《处方药与非处方药分类管理办法》，但由于当时药品分类管理在我国尚处于起步阶段，对处方药监管采取的是“双轨制”的管理办法，即分期、分批公布必须凭处方购买的处方药类别品种。随着药品分类管理制度的推进，国家局对“双轨制”已经分批予以解除：从2005年1月1日起，抗肿瘤药、激素类（避孕药除外）处方药等必须凭医生处方才能销售；从2005年7月1日起，治疗神经系统疾病、心脑血管疾病、糖尿病及内分泌疾病的处方药必须凭医生处方才能销售；2005年12月31日以后，实现全部处方药必须凭执业医师处方销售，在药师指导下使用。处方药销售取消双轨制，所有处方药在药店均要凭处方销售。2006年1月1日后，达不到药品分类管理要求的零售药店，只能销售甲类非处方药和乙类非处方药。

六、学习小结

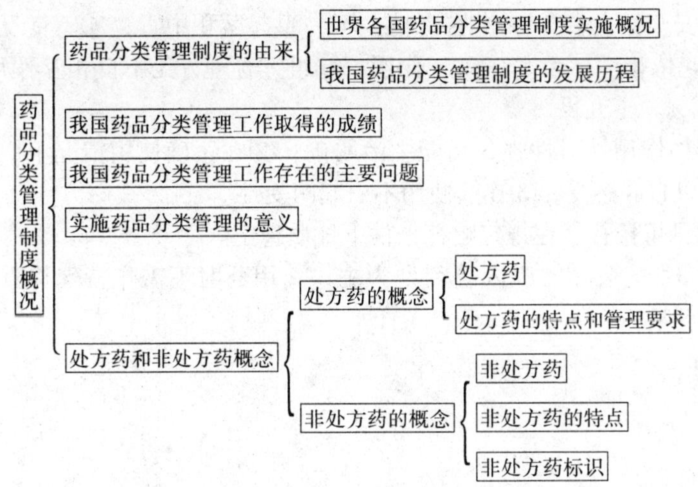

思考题

1. 什么是处方药和非处方药，各有什么特点？
2. 非处方药专有标识的图案及颜色各是什么？
3. 我国实行药品分类管理的意义是什么？
4. 简述我国药品分类管理制度的发展历程。

第二节　药品分类管理的实施

本节重点介绍在实施药品分类管理制度中涉及到的具体内容和工作。

一、非处方药的遴选

（一）非处方药遴选的含义

作为药品分类管理的重要基础性工作，非处方药遴选是指由政府部门按照一定的原则和程序，从目前已上市的药品中选择确定为非处方药的过程。

根据处方药与非处方药分类管理制度的原则和要求，国家药品监督管理部门负责组织遴选、公布非处方药药品目录，并根据药品生产企业的申请和建议，组织进行处方药与非处方药的转换评价工作。

（二）非处方药遴选原则及要求

1. 遴选原则

“应用安全、疗效确切、质量稳定、使用方便”是遴选非处方药的原则。

2. 遴选要求

（1）应用安全：①仅限于患者可以自我诊断、自我治疗的轻微病症；②根据文献报道和长期临床使用证实安全性大；③ 无潜在毒性，不易引起蓄积中毒；④不良反应轻微，发生率低；⑤不引起依赖性，无“三致”作用；⑥组方合理，无不良相互作用；中成药组方中无“十八反”、“十九畏”。

（2）疗效确切：①药物作用针对性强，功能主治明确；②在正确使用情况下，可产生明显疗效，且患者可以自我感受；③连续使用不引起耐受性。

（3）质量稳定：①质量可控；②在规定贮存条件下性质稳定。

（4）使用方便：①以口服、外用、吸入等剂型为主；②用药时不需作特殊检查和试验；③不需要经常调整剂量。

知识链接

1.“三致”作用：致突变，致畸及致癌是药物损伤细胞遗传物质所致的特殊毒性作用，常用于评价药物的安全性。在医学上被称为三致作用（或三致反应）。

2. 十八反：“十八反”是中药配伍中的一种禁忌原则，主要是认为相反的中药配伍会产生毒性。其主要内容就是：甘草反甘遂、大戟、海藻、芫花；乌头（川乌、附子、草乌）反贝母（川贝、浙贝）、瓜蒌（全瓜蒌、瓜蒌皮、瓜蒌仁、天花粉）、半夏、白蔹、白及；藜芦反人参、沙参、丹参、玄参、细辛、芍药（赤芍、白芍）。

中药十八反歌

本草明言十八反 半蒌贝蔹及攻乌
藻戟遂芫俱战草 诸参辛芍叛藜芦

3. 十九畏：是指在十九种中药之间配合应用，可能降低药效。其主要内容就是：硫黄畏朴硝、水银畏砒霜、狼毒畏密陀僧、巴豆畏牵牛、丁香畏郁金、牙硝畏三棱、川乌草乌畏犀角、人参畏五灵脂、官桂畏赤石脂。

十九畏歌

硫黄本是火中精 朴硝一见便相争
水银莫与砒霜见 狼毒最怕密陀僧
巴豆性烈最为上 偏与牵牛不顺情
丁香莫与郁金见 牙硝难合荆三棱
川乌草乌不顺犀 人参最怕五灵脂
官桂善能调冷气 若遇石脂便相欺
大凡修合看顺逆 炮爁炙煿莫相依

（三）非处方药遴选的基本情况

从 1999 年公布第一批非处方药目录开始，至 2004 年，国家药品监督管理部门按照资料整理、标准复核、品种初选、专家复审、征求意见、行政审定等工作程序，从已上市并具有国家标准的药品中组织遴选，先后颁布了六批《非处方药药品目录》共计 4326 个非处方药制剂品种，其中乙类非处方药 900 多种。并统一制定了药品使用说明书指导原则。初步对上市药品进行了处方药与非处方药的分类。

二、处方药与非处方药转换

（一）处方药与非处方药转换的含义

药品生产企业根据药品上市后监测与评价结果，对药品的安全性进行重新评价，对于符合“应用安全、疗效确切、质量稳定、使用方便”原则的药品，提出转换为非处方药的申请，对存在不安全隐患或不适宜按非处方药管理的品种，也可提出转换成处方药的申请。国家药品监督管理部门按程序组织有关单位和专家进行医学和药学评价，并公布转换品种名单及其说明书。

处方药与非处方药转换评价属药品上市后评价范畴，以回顾性研究为主，在开展本项工作中应对品种相关研究资料进行全面回顾和分析。具体申报根据《关于开展处方药与非处方药转换评价工作的通知》和《关于做好处方药转换为非处方药有关事宜的通知》的要求办理。

从2004年我国开始启动处方药与非处方药转换评价工作并对非处方药目录实行动态管理以来，共转换非处方药391个品种，由非处方药转换成处方药12个品种。据不完全统计，截止2011年10月，我国通过遴选和转换的非处方药共有5697个品种和规格，其中OTC中药有4527个品种和规格，OTC化学药品有1170个品种和规格。

（二）不能转换成非处方药的范围

根据有关规定，有以下十种情况不能提出处方药转换为非处方药的申请：①监测期内的药品；②用于急救和其他患者不宜自我治疗疾病的药品。如用于肿瘤、青光眼、消化道溃疡、精神病、糖尿病、肝病、肾病、前列腺疾病、免疫性疾病、心脑血管疾病、性传播疾病等的治疗药品；③消费者不便自我使用的药物剂型。如注射剂、埋植剂等；④用药期间需要专业人员进行医学监护和指导的药品；⑤需要在特殊条件下保存的药品；⑥作用于全身的抗菌药、激素（避孕药除外）；⑦含毒性中药材，且不能证明其安全性的药品；⑧原料药、药用辅料、中药材、饮片；⑨国家规定的医疗用毒性药品、麻醉药品、精神药品和放射性药品，以及其他特殊管理的药品；⑩其他不符合非处方药要求的药品。

三、“双跨”品种

（一）“双跨”品种的含义

所谓“双跨”品种是指既可作处方药又可作非处方药的品种。这类药品作为处方药时有多个适应证，但其中的有些适应证适合自我判断和自我药疗，就可申请非处方药药品审核登记，按照非处方药说明书的要求进行修定审批。于是，在限适应证、限剂量、限疗程的规定下，将此部分适应证作为非处方药，而患者难以判断的部分仍作为处方药。这类药品按“双跨”品种管理，但要在非处方药的说明书中注明“应在医生指导下使用”。以阿司匹林为例，它有解热、镇痛、抗风湿、抗血小板聚集等适应证，当用于非处方药时，其适应证仅是解热、镇痛，且用于解热只准在3天内服用，用于止痛只准在5天内服用。而它用于处方药时必须在医生的医嘱下服用。

目前，具有双重身份的“双跨”品种约有1000多种，约占OTC目录的1/4，其中尤以消化系统类用药和解热镇痛类用药居多，且有大半都是中成药。

(二)“双跨”品种的管理

同一品种，附有OTC说明书并使用OTC包装标识的是非处方药，按非处方药管理；而使用处方药的适应症，没有OTC包装标识的是处方药，按处方药进行管理。不管哪种包装、说明书都必须是经过批准的。

2000年1月1日起实施的《处方药与非处方药分类管理办法（试行）》中没有“双跨”品种的称谓。但在1999年底公布的第一批325个品种的非处方药目录里，就已经有“双跨”品种的雏形，当时只使用了“受限”一词。直到第二批非处方药目录公布时才使用了“双跨”一词。

由于“双跨”药品，老百姓很难分得清楚，有时就连药店销售人员也说不明白，此外，两种包装的存在，也与国家药品监督管理部门下发的《药品包装标签规范细则（暂行）》中的规定相冲突，极易误导病人，也给药品监管带来不少困难。所以近年来药品监督管理部门已经暂时停止了对“双跨”药品的审批。国家药品监督管理部门明确表示，今后将进一步研究“双跨”品种的管理模式，待明确后，再开展“双跨”品种转换的相关工作。

小贴士

现在大多数药店的处方药、非处方药分区让人一目了然，消费者购药只需选择柜台即可，不过，还有一些双重身份的“双跨”药品，经常让人一头雾水：明明是同一种药，换件“外衣”就换了个身份。举个例子：王小姐在药店买了带OTC标志的复方板蓝根胶囊后，又在邻近的处方药柜台发现还有另外一种包装的复方板蓝根胶囊，但没有OTC标志。拿来细看，发现说明书的功能主治不一样，剂量也不相同。“这药到底是处方药还是非处方药？买的不会是假药吧?”

其实，王小姐遇到的是一个“双跨”药品。这种药品兼具处方药与非处方药的双重身份，在不同的适应证、使用疗效和剂量情况下转换了不同身份。无论是处方药还是非处方药，都是药品监督管理部门批准的合法药品。只是说明书的内容不同，用于治疗的病证不同而已。有OTC标志的可以不凭处方自行购买，按说明书服用。

四、处方药与非处方药销售

(一) 处方药销售

1. 零售药店销售处方药的要求

（1）处方药必须凭执业医师或执业助理医师处方销售、购买和使用。

（2）销售处方药和甲类非处方药的零售药店必须具有《药品经营许可证》。

（3）销售处方药和甲类非处方药的零售药店必须配备驻店执业药师或药师以上药学技术人员。

（4）执业药师证书应悬挂在营业场所醒目、易见的地方。执业药师应佩戴标明其姓名、技术职称等内容的胸卡。

（5）处方药不得采用开架自选销售方式。

（6）不得采用有奖销售、附赠药品或礼品销售等销售方式。

（7）处方必须留存2年以上备查。

（8）执业药师或药师销售处方药时必须对医师处方进行审核、签字后依据处方正确调配、销售药品。对处方不得擅自更改或代用。对有配伍禁忌或超剂量的处方，应当拒绝调配、销售，必要时，经处方医师更正或重新签字，方可调配、销售。

（9）药品生产、批发企业不得以任何方式直接向病患者推荐、销售处方药。

2. 零售药店凭处方销售的药品范围

目前在零售药店凭处方销售的药品主要有十一类：① 注射剂 ；②医疗用毒性药品 ；③第二类精神药品 ；④未列入非处方药目录的含特殊药品的复方制剂；⑤未列入非处方药目录的抗菌药；⑥未列入非处方药目录的激素；⑦未列入非处方药目录的抗病毒药（逆转录酶抑制剂和蛋白酶抑制剂）；⑧未列入非处方药目录的精神障碍治疗药（抗精神病、抗焦虑、抗躁狂、抗抑郁药）；⑨未列入非处方药目录的肿瘤治疗药；⑩不得经营以外的其他按兴奋剂管理的药品；⑪国家食品药品监督管理局公布的其他必须凭处方销售的药品。

3. 零售药店不能经营的处方药范围

主要有九类：①麻醉药品；②第一类精神药品；③终止妊娠药品；④蛋白同化制剂；⑤肽类激素品种（胰岛素除外）；⑥药品类易制毒化学品；⑦放射性药品；⑧疫苗；⑨我国法律法规规定的其他药品零售企业不得经营的药品。

（二）非处方药的销售

1. 零售药店销售非处方药的规定

（1）甲类非处方药必须在具有《药品经营许可证》的零售药店才能向消费者个人销售，不能在药店以外的商场、超市、集贸市场等销售。

（2）可以不凭医师处方销售、购买和使用，但病患者可以要求在执业药师或药师的指导下进行购买和使用。

（3）不得采用有奖销售、附赠药品或礼品销售等销售方式。

（4）必须从具有《药品经营许可证》、《药品生产许可证》的药品批发企业、药品生产企业采购处方药和非处方药，并按有关药品监督管理规定保存采购记录备查。

（5）具有《互联网药品交易服务资格证书》的药品零售连锁企业，可通过互联网向消费者个人销售非处方药。

2. 普通商业企业销售乙类非处方药的规定

（1）在药品零售网点数量不足、布局不合理的地区，普通商业企业可以销售乙类非处方药，但必须经过当地地市级以上药品监督管理部门审查、批准、登记，颁发乙类非处方药准销标志。具体实施办法由省级药品监督管理部门制定。

（2）根据便民利民的原则，销售乙类非处方药的普通商业企业应合理布局。

（3）鼓励并优先批准具有《药品经营许可证》的零售药店与普通商业企业合作在普通商业企业销售乙类非处方药。

（4）普通商业企业不得销售处方药和甲类非处方药，不得采用有奖销售、附赠药品或礼品销售等销售方式销售乙类非处方药，暂不允许采用网上销售方式销售乙类非处方药。

（5）普通商业企业的乙类非处方药销售人员及有关管理人员必须经过当地地市级以上药品监督管理部门有关的药品管理法律、法规和专业知识培训、考核并持证上岗。

（6）普通商业企业销售乙类非处方药时，应设立专门货架或专柜，并按法律法规的规定摆放药品。

（7）普通商业企业必须从具有《药品经营许可证》、《药品生产许可证》的药品批发企业、药品生产企业采购乙类非处方药，并按有关药品监督管理规定保存采购记录备查。

（8）普通商业连锁超市销售的乙类非处方药必须由连锁总部统一从合法的供应渠道和供应商采购、配送，分店不得独自采购。

（9）销售乙类非处方药的普通商业连锁超市其连锁总部必须具备与所经营药品和经营规模相适应的仓储条件，并配备1名以上药师以上技术职称的药学技术人员负责进货质量验收和日常质量管理工作。

全国有多个地市都先后制定了具体实施办法，如广东省《乙类非处方药零售暂行规定》、天津市制定了《普通商业企业经营乙类非处方药管理办法》、宁波市制定了《乙类非处方药零售设置暂行规定》、上海市发布了《从事乙类非处方药销售的若干规定（试行）》等等。

知识链接

部分地市销售乙类非处方药的规定

广东省乙类非处方药零售暂行规定

第一条　为加强乙类非处方药零售的监督管理，满足人民安全用药需求，根据国家食品药品监督管理局《处方药与非处方药分类管理办法》（试行）、《处方药与非处方药流通管理暂行规定》，结合本省实际，制定本规定。

第二条　在广东省行政区域内开办乙类非处方药零售企业或设置乙类非处方药零售专柜的单位和个人，适用本规定。

第三条　根据方便群众购药的原则，以下六种情形应当给予鼓励，符合条件的，优先批准登记：

（一）在药品零售网点数量不足的地区开办乙类非处方药零售企业；

（二）现有药品零售连锁企业或药品零售企业在农村、城乡结合部商业企业设立乙类非处方药零售专柜；

（三）乡村综合商店、个体诊所等设立乙类非处方药零售专柜；

（四）普通商业连锁超市设立乙类非处方药零售专柜；

（五）现有药品批发企业或药品零售连锁企业与普通商业连锁超市合作，在商业连锁超市设立乙类非处方药零售专柜；

（六）药品零售企业与普通商业企业合作，在普通商业企业设立乙类非处方药零售专柜。

第四条 开办乙类非处方药零售企业或设置乙类非处方药零售专柜实行批准登记制度。

第五条 开办乙类非处方药零售企业或设置乙类非处方药零售专柜的，应当具备以下条件：

（一）具有高中（中专或相当高中）以上文化程度，开办地为农村的应当具有初中以上文化程度，经所在地市药品监督管理局培训和考核，并取得上岗证的营业员；

（二）具有与所经营乙类非处方药相适应的营业场所、卫生环境和专门陈列乙类非处方药的专柜或货架；

（三）具有保证经营药品质量的各项管理制度。

普通商业连锁超市设立乙类非处方药零售专柜的，其连锁总部必须配备1名以上具有药师（含驻店药师）以上职称的专职质量管理员，同时必须具备与所经营药品品种、规模相适应的仓储和统一配送条件，或委托本地区一家已通过《药品经营质量管理规范》认证的药品批发企业、药品零售连锁企业配送药品。

第六条 开办乙类非处方药零售企业或设置乙类非处方药零售专柜，申请人应当向所在地县级（含未设县的市级）药品监督管理机构提出申请，并报送以下资料：

（一）拟开办乙类非处方药零售企业或设置乙类非处方药零售专柜的书面申请一份；

（二）如实填妥的《广东省乙类非处方药零售申请表》（见附件1）一式两份；

（三）申请人的身份证明文件（如《营业执照》、居民身份证等）复印件一份；

（四）营业员、质量管理员的学历证明、职称证明以及经所在地市药品监督管理局培训和考核后取得的上岗证复印件各一份；

（五）营业场所和设施、设备、卫生环境等情况简要说明；

（六）足以保证所经营药品质量的管理制度一套。

第七条 受理申请的药品监督管理机构应当自受理申请之日起15个工作日内完成资料审查和现场验收，不符合规定要求的，应当书面告知申请人并说明原因；符合规定条件的，给予批准登记，并在10个工作日内发给《广东省乙类非处方药零售批准登记证明》（见附件2）。申请人凭《广东省乙类非处方药零售批准登记证明》到工商行政管理部门办理登记注册。

第八条 《广东省乙类非处方药零售批准登记证明》有效期5年。有效期届满，需要继续销售乙类非处方药的，持《广东省乙类非处方药零售批准登记证明》的单位（以下简称经营单位）应当在有效期届满前6个月，按照广东省药品监督管理局的规定向原批准登记部门申请换发《广东省乙类非处方药零售批准登记证明》，经重新审查符合规定条件的，给予换发登记证明。

经营单位终止销售乙类非处方药或者关闭的，《广东省乙类非处方药零售批准登记证明》由原批准登记部门缴销。

第九条 经营单位在营业区布局上应当将药品与非药品分开摆放。在乙类非处方药营业区内，应当按药品功效摆放。

第十条 经营单位应当在乙类非处方药营业区的显眼位置悬挂《广东省乙类非处方药零售批准登记证明》，标示“请仔细阅读药品使用说明书并按说明书使用”的忠告语。

第十一条 经营单位必须从具有药品生产、经营资格的企业购进乙类非处方药，建立、执行进货检查验收制度，验明药品合格证明和其他标识，并有真实完整的购进记录。购进记录必须注明药品的通用名称、剂型、规格、批号、有效期、生产厂商、购货单位、购进数量、价格、购货日期等内容，并按规定保存备查。

不符合规定要求的药品，不得购进。

第十二条　经营单位不得超范围销售处方药和甲类非处方药，不得采用有奖销售、附赠药品或礼品销售等销售方式销售乙类非处方药。

第十三条　经营单位违反本规定的，按《中华人民共和国药品管理法》、《中华人民共和国药品管理法实施条例》等法律、法规、规章有关规定给予处理。

第十四条　各市药品监督管理局应当按照本规定的要求，制定具体实施细则并予以公开。

有关现场验收的审查标准和具体要求，组织现场验收的药品监督管理机构必须事先告知申请人。

第十五条　《广东省乙类非处方药零售批准登记证明》按广东省药品监督管理局统一格式印制。

第十六条　本规定自2003年11月1日起正式施行。

天津市普通商业企业经营乙类非处方药管理办法

第一章　总则

第一条　根据《中华人民共和国药品管理法》、《药品经营质量管理规范》及《处方药与非处方药分类管理办法》的有关规定，参照《天津市开办药品零售企业审批程序》，制定本办法。

第二条　本办法适用于天津市在普通商业企业设立的乙类非处方药药品柜台（以下简称药品柜台）。

第三条　从事乙类非处方药经营的商业企业，必须按照有关规定，取得《药品经营企业许可证》和营业执照。否则，不得从事药品经营活动。

第二章　管理职责

第四条　药品柜台要依法经营，应在适当位置悬挂药品经营企业的合法证照。

第五条　药品柜台应按批准的经营方式和经营范围经营药品；超出核定经营范围经营处方药和甲类非处方药的，按无证经营处理。

第六条　药品柜台要按照经营需要，设置质量管理人员（应由药学技术人员担任），负责药品经营过程的组织、协调与监督管理。

第七条　药品柜台要根据有关法律、法规的要求，结合实际情况，制定药品质量管理制度，管理制度要包括药品购进、验收、储存、陈列、养护等环节的管理规定。

第八条　药品质量管理制度的执行情况要定期检查并建立记录。

第三章　人员与培训管理

第九条　药品柜台必须配备药师以上职的药学技术人员负责药品质量管理，且必须在职、在岗，不得在其他企业兼职。

第十条　从事药品经营、保管、养护工作的人员，必须具有高中以上文化程度，需经天津市药品监督管理局进行专业培训，考试合格后持证上岗。

第十一条 药品柜台应有与所经营药品相适应的陈列柜台，内用药与外用药必须严格分开摆放。

第四章 药品经营的监督管理

第十二条 药品柜台应向合法的企业进货，要确认供货企业合法资格，并做好记录，以备存查。

第十三条 对购进的药品，应根据原始凭证，严格按照规定进行验收，对药品外观质量、包装及规定的包装标识认真进行查验。药品必须查验注册商标、批准文号和生产批号以及供货单位，写明确的验收结论，并有完整、规范的验收记录，以备存查。

第十四条 药品按储存要求分类陈列和存放，不同性质的药品不能混放、混存、陈列药品的质量、包装应符合规定。

第五章 销售及售后服务管理

第十五条 销售人员应正确介绍药品，不得虚假夸大和误导用户。

第十六条 销售应开具合法票据，并按规定建立销售记录，做到票、账、货相符。

第十七条 质量查询、投诉、抽查和销售过程中发现的质量问题要查明原因，分清责任、采取有效的处理措施，并做好记录。

第十八条 对已售出的药品如发现质量问题，应向有关部门报告，并及时做好记录。

第十九条 药品柜台不得采取有奖销售、附赠药品或礼品等方式销售乙类非处方药。在国家未做规定前，不得采用网上销售方式销售乙类非处方药。

第二十条 普通商业企业连锁超市销售乙类非处方药必须由连锁总部统一从合法的供应渠道和供应商采购、配送，分店不得独自采购。

第二十一条 销售乙类非处方药的普通商业连锁超市，其他连锁总部必须具备与所经营药品和经营规模相适应的仓储条件，并配备一名以上执业药师或从业药师人员负责进货质量验收和日常质量管理工作。

第二十二条 对药品柜台违反本办法规定进行经营活动的行为，将依照有关法律、法规的规定进行处理。

第六章 附则

第二十三条 本办法由天津市药品监督管理局负责解释。

第二十四条 本办法自印发之日起施行。

小问答

1. 问题：处方药是否可以在大众媒体做广告？

答：处方药只能在批准的医学药学专业刊物上做广告，虽然有广告批文，但是不能在大众媒体做广告。允许发布处方药广告的医学药学专业刊物有很多，每年国家局和卫生部都联合发布，如高血压杂志、中国医院、药学学报、中医药信息、中医药学报、健康报、中国医药报等等。经批准的医学药学专业刊物可登录国家食品药品监督管理总局网站（www.sfda.gov.cn）查询。

2. 问题：药店能销售广告药品吗？

答：首先可以肯定的讲，允许药店销售合法的广告药品。国家药品监督管理局在2007年下发的《关于加强药品零售经营监管有关问题的通知》中就明确指出："药品零售企业要严格执行《药品广告审查办法》等规定，不得擅自悬挂或向消费者发放未经审批或以非药品冒充药品的广告宣传；不得销售因严重虚假宣传被食品药品监督管理部门采取行政强制措施暂停在辖区内销售的药品"。同时，山东省药品监督管理局在转发该文时又强调要求："药品广告中指定的广告药品的经销单位（药店），必须查验并留存加盖广告主原印章并经省食品药品监督管理局核准或备案的药品广告批文。"

也就是说，经营广告药品必须索取并留存合法的药品广告审批文件，异地发布药品广告的，要到当地省级药品监督管理部门备案。

五、药品流通环节分类管理的监督

1. 流通环节分类管理监督的含义

药品流通环节分类管理的监督是指药品监督管理部门依据有关法律法规，围绕规范处方药与非处方药分类管理行为，对零售药店进行的专项检查、日常检查、GSP跟踪检查等各种监督检查以及采取的各种管理措施。

2. 分类管理监督的主要内容

在推进流通环节药品分类管理，加强药品分类监管方面中，各级、各地药品监督管理部门都进行了一些有益的探索和实践，主要内容有：

（1）加强药品零售药店处方药与非处方药分柜摆放情况和专有标识规范情况的检查；加强驻店执业药师配备、在岗情况的检查；加强处方审核制度落实情况的检查；加强零售药店资质合法性的检查。

（2）严把药店准入审查关，对新开办药品零售企业进行现场检查验收时，对药师的资格、实际水平、是否兼职、外地人员能否保证在药店行使职责等进行严格把关。把药品分类管理工作的要求与零售药店的审批、变更、认证及监督检查有机结合，对达不到分类管理要求的，不予准入。

（3）结合GSP认证和认证后的跟踪检查，对药品分类管理执行情况进行重点检查，进一步完善驻店执业药师配备制度和处方审核制度。

（4）加强处方审核人员驻店注册、培训管理工作，充分发挥零售药店药学技术人员用药指导作用。

（5）加强零售药店的诚信管理。加强诚信体系建设，是提高监管效能，完善药品安全监管长效机制，增强零售药店守法自律意识，提高执行分类管理制度自觉性的有效措施。

（6）加大对违法违规行为的处罚力度。对不凭处方销售处方药及违反药品分类管理其他有关规定的，按《药品管理法》、《药品流通监督管理办法》等有关规定进行处理。

（7）开展药品分类管理的宣传教育活动。通过科学的宣传教育，解决公众在使用非处方药进行自我诊疗时所面临的合理用药知识缺陷，从思想上意识到药物滥用的危害，增加公众的自我保护意识，使其养成合理用药的良好习惯，为实施药品分类管理营造良好的社会环境。其次，通过积极有效的宣传，引导零售药店积极开展药学服务，通过高质量的药学服务，促进零售药店执行分类管理制度的自觉性。

3. 违反药品分类管理行为的处罚

鉴于国务院尚未出台《处方药与非处方药管理条例》，对违反处方药非处方药分类管理规定的行为，目前只能按照《药品流通监督管理办法》进行处罚。

《药品流通监督管理办法》第十八条规定，不凭处方销售处方药的，责令限期改正，给予警告；逾期不改正或者情节严重的，处以一千元以下的罚款。零售药店在执业药师或者其他依法经过资格认定的药学技术人员不在岗时销售处方药或者甲类非处方药的，责令限期改正，给予警告；逾期不改正的，处以一千元以下的罚款。

六、网上药店的销售

网上药店即指经批准的通过互联网向消费者个人销售药品的药品零售企业。

具有《互联网药品交易服务资格证书》的药品零售连锁企业，可通过互联网向消费者个人销售非处方药。

经批准的可以向消费者个人销售非处方药的合法网站有三个主要特征：

（1）网站开办单位为依法设立的药品零售连锁企业，经药品监督管理部门批准，获得了《互联网药品交易服务资格证书》（服务范围：向个人消费者提供药品）；

（2）在网站的显著位置标示出《互联网药品交易服务资格证书》的编号，如：上海医药嘉定大药房连锁有限公司的互联网药品交易服务资格证书证书编号是沪 C20090001；

（3）网站只向消费者个人销售非处方药，网站具备网上查询、网上咨询（执业药师网上实时咨询）、生成订单、电子合同等交易功能；

随着互联网时代的到来，网络购物已进入千家万户，一些非法网站也利用互联网信息量大，传播速度快的特点发布虚假药品信息和广告、为向消费者邮寄假药的网站提供链接服务，具有很大的欺骗性，也对消费者用药安全带来极大的危害。因此，在网上购药时，辨别网站的合法性非常重要。

判断网站是否合法，除查看以上三个特征外，还可直接登录国家食品药品监督管理总局网站（www. sfda. gov. cn）查询最新取得互联网药品交易服务机构资格证书、可向个人消费者提供互联网药品交易服务的网站名单。

据最新统计，截至 2011 年 8 月，经食品药品监管部门批准、可向消费者个人提供互联网药品交易服务的网站共有 42 家。

七、药品分类管理的发展趋势

药品分类管理是当今国际行之有效的管理模式，这种模式现已被世界上大多数国家所采纳，世界卫生组织（WHO）在 20 世纪 70 年代就积极向其各成员国尤其是发展中国家推荐这一管理模式，并于 1989 年建议各国将此模式作为国家药物政策而立法。

实施处方药与非处方药（OTC）分类管理，不仅是我国药品管理与国际管理模式接轨的具体体现，同时也是我国药品监督管理的一项重大改革。实施处方药与非处方药分类管理制度的根本目的就是保证用药安全有效，维护群众健康和生命安全的权益，树立科学发展观。所以我们要坚定信心，积极推进药品分类管理制度健康发展。

（1）加快立法，完善法律体系。根据我国《药品管理法》的要求，国务院应尽快制定并颁发《处方药与非处方药分类管理条例》，理顺管理机制，协调管理职责，明确管理内容。

(2) 加快医药卫生体制改革进程。实行医药分开，把门诊药房从医院剥离出来，建成独立核算的单体药店，彻底纠正以药养医的现状，推进药品经营环节的分类管理向纵深发展。

(3) 有效解决处方来源问题。如学习借鉴国外的先进经验，探索药店和医院联网，药店在销售处方药时，可以通过网络直接查询医院处方的有效性等。对处方进行登记、抄方留存、实行远程诊断电子处方、对需长期服药的慢性病患者建立病历档案等。

(4) 调整我国现行执业药师考试、注册的有关政策，并与现行的药学专业技术职务政策相衔接，提高执业药师的总体数量，加大执业药师继续教育的力度，提升执业药师履职的能力。

(5) 加大宣传教育力度。利用广播电视、新闻报刊、网站等载体以及在社区、农村开办健康大讲堂等方式，持之以恒地开展积极有效的宣传教育活动，广泛宣传处方药非处方药分类管理知识，让广大群众真正了解药品分类管理的意义，充分认识凭处方销售、购买和使用处方药的重要性和必要性及不合理用药、滥用药物的危害性，自觉改变不正确的用药习惯，自觉自愿地在用药安全和购药方便之间作出正确的选择。

药品分类管理制度的初衷，就在于树立政府、社会与个人分享健康权利与健康责任的观念，使患者用药更为安全有效、经济合理；使医疗资源得到更加有效的配置，提高服务质量。这项制度要落到实处，不仅要靠药品监督管理部门以及卫生、社会保障、工商等部门的协同作战，宣传普及、监督调控；更要靠社会各界的共同奋斗，使OTC、分类管理等观念“飞入寻常百姓家”，得到社会各界的广泛认同。

学习小结

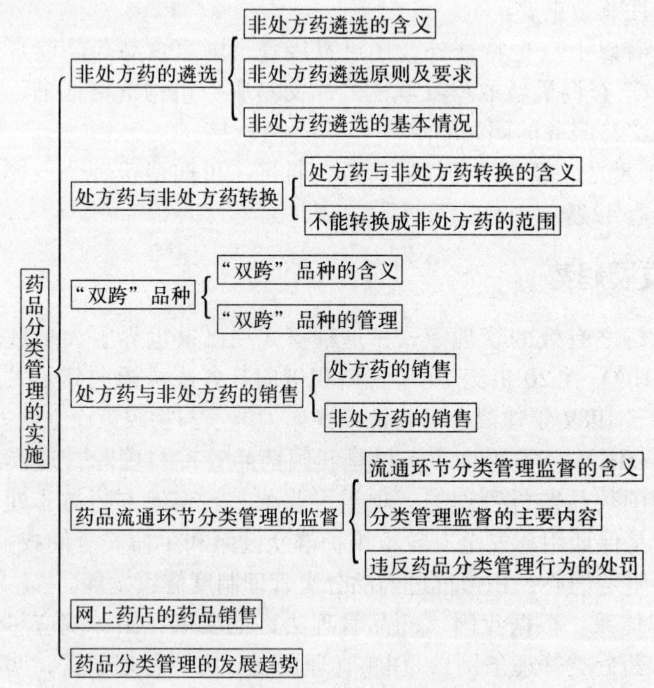

思考题

1. 非处方药遴选原则及要求是什么？
2. 不能转换成非处方药的范围有哪些？
3. 何为“双跨”品种？
4. 在药店严格凭处方销售的药品主要有哪几类？
5. 在药店不能销售的处方药有哪几类？
6. 药店销售处方药和非处方药时应注意哪些问题？
7. 可以向消费者销售非处方药的网站有哪些特征？
8. 流通环节药品分类管理监管的主要内容。
9. 推进药品分类管理制度健康发展对策初探。

参考文献

[1] 关舟. 中华人民共和国药品管理使用全书. 北京:红旗出版社.

(孙缘萍　王春玲)

第七章

中药材专业市场监管

学习要点

1.通过介绍中药材专业市场历史演变，发展现状，了解国家规范中药材专业市场的文件规定。

2.了解我国中药材专业市场发展现状，正视存在的问题，掌握相关法律法规政策，加强中药材专业市场的监管，促进中药材流通的规范发展。

导语

中药是祖国医药学的瑰宝，中药材作为药品的一种形式，在治病救人方面起到很大作用。近年来，通过多年的培育发展，中药材专业市场在搞活药材流通、增加农民收入、发展地方经济中发挥着重要作用，但在当前中药材、中药饮片流通监管法规不健全的条件下，随着中药材、中药饮片的生产经营水平和人们用药安全意识的不断提高，中药材专业市场的规范，不仅直接影响到群众用药安全，而且影响着中国中药产业化的良性发展。因此，加强中药材专业市场的监管是我国药品监督管理的重要内容之一。

第一节　发展概况

一、我国中药材专业市场历史演变

我国中药材的发展有着非常悠久的历史，剖析中药材专业市场的形成和发展，大约经历了3个发展阶段。

（一）传统集市贸易阶段

由于中药材种类繁多，加之在用药时有一定的专业要求，因此在自给自足的自然经济时期，传统的中药材便形成了相对专业的采养，并自然形成了互市贸易和流通。随着生产力水平的不断提高，在全国有名的中心城市不断出现了专门的中药材交易市场。中药材传统的集市交易在中国从古至今延续了相当长的一段时间，也支持和促进了中医中药的不断发展。

（二）计划经济发展阶段

建国后，中药材经营沿用计划经济的管理办法，全国构建了四级调拨体系，国家、省、市、县均建立了具有行政管理职能的药材经营管理部门，完全国有主渠道计划调拨经营方式保证了新中国成立后相当长时期内在物质资源极端匮乏的情况下各地药材的供给，保障了在物资批发时期药材的合理配送，但中药材统购统销的管理方式使得流通效率极为低下，随着药材供求关系的逆转，计划经济已经明显不能适应中药材市场发展的要求。

（三）市场经济初级发展阶段

20 世纪 80 年代，中药材经营权逐步放开，国有、民营、个体多种经济成分参与中药材购销，市场经济积极有效的调控市场，使中药材市场发展的生命力和灵活性充分得到展现，全国形成了多个药市并存的局面。20 世纪 90 年代初，开办药材市场出现超常态势，到 1994 年全国自发形成的中药材专业市场多达 117 个，其中不少名为中药材市场，实为中西成药、炮制饮片、保健品的集贸市场。受经济利益的驱动，中药材专业市场的无序发展还有不断上升的趋势。由于一些地方市场管理混乱，违规经营国家明令禁止品种，这类市场的存在不仅冲击了正常的药品流通秩序，而且为制售假劣药品提供了渠道，严重危害着人民的利益和生命安全。20 世纪 90 年代，针对当时药品市场的混乱局面，国务院有关部门依照国务院国发［1994］53 号文件和国办发［1996］14 号文件精神，采取一系列措施，集中对包括中药材市场在内的各类药品集贸市场进行了治理整顿，取缔了 116 个非法药品集贸市场，并批准保留了 17 家位于传统中药材集散地的中药材专业市场。在继续整顿药品市场，加强中药材专业市场监督管理的同时，明确要求在治理整顿期间不再开办新的中药材专业市场。

（1）1994 年 9 月，国务院发出《国务院关于进一步加强药品管理工作的紧急通知》（国发［1994］53 号），明确把整顿和规范中药材专业市场作为加强药品管理，整顿药品生产经营秩序的一项重要内容。在国务院办公厅组织协调下，国家中医药管理局、国家医药管理局、卫生部和国家工商行政管理局共同制定了《整顿中药材专业市场的标准》，并于 1995 年 4 月下发，明确规定由国家中医药管理局、卫生部审查，国家工商局核准发放《市场登记证》，重新审批中药材专业市场，全国整顿中药材专业市场工作也随之展开。

知识链接

国发［1994］53 号文件关于整顿和规范中药材专业市场的规定

《国务院关于进一步加强药品管理工作的紧急通知》关于整顿和规范中药材专业市场的内容有：

1. 国家禁止设立除中药材专业市场以外的其他药品集贸市场，禁止在中药材专业市场内出售国家规定限制销售的中药材和中成药、中药饮片、化学原料药及其制剂、抗生素、生化药品、放射性药品、血清疫苗、血液制品和诊断药品等。

2. 各地区设立中药材专业市场，必须依据国务院药品生产经营行业主管部门的总体规划，选择中药材主要产地或者集散地，并经国务院药品生产经营行业主管部门、卫生行政部门和工商行政管理部门审查批准。地方各级人民政府及其他部门均无权审批开办中药材专业市场。

3. 要对现有的中药材专业市场进行整顿，对已设立的不符合标准的中药材专业市场，一律关闭；对擅自设立的中药材专业市场以外的其他药品集贸市场，由当地人民政府依法取缔。

4. 对违反《药品管理法》在农产品集贸市场上擅自销售国家禁止销售的中药材品种和无证销售除中药材以外其他药品的，由有关部门依照《药品管理法》的有关规定予以查处。

（2）1995 年，国家中医药管理局在河北承德召开座谈会，并组织检查组到整顿难度大、问题较多的市场进行检查后，明确提出中药材专业市场不必也不宜在每个省、区、市都搞；国家中医药管理局会同有关部门积极采取措施，坚决取缔以各种名义开办的药品集贸市场；国家工商局深入开展市场检查，扎实开展中药材专业市场清理整顿。综合各部门的共同努力，基本扭转了中药材专业市场过多过滥的情况。到 95 年底，各地宣布撤销的药材市场就近 60 个，全国药材市场缩减到 50 余个。

（3）1996 年，国务院领导提出要“推进对中药材市场实行规范化管理的进程”要求，国务院办公厅下发《国务院公办厅关于继续整顿和规范药品生产经营秩序加强药品管理工作的通知》（国办发［1996］14 号），对中药材专业市场的整顿，提出了明确的工作要求，这一方面表明国务院对这项工作的高度重视，另一方面，也说明中药材专业市场问题的严重程度已经到了非下大力气解决不可的地步了。在此情况下，三局一部加强联合行动，共同下发了《关于严格执行＜整顿中药材专业市场的标准＞，加强中药材专业市场管理的通知》，重申严格按《整顿标准》进行整顿规范。3 月召开了亳州会议，成为整顿中药材专业市场进一步深化的标志，较好地解决了对炮制饮片不得进入中药材市场交易的认识问题。7 月，首批 8 个中药材专业市场验收合格并获审批发证。

知识链接

国办发［1996］14 号文关于加强整顿和规范中药材专业市场的规定

《国务院公办厅关于继续整顿和规范药品生产经营秩序加强药品管理工作的通知》提出坚决取缔药品集贸市场，加快整顿和规范中药材专业市场。要求各地人民政府要组织有关部门，坚决依法取缔药品集贸市场。以药品展销中心、药品信息中心、国药城、保健品批发市场、中药材专业市场等名义变相开办的各类药品集贸市场，都必须予以关闭，并做好善后工作。

（4）随后，经三局一部实地检查、共同审批，确定了第二批基本达标的 6 个中药材专业市场。截止 1997 年 7 月，全国共批准设立了 17 个中药材专业市场。

经过整顿和规范，全国批准保留了 17 家中药材专业市场。通过多年的培育发展，这些专业市场在搞活药材流通、增加农民收入、发展地方经济中发挥着重要作用，并积极推动中药产业的现代化进程。

知识链接

国家批准的 17 个中药材专业市场

（一）国家批准的 8 个中药材专业市场名单（国中医药生［1996］29 号）

1. 安徽亳州中药材专业市场
2. 湖南省邵东县廉桥中药材专业市场
3. 湖南省岳阳市花板桥中药材专业市场
4. 广州市清平中药材专业市场
5. 广东省普宁中药材专业市场
6. 广西壮族自治区玉林中药材专业市场
7. 重庆市解放路中药材专业市场
8. 昆明市菊花园中药材专业市场

（二）国家批准的 6 个中药材专业市场名单（国中医药生［1996］36 号）

1. 河北省安国中药材专业市场
2. 江西省樟树中药材专业市场
3. 山东省鄄城县舜王城中药材专业市场
4. 河南省禹州中药材专业市场
5. 西安万寿路中药材专业市场
6. 兰州市黄河中药材专业市场

（三）国家批准的 2 个中药材专业市场名单（国中医药生［1997］21 号）

1. 成都荷花池中药材专业市场
2. 哈尔滨三棵树中药材专业市场

（四）国家批准的 1 个中药材专业市场名单（国中医药生［1997］36 号）

湖北蕲州中药材专业市场

二、存在的主要问题

多年来，中药材专业市场在促进中药材流通，调剂市场余缺等方面发挥了积极的作用。但是落后交易方式、经营的低门槛、开放式的监管、从业人员的低素质等，造成中药材专业市场管理不规范、制售假劣药品、超范围经营等问题仍然比较突出。这些具有市场经济初级阶段特征的中药材市场发展模式在一定程度上制约着中药材、中药饮片生产经营的发展。

（一）流通管理体制存在缺陷

20 世纪 90 年代形成的医药、卫生、工商、管委会等部门对中药材专业市场的多头管理模式，责任不明、市场管理主体不清，导致阶段性市场整顿共同参与，日常管理松散，出现一管就死、一放就乱的问题。

（二）自身管理模式滞后

主要存在三方面问题：

1. 管理制度缺乏

由于中药材经营管理属于非许可类管理，造成中药材专业市场内中药材经营具有很大的流动性和隐蔽性，每个药市都有千家万户上万人从事药材经营，缺乏严格的管理规定和强有力的管理措施，无法对市场进行有效管理，导致专业市场内部管理混乱，经营者没有危机感，没有责任感，仅以盈利为目的。

2. 从业人员素质偏低

由于开放式管理、准入门槛低、流动式经营和低风险经营成本等原因，企业和药商的自律意识较差，进入中药材经营行业的人员缺乏必要的法律、法规和专业知识教育培训，经营人员药学知识贫乏，辨别中药材真伪的能力较差，质量意识淡薄。

3. 硬件设施简陋

大部分中药材专业市场的硬件设施仍滞留在90年代验收时的水平，交易场所脏、乱、差，不符合规模发展的要求，有些经营者由于没有集中的药材库存条件，所经营的中药材大多都存放在自己的家中和临时设置的仓库，缺乏必要的管理和符合标准的仓储保管条件，中药材质量在很大程度上受到影响。

（三）违法行为屡禁不止

1. 非法经营

中药材专业市场的经营大多是集市贸易的经营方式，人员流动性很大，上市品种复杂多样，隐蔽性交易量大，监管队伍和对象力量悬殊，加之一些不法者追求最大利益的主观动机，一些地区出现了非法经营中药材的行为，造成大量的场外交易，在个别市场中出现“场外有场”的现象。

2. 假冒伪劣

如小米染色后加工伪造菟丝子，贝壳研磨成的“珍珠”；火麻仁和柏子仁严重“走油”；钩藤茎多钩少；山茱萸带大量非药用的果核，乌梢蛇加工时插入异物以增重等等。

3. 超范围经营

在17个中药材专业市场内，销售中药饮片现象时有存在。个别中药材专业市场销售的饮片比例高达80%；还有的市场随意炮制加工中药饮片，随意经营自行调制的组方药，甚至销售禁止销售的中药材和中西成药。

思考题

1. 简述中药材专业市场发展史。
2. 我国批准设立的中药材专业市场有哪些？

第二节 中药材专业市场监管

我国中药材专业市场经过多次整顿，不断规范发展，为中药经济的发展发挥了重要作用，保障了人民用药需求。但是，中药材专业市场存在的许多问题，仍不容忽视，为解决这些问题带来的中药材质量隐患，国家食品药品监督管理局积极探索科学监管模式，于2007年在《关于加强中药材专业市场监督检查的通知》（国食药监市［2007］212号）中提出，鼓励并引导中药材市场向企业化经营发展，规范经营行为，落实责任主体的思路。

一、管理要求

（一）中药材专业市场应具备的条件

1. 总体规划

各地区设立中药材专业市场，必须依据国务院有关管理部门的总体规划，建在中药材主要品种的集中产地或传统的中药材集散地，交通便利，布局合理。

2. 设施

具有与所经营中药材规模相适应的营业场所、营业设施和仓储运输及生活服务设施等配套条件。

3. 专业管理机构和管理人员

具有专业市场管理机构、称职的管理人员（其中要有中药材专业管理人员，或经县级以上主管部门认定的主管中药师、相当于主管中药师以上技术职称的人员或有经验的老药工）、严格的管理办法。

4. 检验

具有与经营中药材规模相适应的质量检测人员和基本检测仪器、设备，负责对进入市场交易的中药材商品进行检查和监督。

（二）进入中药材专业市场经营中药材的企业和个体工商户应具备的条件

（1）药学技术人员。具有与所经营中药材规模相适应的药学技术人员，或经县级以上主管部门认定的，熟悉并能鉴别所经营中药材药性的人员。要求了解国家有关法规、中药材商品规格标准和质量标准。

（2）审批程序。进入中药材专业市场固定门店从事药材批发业务的企业和个体工商户，必须依照法定程序向工商行政部门申请取得《营业执照》。

（3）进入中药材专业市场租用摊位从事自产中药材的经营者，必须经所在中药材专业市场管理机构审查和批准后，方可经营中药材。

（4）在中药材专业市场从事中药材批发和零售业务的企业和个体工商户，必须遵纪守法，明码标价、照章纳税。

（三）市场开办者的责任

（1）建立健全内部日常管理组织和制度，实现职责到位，责任到人，承担对市场的日常管理及安全责任。

（2）对申请进入中药材专业市场经营中药材的企业和个体工商户，建立上岗前的中药材药性等专业知识的培训制度。

（3）建立健全质量检测制度，杜绝假冒伪劣中药材进入市场。

（4）建立切实可行的防火、防盗、卫生、治安等措施和制度，配备专职人员及有关器材设备，确保市场稳定，保证环境整洁，秩序井然。

（5）服从药品监督管理部门、工商行政管理部门的监督管理，自觉遵守国家有关法律、法规。

（四）中药材专业市场的管理

（1）日常管理。①中药材专业市场的专门质量管理机构应对入场的中药材进行质量检查，以确保场内的药材质量，质量不合格的中药材不得在市场内销售。②中药材专业市场的专门质量管理机构应建立日常巡查制度，以确保中药材质量。③中药材专业市场应严格按照药品监督管理部门界定的中药材初加工产品范围设置相关准入标准，并对场内经营的中药材初加工品负完全质量责任。④入场销售的中药材初加工品应在专区销售并应有明显的标识。⑤中药材专业市场严禁销售各种中药饮片、毒性中药材以及野生濒危动植物中药材。

（2）质量管理。①中药材专业市场内经营的中药材，应符合药用标准，中药材所使用的包装材料应清洁、干燥、无污染、无破损，并符合药材质量要求。②药材包装上应注明品名、规格、产地。③易破碎的药材应使用坚固的箱盒包装，贵细药材应使用特殊包装。④药材存放时，不得与其他有毒、有害、易串味物质混装混放。容器应具有较好的通气性，以保持干燥，并应有防尘、防潮措施。⑤药材应存放在货架上，与地面墙壁保持足够距离，并定期检查，防止虫蛀、霉变、腐烂、泛油等现象发生。⑥药材经营摆放时应整洁、有序，不得随地摆放。⑦药材经营场所应通风、干燥、避光，并具有防鼠、防虫、防蚁等措施，地面应整洁、无缝隙、易清洁。

（五）中药材专业市场经营有关禁止性规定

《整顿中药材专业市场的标准》对严禁在中药材专业市场进行下列中成药品及有关药品的交易作了明确规定。

（1）需要经过炮制加工的中药饮片。

（2）中成药。

（3）化学原料药及其制剂、抗生素、生化药品、放射性药品、血清疫苗、血液制品、诊断用药和有关医疗器械。

（4）罂粟壳，28 种毒性中药材品种。

（5）国家重点保护的 42 种野生动植物药材品种（家种、家养除外）；国家法律、法规明令禁止上市的其他药品。

42 种国家重点保护的野生动植物药材品种有如下。

一级：虎骨、豹骨、羚羊角、梅花鹿茸。

二级：马鹿茸、麝香、熊胆、穿山甲片、蟾酥、哈蟆油、金钱白花蛇、乌梢蛇、蕲蛇、蛤蚧、甘草、黄连、人参、杜仲、厚朴、黄柏、血竭。

三级：川（伊）贝母、刺五加、黄芩、天冬、猪苓、龙胆（草）、防风、远志、胡黄连、肉苁蓉、秦艽、细辛、紫草、五味子、蔓荆子、诃子、山茱萸、石斛、阿魏、连翘、羌活。

（六）切片管理

对2005年版《中国药典》（一部）进行统计，共51个品种，以下切片在管理上可不按中药饮片对待。

（1）药材切片（共22个品种）：干姜、土茯苓、山柰、山楂、川木通、片姜黄、乌药、功劳木、地榆、皂角刺、鸡血藤、佛手、苦参、狗脊、桂枝、粉萆薢、浙贝母、桑枝、菝葜、绵萆薢、葛根、紫苏梗。

（2）药材切段（共13个品种）：大血藤、小通草、肉苁蓉、青风藤、钩藤、高良姜、益母草、通草、桑寄生、黄藤、锁阳、槲寄生、颠茄草。

（3）药材切块（共3个品种）：何首乌、茯苓块、商陆。

（4）药材切瓣（共3个品种）：木瓜、枳壳、枳实。

（5）药材切瓣或片、段（指可选用多种切制方法加工的药材，共10个品种）：丁公藤、大黄、天花粉、木香、白蔹、防己、两面针、虎杖、香橼、粉葛。

二、监督管理

（一）主体合法性监管

（1）资质监管。中药材专业市场必须依法取得合法经营资格，持有有效的合法证照。

（2）机构和人员监管。①中药材专业市场的经营管理单位应设置专门的质量管理机构，负责中药材质量监控，并应配备与药材经营规模、品种检验要求相适应的人员、场所、仪器和设备。②质量管理部门负责人应具有大专以上学历，并具有中药材质量管理经验。③从事中药材经营管理的人员均应熟悉药事法规并具有中药学基本常识。④从事中药材经营、检验人员应定期进行健康检查，患有传染病、皮肤病或外伤性疾病等不得从事直接接触中药材的工作。⑤对从事中药材经营管理的有关人员应定期培训与考核。

（3）储存监管。中药材专业市场应具有与中药材经营、储存相适应的避光、通风和排水和检测调节温、湿度的设备以及 防尘、防潮、防霉、防污染、防虫、防鼠等设备，中药材存放时，不得与其他有毒、有害物质混装混放。

（4）销售监管。按我国现行药品法律法规的规定，中药材已纳入药品的定义，但在管理上基本视为农副产品，从生产、流通到使用，均处于放任状态，中药材不须任何准入资格，可以在集贸市场上自由流通，也可以自由购进，因此对中药材购销行为的监管存在一定的难度。比较明确的是，对实施批准文号管理的中药材属于药品的管理范畴，其购销行为必须依据药品的有关规定执行，必须销售给有合法证照的药品经营企业或药品使用单位。

（二）经营合法性监管

（1）对经营假劣中药材的监管。药品监督管理部门依法履行中药材质量监管职责，实施质量监督抽验，查处经营假劣中药材违法行为。

（2）对转让、转借、涂改、出租和异地使用证照经营监管。工商行政管理部门加强证照监管力度，对转让、转借、涂改、出租和异地使用证照经营的依法查处。

（3）对超范围经营的监管。对经发现超范围经营的，由工商行政管理部门依法处罚。

知识链接

《亳州市中药材市场管理办法》的有关规定

第十二条　中药材专业市场管理公司和中药材固定门点经营单位必须经工商管理部门登记并取得营业执照，方可从事中药材经营。

第十三条　中药材专业市场实行公司化管理，管理公司应设置专门的质量管理机构，负责中药材质量监控，并配备与药材经营规模、品种检验要求相适应的人员、场所、仪器和设备。

第十四条　中药材专业市场管理公司要建立完善现代企业制度，努力发展现代化中药材流通模式；严格执行《中国（亳州）中药材专业市场经营管理规范》，加强内部管理，并对市场内经营的中药材质量和经营行为负责。

第十五条　中药材市场管理公司应建立集中的中药材仓储中心，暂时不能进入仓储中心，由中药材市场管理公司对其中药材仓库实行备案管理，并对中药材质量负责。

第十六条　中药材专业市场内经营的中药材应符合质量要求，中药材所使用的包装材料应清洁、干燥、无污染、无破损，并符合药用质量要求；药材包装上应注明品名、规格、产地。

第十七条　中药材专业市场管理公司应当按照《国务院关于加强食品等产品安全监督管理的特别规定》第六条的规定，审查入场销售者的经营资格，明确入场销售者的产品安全管理责任，定期对入场销售者的经营环境、条件、内部安全管理制度和经营产品是否符合法定要求进行检查，发现不符合法定要求或者其他违法行为的，应当及时制止并立即报告工商行政管理部门。

第十八条　中药材专业市场管理公司应当与政府主管部门签订中药材质量管理责任状，并缴纳一定数额的保证金。

（三）中药材质量监管

1. 中药材、中药饮片质量存在的主要问题

（1）地方习用药材在全国范围内的流通，伪品屡见不鲜。主要存在的问题：①各省、市、自治区的中药材标准与国家标准存在严重的同名异物、同物异名问题，约占国家标准收载品种的20%；②各省、市、自治区标准与国家标准收载的药材名称相似；③地方习用品与国家药品标准收载的正品外观相似，从而使乱代乱用的问题更加严重。

（2）野生药材资源紧缺。如人参、前胡、赤芍、甘松、海藻、天冬、半夏、川贝母、刺五加、肉苁蓉、水蛭、麝香、冬虫夏草等。

（3）药材野生变家种问题。主要存在的问题：①家种药材种质有退化现象，如菊花、防风、白芷；②家种药材种质比较混乱，如山银花、柴胡、秦艽、白芍、赤芍；③家种药材外观性状与地道野生药材相比变异较大，内在质量也有待提高，如大黄、当归、防己、丹参、猫爪草等；④产地加工不规范严重影响中药材质量，如地黄、白芍、牛膝。

（4）药材质量标准严重滞后。主要存在的问题：①家种药材质量标准严重滞后，2010 版药典收载的家种药材有人参、川贝母、丹参、灵芝、黄芩、银柴胡。但市场如甘草、黄芪、天麻、半夏、桔梗、防风、前胡、何首乌、柴胡家种品已成为主流。甘草、黄芪、天麻其性状与野生品差异较小，大家早已默认，而半夏、防风（种子繁殖）、前胡等家种与野生形状有所差异，其中防风用种苗繁殖药材性状变异较大。建议增补家种药材的质量标准，满足市场需求；②《中国药典》现行版质量标准存在的问题。《中国药典》是国家监督管理药品质量的法定技术标准，2010 年版药典，收载品种明显增加，现代化分析技术得到进一步扩大应用，专属性鉴别方法得到了加强，安全性检测得到了提高。但《中国药典》还存在一些问题，如：苦木和枳实质量标准需进一步修订等，这些问题如不能及时得到纠正，将直接影响药品的判断结果的公正性和用药安全有效。

（5）中药材产地加工与贮藏过程中硫磺熏制问题。有研究表明，用硫磺熏制中药材会导致二氧化硫以及砷、汞等多种有害物质大量残留，不仅会降低药材质量，而且会严重危害使用者的健康。

菊花　用硫磺熏蒸过的菊花看上去又大又白，但是一经冲泡花马上就会变成绿色，而且水也变成绿色，口感略呛。这是由于菊花表面附着大量的二氧化硫，很可能会刺激咽喉黏膜，长期服用更会危害人体健康。

枸杞　表面红色或暗红色，味甜；而经硫磺熏过的枸杞被称为“磺货”，火红色，极为鲜艳，有酸气，微酸涩。

天麻　正常的天麻表面黄白色或淡黄棕色，有的可见棕褐色菌素，气微，味甘；用硫磺熏制过的天麻表面呈白色，闻之刺鼻，口尝味酸。此外，正常的天麻应该是质坚硬，经硫磺熏过的天麻由于含有大量水分，质韧，不易掰断。

百合　百合表面类白色或淡黄棕色，微带紫色，气微，味微苦；硫磺熏的百合色白，半透明，口尝味酸涩。

芦根　经硫磺熏后表面浅黄白色，TLC 鉴别阴性。

金银花　经硫磺熏后表面浅黄白色，气酸，木犀草苷不符合规定（《中国药典》2010 年版不得少于 0.050%）。

白芍片　经水浸泡和硫磺熏后表面和断面均为类白色，TLC 鉴别阴性，含量测定几乎不含芍药苷。

（6）药材价格飞涨是造成伪劣品增加的主要原因之一。如根及根茎类三七、人参、红参、太子参、山药、山慈菇、巴戟天、麦冬、白芍、赤芍；果实种子类胖大海、酸枣仁、桃仁、砂仁；全草类肉苁蓉；花类金银花、西红花、玫瑰花；皮类牡丹皮、黄柏；动物菌藻类穿山甲、海龙、海马、冬虫夏草。

2. 中药材质量存在的主要问题原因

（1）中药材来源不规范。现在使用的中药材多为人工种植，随着市场的需要和价格的高低不同，药农自行选择种植品种，为了追求经济效益而忽视了中药材的选购渠道，直接影响了中药材的质量。

（2）品种混用和人为造假、掺假。由于我国缺乏统一的标准，加之地区用药习惯不同，同药异名、异药同名现象长期存在；再者，药材市场混乱，多渠道经营，全方位开放，以及在回扣、让利销售等诱惑之下，一些不法分子将不合格的伪劣、掺假药材大量混入市场。

（3）包装材料单一，标签不规范。中药材用麻袋、塑料编织袋、化肥袋包装的现象屡见不鲜，导致中药材受到污染。另外，标签不规范，集中体现在“规格”和“产地”两项不符合要求，缺项情况比较普遍。

（4）储存、保管不善，条件简陋。一些企业只是将中药材用塑料包装，甚至不封口摆放在货架上，仓库设施简陋，无防尘、防虫、防潮、防鼠设施，无通风和温湿度检测调节设备，地面潮湿，卫生条件差，导致中药材霉变、虫蛀，降低中药材质量。

3. 中药材质量监管

（1）加强中药材流通环节质量监管。加强中药材经营环节中的掺假、伪造、硫熏等影响中药材质量行为的监管力度，防止不法行为发生。

（2）加强中药材质量抽验。加大中药材的抽检频率和抽检批次，通过检验加强中药材的质量。

（3）中药材质量事故的应急与处理。①中药材专业市场内中药材经营及质量发生以下情况，中药材专业市场经营管理单位应实施重点监控：中药材经营过程中出现质量问题被主流媒体披露、曝光的；出现违法违规经营大批量中药材被立案查处的；药品监督管理部门中药材监控网络发现信息异常的；②中药材专业市场经营管理单位应建立预警和处置快速反应机制，对实施重点监控的单位及已发生的中药材突发重大质量问题，应及时将相关信息通报有关部门。③中药材突发质量问题，有下列情形之一的，应启动应急预案：中药材经营过程中出现质量问题被主流媒体披露、曝光，造成严重社会影响的；中药材专业市场内假劣中药材流入生产、经营、使用单位出现重大安全事故的；中药材专业市场内假劣中药材数量巨大的。

知识链接

近年来常见伪、劣品中药材

1. 根及根茎类

山慈菇（山兰）、莪术（进口莪术无莪术醇）、半夏（水半夏、掌叶半夏）、白头翁（大火草根、野棉花）、白薇（甘肃白薇为竹灵消的根和根茎）、白前（甘肃白前为老瓜头的根茎及根）、草乌（多根乌头、乌头母根）、川乌（小附子）、甘松（翼首草）、刺五加（五加科其他植物的根和根茎或茎）、胡黄连（未知物）、苍术（关苍术）、白芍（毛果芍药的根）、赤芍（块根赤芍、草芍药）、柴胡（黑柴胡、锥叶柴胡、竹叶柴胡）、川贝母（劣平贝母、新疆贝母、东贝母）、大黄（山大黄、土大黄、一年生劣品大黄）、防风（云防风、小防风）、防己（小果薇花藤根、瘤枝薇花藤根、广防己）、藁本（新疆藁本）、草骨碎补（中华槲蕨、大叶骨碎补、光叶槲蕨、光叶瘤蕨、鳞轴小膜盖蕨）、红大戟（紫丹参、龙胆、龙胆草)、前胡(紫花前胡、毛前胡、光前胡)、茜草(大叶茜草)、拳参(草血竭、珠芽蓼)、山豆根(北豆根、苦甘草、木兰属植物的根)、山药(参薯、木薯)、石菖蒲(藏菖蒲)、天花粉(长萼瓜蒌根)、土茯苓(白土茯苓、菝葜)、香附(粗根茎莎草)、重楼(重楼属其他植物的根茎)。

赤芍尾根充柴胡，死秧当归根充柴胡；牛膝细根充龙胆，党参尾根充龙胆；白术须根蜜炙充蜜紫菀；迷果芹充北沙参、党参、水煮后加苦味剂充秦艽；白芍根头切片染色充制何首乌、充制草乌；黄芩饮片染色；丹参先用氧化铁水洗，使外皮染成紫红色再用硫磺熏；红参加糖蒸制；提取过的续断、丹参、麦冬、黄芩、黄连、黄芪等。

2. 果实种子类

郁李仁(李仁、杏李)、枳实(个青皮)、沙苑子(直立黄芪子、紫云英、华黄芪子)、紫苏子(菜苏子、白苏子、野苏子)、柏子仁(油炸碎大米、类似金樱子的种子、柏科植物的种仁)、酸枣仁(理枣仁、兵豆染色)、女贞子(木犀科植物小蜡的果实)、草豆蔻(滇草蔻)、刀豆(藜豆、洋刀豆)、橘红(化橘红)、莲子(食用莲子)、木瓜(光木瓜、移衣)、牛蒡子(大翅蓟果实、绒毛牛蒡果实、木香果实)、青箱子(鸡冠花子、野苋子、红粘谷子)、砂仁(山姜仁、华山姜、海南假砂仁、红壳砂仁)、桃仁(苦杏仁)、天仙子(广天仙子)、青果(西青果)、香橼(香圆未成熟果实、柚子)、栀子(建栀)；提取过的连翘、菟丝子、龙眼肉(龙荔果肉、荔枝果肉)、五味子(南五味子或南五味子染色)、丝瓜络(或用双氧水洗)；陈货豆蔻用白矾水浸增重，再用双氧水漂白后充新货。

3. 全草类

白花蛇舌草(水线草)、败酱草(北败酱)、大蓟(小蓟)、翻白草(委陵菜)、金钱草(广金钱草、风寒草)、刘寄奴(北刘寄奴)、紫花地丁(苦地丁、甜地丁、犁头草)、麻黄(膜果麻黄)、肉苁蓉(沙苁蓉、盐生肉苁蓉)、蒲公英(割取家种品的地上叶)、荆芥(无花穗、无叶)、广藿香(无叶，药典规定叶不得少于20%)、薄荷(无叶，药典规定叶不得少于30%)、益母草(梗多，叶少，质老。药典规定花前期采收，茎直径0.2~0.5cm，盐酸水苏碱不得少于0.50%，盐酸益母草碱不得少于0.050%)

4. 藤木类

鸡血藤(大血藤、丰城鸡血藤)、桑寄生(槲寄生)、石斛(有瓜石斛、果上叶)、小通草(马鞭绣球茎髓)、木通(川木通)、油松节(非油松或马尾松的瘤状节和分枝节)、海风藤(广西海风藤、山蒟)；皂角刺(日本皂角刺、野皂角刺、滇皂角刺、插田泡的茎)；增重的品种有石斛、小通草、通草等；饮片直径超过《中国药典》标准规定的有青风藤(直径超过2cm，规定0.5~2cm)、大血藤(直径超过3cm，规定1~3cm)、首乌藤(直径超过7mm，规定4~7mm)、桂枝(直径超过1cm，规定0.3~1cm)、桑枝(直径超过1.5cm，规定0.5~1.5cm)。

5. 皮类

海桐皮(川桐皮、浙桐皮、广东海桐皮)、黄柏(关黄柏)、秦皮(劣品秦皮)、五加皮(香加皮、刺五加皮)、合欢皮(山合欢皮)、地骨皮(地上茎的皮、鹅绒藤的根皮)、桑白皮(地上茎的皮)、地枫皮(非木兰科地枫皮的树皮、余甘子的根皮)、厚朴(大叶木兰、木莲属植物的树皮及杂树皮)、土荆皮(非松科金钱松的根皮或近根树皮)、牡丹皮(硫酸镁浸泡增重)。

6. 花、叶类

谷精草(谷精珠、赛谷精草、谷精草全草)、金银花(山银花、金银花增重、用槐花搓制、硫磺熏)、芫花(黄芫花)、洋金花(北洋金花、曼陀罗花)、玫瑰花(杂交)、月季花(杂交)、菊花(七月菊、八月菊或菊花无管状花、花冠紫色)、西红花(掺西红花料)、旋覆花(湖北旋覆花、水潮阳旋覆花)、红花(染色)、蒲黄(染色)、罗布麻叶(大叶白麻叶)。

7. 动物类

蕲蛇(外皮为真,骨头与肉均为假或者纯伪品)、乌梢蛇(多为滑鼠蛇或灰鼠蛇或正品不去内脏、发霉、有异味)、燕窝(伪制白燕窝、毛燕窝、血燕窝)、鹿角霜(煅牛、猪骨头、煅龙骨、煅驼鹿角、狍子角、驯鹿角、水鹿角等)、五灵脂(湖北五灵脂、新疆五灵脂、草灵脂、伪制五灵脂、泥球、羊粪)、蜈蚣(盐制增重,背、爪青绿色,无光泽或酒浸提取,个小,头为灰棕色,背、爪豆绿色,无光泽)、炮山甲(不用醋淬、用硫酸镁水浸增重);用双氧水洗的有海龙(粗吻海龙、宝珈海龙、舒氏海龙)、海马(带黑白环纹的进口海马);紫河车(增重、动物内脏加淀粉伪制)等。

8. 菌藻类

冬虫夏草(亚香棒虫草、凉山虫草、香棒虫草、新疆虫草、蛹草、古尼虫草、地蚕、甘露、伪制虫草)、猪苓(硫酸镁增重)、茯苓(淀粉伪制)。

9. 树脂类

血竭(龙血竭或用松香染色)、乳香(用淀粉加树胶类伪制)、琥珀(橄榄树树脂)。

10. 矿物及其他类

朱砂(辰砂或矿石染色)、琥珀(橄榄树树脂)、禹余粮(硅质岩、黄泥土块)、皂矾(含铜的化合物,应为硫酸盐类矿物水绿矾的矿石,主含含水硫酸亚铁)、龙骨、龙齿(现代动物骨骼)、淡豆豉(用制何首乌提取过黑豆汁的黑豆)、六神曲(生虫、发霉的面粉加麦麸)、天竺黄(人工天竺黄、竹蝗)。

三、中药材专业市场发展方向

(1)企业化、规模化经营发展趋势。GAP 实施将使中药材生产更加地道性,地产药材的概念将区域化,同时也在地理上造成了中药材专业市场内部经营将更加专业化、集团化;GSP 与饮片的批号制使进入(或准入)者要具有一定的实力和资质,规范的市场运作促使经营者经营范围专业化,龙头企业的参与将形成专业市场的集团化。2007 年,国家食品药品监督管理局下发《关于加强中药材专业市场监督检查的通知》(国食药监市[2007]212 号),鼓励并引导中药材市场向企业化经营发展,规范经营行为,政策的支持也将加快中药材专业市场企业化发展进程。

(2)集约化、现代化经营管理模式。面对未来竞争态势,中药材专业市场发展将会与中药产业总体规划统筹考虑,走中药材种植、加工、经营一体化、规模化、规范化之路,在宏观管理上企业实施连锁经营,引入物流配送、电子商务等现代化管理理念,使中药材来源可溯,质量处于有效监控之下。

(3)国际化发展趋势。标准与认证将成为中药材专业市场的争夺制高点,经过 GSP 认证的企业经营中药材更加具有市场竞争优势,随着世界范围内的中药热和中药的国际化进程加速,以及我国的中药材国际贸易额不断增长,中药材以药品或保健食品进入国际市场成为可能,将会加快中药材专业市场国际化发展进程,今后中药材专业市场国际化发展方向应是以有效开拓国际医药市场为发展目标,大力推进东西方文化交流，创造适宜于中药材国际营销的环境，使中药材迅速进入并最大限度地占领国际传统药物市场，在世界医药领域取得应有的地位。

小贴士

1. 中药材经硫黄熏蒸后的残留物是什么？是否会对人体造成危害？

答：一般来说，经硫黄熏蒸后的药材会残留少量的二氧化硫和亚硫酸盐类物质。中药材及饮片不同于食品，其摄入量相对较少，且经硫黄熏蒸后的中药材及中药饮片中残留的挥发性二氧化硫，经过药材储存等环节，残留量会进一步降低。由于少量残留的二氧化硫进入体内后会生成亚硫酸盐，并由组织细胞中的亚硫酸氧化酶将其氧化为硫酸盐，通过正常解毒后最终由尿液排出体外，再加上机体自身存在有内源性的亚硫酸盐，能耐受一定水平的亚硫酸盐。因此，少量的二氧化硫进入机体不致造成伤害。

2. 产地粗加工保留采用硫黄熏蒸传统方法的品种有哪些，其遴选标准和原则是什么？

答：按照“科学制定，从严控制”的原则，根据标准收载历史情况和相关文献资料，初步遴选出传统习用硫黄熏蒸的中药材品种，结合饮片生产实测数据，进一步遴选出山药、牛膝、粉葛、甘遂、天冬、天麻、天花粉、白及、白芍、白术、党参等11种传统习用硫黄熏蒸的药材品种。

遴选品种的范围以《中国药典》、国家批准的中药材标准以及全国各省（市）中药材标准所记载的硫黄熏蒸中药材品种为主，辅以有关专著和文献记载。对于同类品种统一考虑，避免出现同类品种存在不同的处理方式和二氧化硫残留限量标准。对一些存在有硫黄熏蒸记载，但熏蒸后会降低其有效性或所含成分发生改变的品种，以及属于传统进口药材或地方习用药材的品种，均从严制订二氧化硫残留限量标准。

3. 二氧化硫残留限量标准实行分级管理，第一类品种中药材及其饮片二氧化硫残留限量不大于400ppm，第二类品种二氧化硫残留限量不大于150ppm，确定上述限量数值的依据是什么？能否确保安全性？

答：FAO/WHO联合食品添加剂专家委员会（JECFA）对二氧化硫类物质作为食品添加剂的危险性评估为：以二氧化硫计，每日允许摄入量（ADI）为0~0.7mg/kg体重，即一个60kg体重的成人，每天二氧化硫的摄入量不超过42mg。FAO/WHO制定的“食品添加剂通用标准”（第33届CAC大会2010年更新）第12.2.1项规定，草药及香料中亚硫酸盐残留量“以二氧化硫计不得超过150 mg/kg”，该标准第04.2.2.2项中规定，蘑菇、豆类、海藻类等干菜以及种子类产品中亚硫酸盐残留量“以二氧化硫计不得超过500 mg/kg”。

参照上述国际组织及国内食品添加剂限量规定，根据中国食品药品检定研究院等单位的长期研究及监测数据，制订了中药材及其饮片二氧化硫残留限量标准。

注：ppm即mg/kg。

4. 二氧化硫残留的检测方法是否完善？

答：2005年版《中国药典》增补本开始收载了“二氧化硫残留量测定法”。为进一步提高检测的准确度和精密度，国家药典委员会、中国食品药品检定研究院等单位目前已完成新方法的研究和起草工作，经复核验证后，计划收载入2010年版《中国药典》增补本中。

5. 限量标准在监督执法中将如何贯彻？

答：限量标准正式发布后，将作为中药生产、检验和监督的法定依据。各级药品监管部门应加强监督、抽检力度，发现不符合标准的应依法予以查处。

思考题

1. 简述设立中药材专业市场应具备的条件。
2. 简述中药材专业市场严禁进场交易的药品种类。
3. 简述不按中药饮片管理的切片种类。
4. 简述中药材经硫黄熏蒸后的残留物对人体造成危害。

学习小结

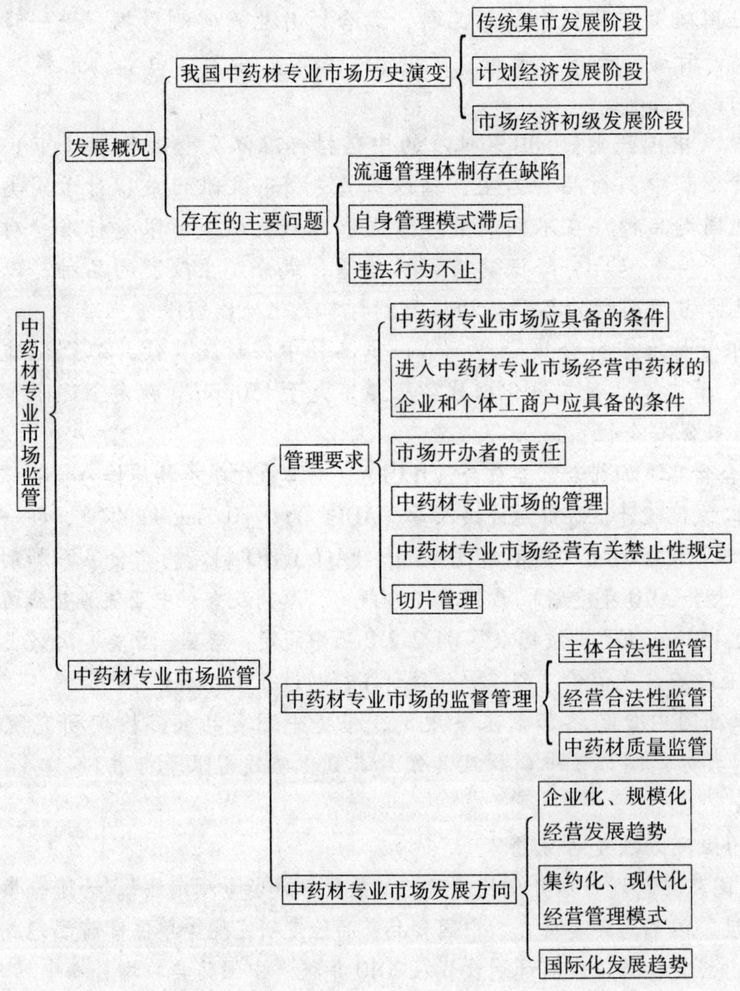

参考文献

[1] 杨世民. 药事管理学. 北京:中国医药科技出版社,2008.

[2] 孙邦琼. 中药材专业市场存在的主要问题及监管对策. 安徽医药 ,2003.

[3] 刘渝. 中药材流通环节战略性思考. 中药研究与信息,2005 年第 8 期.

[4] 国家食品药品监督管理局执业药师资格认证中心. 药事管理与法规. 北京:中国医药科技出版社. 2011.

(刘本功 王新建 刘传民 信明喜 韩凤华)

第八章

药品经营监督检查

学习要点

1.熟悉药品流通监督检查的形式。
2.了解我国药品安全责任体系。
3.熟悉监督检查的原则。
4.掌握实施药品流通现场检查时可以采取的措施。
5.熟悉不同情形违法行为的处理方式。
6.熟悉监督检查档案的主要内容。
7.熟悉药品批发企业、零售连锁企业、零售企业现场检查要点。
8.掌握药品批发企业药品购进环节的检查重点。
9.掌握药品批发企业药品销售环节的检查重点。
10.了解药品行政责任归责原则。
11.熟悉常见药品流通违法行为及法律责任。

导语

药品流通监督检查，主要是指对许可、认证合格后的药品批发企业和药品零售企业遵守药品监督管理法律、法规、规章、规范性文件的情况所进行的日常监督检查。检查人员必须熟悉药品监督管理法律法规，遵守检查纪律、检查原则，按照规定的程序，依法实施监督检查。重点检查企业经营资格、人员、药品购进、储存、销售等环节。检查过程中，可以根据现场情况采取药品抽样、调查取证，先行登记保存证物、查封扣押物品等措施。对检查中发现的违法行为，依法进行处理。通过实施监督检查，对提高药品监督管理人员的执法水平，办案能力，规范药品经营活动，保证药品质量，具有重要意义。

第一节　概　述

一、药品经营监督检查的概念与特征

药品监督检查是药品监督管理部门的法定职责，是药品监督管理的重要内容，对

保证药品质量，维护药品市场秩序起到了重要作用。药品监督管理部门应当依法履行职责，加强对药品研制、生产、经营、使用的监督检查，药品研制、生产、经营、使用的单位和人员，应当遵守药品监督管理的法律、法规、规章，接受药品监督管理部门的监督检查。

药品监督检查，是指各级药品监督管理部门依照法律授权，对药品研制、生产、经营、使用所实施的监督和检查。药品监督管理部门根据监督检查的需要，可以对药品质量进行抽查检验。对有证据证明可能危害人体健康的药品及其有关材料可以采取查封、扣押的行政强制措施。

本章所指的药品流通监督检查，是各级药品监督管理部门依法对许可、认证合格后的药品流通企业遵守药品管理法律、法规、规章、规范性文件的情况所进行的监督和检查。不包括《药品经营许可证》的发证、变更、换证的监督检查和 GSP 认证的现场检查。

药品流通监督检查有以下特征：

（1）检查的主体是各级药品监督管理部门；

（2）检查的对象是药品批发、零售企业；

（3）检查的内容是相对人遵守药品管理法律、法规、规章、规范性文件的情况；

（4）检查的性质是一种依职权的、单方的、相对独立的具体行政行为；

（5）检查的目的是为了防止和纠正管理相对人的违法行为，保障法律、法规、规章的执行和行政目标的实现。

二、药品流通监督检查的形式

药品经营企业在取得许可证，完成 GSP 认证后，如何对企业进行监督检查，各级药品监督管理部门从保证药品质量、维护药品市场秩序的角度出发，开展了形式多样的监督检查活动。结合药品监督管理部门职责，将药品流通监督检查的主要形式归纳为以下几种：

（一）日常监督检查

是指各级药品监督管理部门为确保药品安全，依法履行监督检查职责，依据有关法律、法规、规章、规范性文件，对药品经营企业经营药品的行为所进行的无因现场检查。日常监督检查具有以下特征：

（1）监管的主动性；

（2）程序的规范化；

（3）执法的常态化；

（4）任务的综合性；

（5）时间的持续性；

（6）效果的长期性。

日常监督检查的优势是监管活动的常态化、经常化，监管效果的长期性、持久性，能够更有效地维护药品市场秩序。日常监督检查的不足是对一些突发性的问题不能迅速解决。因此，在监管过程中，应该坚持以日常监督检查为主，日常监督检查与专项监督检查相结合的方针，做好监督检查工作。

（二）专项检查

是指药品监督管理部门根据监督管理的需要，在一个特定时期、特定范围依法开展的药品专项检查活动。如节日药品市场专项检查、中药材专业市场的专项检查。专项检查与日常监督检查相比具有以下特征：

（1）突击性 即具有应急性和临时性，表现为在一个特定时期内突击开展。

（2）集中性 即集中人力、物力和财力等执法资源，高强度开展工作。

（3）专项性 即针对急需解决的一种或几种违法行为开展。

（4）选择性 即在执法时间、对象和内容上具有确定性，在特定时间段主要做某项工作。

（5）被动性 即在问题出现后被动介入监管。

（三）专项整治

是药品监督管理部门单独或联合有关部门，在一定时期内集中执法资源，对药品市场上的某种或几种违法行为进行集中整顿治理的一种监管方法。在药品流通领域，主要是对药品经营企业的违法行为进行集中整顿治理。如国家食品药品监督管理局联合卫生部、公安部、工业和信息化部、工商行政管理总局、国家中医药局，从2009年起，开展的为期二年的药品安全专项整治活动。专项整治与其他检查相比有以下特征：

（1）组织的层级高，实施的范围广。药品专项整治方案一般由国务院办公厅或者国务院一个或几个部门联合制定下发，各级各部门根据职责分工，自上而下，在全国范围内组织实施。

（2）地方政府负总责。2007年3月31日国务院办公厅发布了《关于进一步加强药品安全监管工作的通知》（国办发［2007］18号），明确了地方各级人民政府要对本地区药品安全工作负总责，要完善重大药品安全事件应急机制，严格实施药品安全行政领导责任制和责任追究制。

（3）社会参与度高。药品专项整治是政府、部门、企业、社会共同参与的整顿治理活动。按照“地方政府负总责、监管部门各负其责、企业是第一责任人”的药品安全责任体系，要求政府统一领导，部门密切协作，企业积极参与，各司其职，各负其责，共同开展药品专项整治活动。

（四）许可证监督检查

药品经营许可证的监督检查，是指药品监督管理部门依法对药品经营企业《药品经营许可证》许可登记的内容进行的监督和检查。以确认《药品经营许可证》持证企业是否仍然符合许可标准要求。监督检查可以采取书面检查、现场检查或者书面与现场检查相结合的方式进行，检查结果应记录在案。监督检查的内容主要包括：

（1）企业名称、经营场所、仓库地址、企业法定代表人、企业负责人、质量负责人、质量管理机构负责人、经营方式、经营范围、分支机构等重要事项的执行和变动情况；

（2）质量管理、验收、药学技术服务等重要岗位人员变动情况；

（3）企业经营设施设备及储运条件变动情况；

（4）发证机关需要审查的其他有关事项。

《药品经营许可证》有效期为5年，有效期届满需继续经营的，应办理换证手续。

（五）GSP认证监督检查

GSP认证的监督检查，是指药品监督管理部门依法对认证合格的药品经营企业进行的监督检查，以确认认证合格企业是否仍然符合认证标准。监督检查包括跟踪检查、日常抽查和专项检查三种形式。跟踪检查按照认证现场检查的方法和程序进行；日常抽查和专项检查应将结果记录在案。

1. 跟踪检查

省、自治区、直辖市药品监督管理部门应在企业认证合格后24个月内，组织对其认证的药品经营企业进行一次跟踪检查，检查企业质量管理的运行状况和认证检查中出现问题的整改情况。

2. 日常抽查

设区的市级药品监督管理机构或者省、自治区、直辖市药品监督管理部门直接设置的县级药品监督管理机构应结合日常监督管理工作，定期对辖区内认证合格企业进行一定比例的抽查，检查企业是否能按照《药品经营质量管理规范》的规定从事药品经营活动。

3. 专项认证检查

认证合格的药品经营企业在认证证书有效期内，如果改变了经营规模和经营范围，或在经营场所、经营条件等方面以及零售连锁门店数量上发生了以下变化，省、自治区、直辖市药品监督管理部门应组织对其进行专项检查：①药品批发企业和药品零售连锁企业（总部）的办公、营业场所和仓库迁址。②企业经营规模的扩大，导致企业类型改变。③零售连锁企业增加了门店数量。以认证检查时为基数，门店数在30家（含30家）以下的每增50%，应对新增门店按50%比例抽查，门店数量在30家以上的每增20%，对新增门店按30%比例抽查。

三、监督检查的原则

（一）依法检查原则

（1）实施监督检查时，必须有明确的法律依据，必须在法律规定的职责范围内实施。

（2）监督检查过程中所采取的调查取证手段和行政强制措施，都必须有明确的法律授权。

（3）在监督检查过程中，不仅要遵守或依据实体法，而且要遵守程序法。

（4）在实施监督检查时必须履行法定义务。比如，药品监督管理部门进行监督检查时，必须向被检查者出示有关证明文件，以表明其行使监督检查权的合法主体资格和执行具体监督检查任务的合法依据；对知悉的被检查人的技术秘密和业务秘密必须承担保密义务。

（二）属地管理，分级负责原则

属地管理是指在药品日常监督检查方面，对各级药品监督管理部门“块块”方面的要求，要求各级药品监督管理部门，依照有关法律、法规、规章及有关文件，对辖区的药品质量日常监督检查全面负责、全面管理。分级负责是在药品质量日常监督检查方面，对各级药品监督管理部门"条条"方面的要求，要求各级药品监督管理部门，按照职责权限和分工，合理开展药品质量日常监督检查，保障监督检查工作落实到位。属地管理、分级负责原则，要求各级药品监督管理部门加强协作、互相补台，协调运转，避免重复执法和执法空白。

（三）处罚与教育相结合原则

药品日常监督检查，是促使行政相对人守法经营、规范经营的手段而不是目的，其目的是通过监督检查，直至处罚，警醒、教育行政相对人杜绝药品违法行为，避免药品违法行为的再度发生。各级药品监督管理部门，必须明确监管理念，大力宣传药品监督管理法律法规，使广大药品经营者自觉遵守药品监管法律规范，增强自律意识，从而保证药品质量，维护公众用药安全。

四、监督检查工作要求

（一）人员

检查人员应当熟练掌握药品管理法律、法规、规章和相关的药品专业知识，熟悉被检查单位的工作流程。认真履行监督检查职责，严格按照规定的程序、方案依法进行检查，做到忠于职守，公平公正。

（二）工作纪律

检查人员应遵守检查工作纪律。不得泄漏在检查过程中知悉的被检查单位任何合法商业秘密和涉及企业利益的信息；不得接受被检查单位和个人的宴请、财物，不得谋取其他利益；检查人员不得滥用自由裁量权，或以各种名义乱罚款、乱收费；除市、县级药品监督管理部门年度计划确定的日常监督检查和上级药品监督管理部门部署的专项监督检查外，不得随意组织检查活动；各级食品药品监督管理局实施监督检查时，不得妨碍被检查人正常的经营活动。

（三）过错追究

药品监督管理部门未履行《药品管理法》规定的监督检查职责或在监督检查工作中有违法违纪行为的，上一级药品监督管理部门应当依据《药品管理法》第九十七条、第九十八条、第九十九条的规定予以处理。

（四）检查频次

对药品经营单位的日常监督检查，原则上一年至少一次。

有下列情形之一且无违法行为的，当年或下一年度可以免予日常检查：

（1）药品质量抽查检验连续3次全部合格的；

（2）当年GSP认证通过的；

（3）当年GSP认证跟踪检查合格的。

有下列情形之一的，应当列为重点监督检查单位，半年或每季度检查一次：

（1）去年以来有违法违规行为被处罚的，《药品管理法实施条例》第八十一条规定的情形除外；

（2）一年内在药品质量抽查检验中有不合格药品的；

（3）拒绝、逃避监督检查的。

（五）注重效能

监督检查应从实际出发，可将多种形式的监督检查合并进行，采取日常监督检查与专项检查相结合，许可与认证检查相结合，行政监督与技术监督相结合等多种结合方式，充分发挥监管效能，避免多头、重复检查。

五、药品流通监督检查工作中存在的主要问题

（一）制度建设滞后

药品流通监督检查没有形成一套切实可行的法规体系和工作程序，从药品经营企业发生经营违法行为的角度来看，可以说，药品流通监督检查是介于许可认证之后和稽查处罚之前的监管环节，与稽查相比各有侧重，又不尽相同，药品流通监督检查是以规范为主，稽查办案是以查处违法行为为主。药品流通监督检查应当有一套独立的制度和工作程序，与许可、认证、稽查相比显得相对滞后，可操作性不强。

（二）重视程度不够

重事前许可、认证，轻事后监督检查，药品经营企业完成经营许可、GSP 认证后，如何使其保持规范经营，监督检查显得十分重要。对监督检查的重要性、紧迫性和必要性的认识不足。

（三）监督力量薄弱

从事药品流通监督检查的执法人员较少，没有形成一支强有力的专业执法队伍，监督检查的水平、能力和工作的力度、手段不能满足当前药品监管形势和任务的需要。

（四）执法程序和文书不规范

目前，还没有规范、统一的药品日常监督检查程序，也没有制式、规范、统一的日常监督执法文书，监督检查档案内容不规范，监督检查带有很强的随意性。

六、加强药品流通监督检查的重要意义

药品经营许可、GSP 认证、监督检查是药品监督管理部门规范药品经营秩序的三个主要手段，三者相比，药品流通监督检查显得十分薄弱。加强药品流通监督检查具有十分重要的意义：

（1）加强药品流通监督检查，能够更好地保证药品质量，维护药品流通市场秩序，促进药品流通行业的健康发展。

（2）加强药品流通监督检查，能够促使药品经营企业增强守法经营意识，提高药品经营企业的质量管理水平。

（3）加强药品流通监督检查，能够及时了解药品经营企业的经营现状，及早发现药品经营中的违法行为，以便及时查处，得以纠正。

（4）加强药品流通监督检查，能够使药品监督管理部门依法履行职责，进一步落实药品监督管理安全责任体系。

（5）加强药品流通监督检查，能够提升药品流通监管队伍素质，提升执法水平和能力，树立药品监督管理部门的权威、形象。

思考题

1. 什么是药品质量日常监督检查？有何特征？
2. 简述我国药品安全责任体系。
3. 简述属地管理、分级负责的监督检查原则。
4. 结合当地实际，谈一下药品流通监督检查工作中存在的主要问题。

第二节 药品流通监督检查程序

药品流通监督检查程序，是指药品监督管理部门及其执法人员，为确保药品流通环节质量安全，对药品经营单位进行监督检查时，必须遵循的方式、方法和步骤。本节以日常监督检查为例，介绍药品流通监督检查程序，以供药品监督管理部门及其执法人员参考。

一、监督检查方案的制订

各级药品监督管理部门应当了解辖区内药品市场情况，找出薄弱环节，根据上级工作安排和监督检查的要求，结合本辖区药品监督管理现状，制订年度监督检查方案和临时性检查方案。监督检查方案包括：检查的目的、依据、内容、方法步骤、时间安排、工作要求等。

知识链接

关于印发《××市药品经营企业日常监督检查工作方案》的通知

各县、(市)、区食品药品监督管理局：

现将《××市药品经营企业日常监督检查工作方案》印发给你们，请结合当地实际，认真贯彻执行，并做好总结上报工作。

××市食品药品监督管理局
二〇一一年四月二十日

××市药品经营企业日常监督检查工作方案

为认真贯彻国家、省食品药品监管工作会议精神，切实提高对药品流通环节日常监管的针对性和有效性，保障人民群众的用药安全，依据国家局《关于进一步做好2011年全国药品安全专项整治工作的通知》和省局《2011年全省药品流通监管工作要点》，特制定××市药品经营企业日常监督检查工作方案。

一、指导思想（略）

二、工作目标（略）

三、工作任务

（一）强化日常监管，不断规范企业经营行为

1. 明确日常监管和检查的重点。（略）

2. 认真开展药品零售企业 GSP 认证跟踪检查工作。（略）

3. 推进违法药品广告监测工作。（略）

4. 加强经营企业许可后的监管。（略）

（二）深入开展药品安全专项整治，巩固药品专项整治工作成果

1. 加强抗菌药物零售监管。（略）

2. 加强特殊药品监管。（略）

3. 加强高风险品种的经营监管。（略）

4. 打击销售假劣药品行为。（略）

（三）加强基本药物质量管理，保障基本药物质量安全

1. 切实加强基本药物配送、使用环节监管。（略）

2. 全力做好基本药物电子监管工作。（略）

四、工作要求

（一）高度重视、落实责任。（略）

（二）统分结合、整体推进。（略）

（三）广泛宣传、营造氛围。（略）

（四）加强督查，确保实效。（略）

二、监督检查的实施

（一）检查人员

检查人员要事先拟定检查的方案与提纲，明确职责分工。应提前通知企业，如需突击检查，应在检查时出示文件或说明来意。

进行现场监督检查时，执法人员不得少于 2 人，指定 1 人为组长，并应当向被检查人或者有关人员出示执法证件。检查人员与被检查人有直接利害关系的，应当回避。监督检查实行组长负责制。

（二）检查程序

1. 出示证件

检查人员进入企业现场后，首先向企业出示执法证件，介绍检查组成员，告知企业检查内容，确定企业的检查陪同人员。

2. 进行检查

结合被检查单位实际，合理安排检查顺序，对主体的合法性（许可证、营业执照、GSP 证书的相关内容）和行为的合法性（购进、储存、销售）进行检查，查看现场、实物、档案、材料、票据、记录等，对其合法性、真实性、完整性以及账物的相符性进行审查，重点内容应逐项检查。

3. 检查记录

检查过程中随时记录发现的问题，并与企业进行确认，制作《现场检查笔录》，存

入监管档案。

检查笔录起始部分应当注明执法人员身份、证件名称、证件编号及检查目的。执法人员应当在检查笔录终了处签字。

检查笔录经核对无误后，被检查单位负责人应当在笔录上逐页签字或者按指纹。并在笔录终了处注明对笔录真实性的意见。笔录修改处，应当由被检查人签字或者按指纹。

被检查人拒绝签字或者按指纹的，应当由2名以上执法人员在笔录上签字并注明情况。

4. 结果处理

检查结束后，请当事人回避，检查人员对检查的情况进行汇总、分析，做出检查结论。对发现的问题，应责令企业进行整改；当事人有违法行为的，应进行调查取证依法查处，或者移交稽查机构进行处理。

现场检查流程图

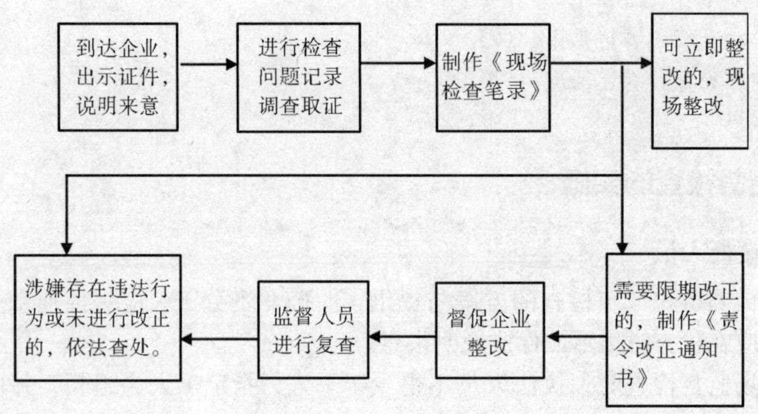

（三）检查措施

在对药品流通企业实施监督检查时，根据现场情况，可采取以下措施：

1. 药品抽验

药品监督管理部门根据监督检查的需要，可以对药品质量进行抽查检验。药品抽样必须由两名以上药品监督检查人员实施，并按照国务院药品监督管理部门制定的《药品质量抽查检验管理规定》、《药品抽样指导原则》进行抽样。

2. 调查取证

调取的证据应当是原件、原物。调取原件、原物确有困难的，可由提交证据的单位或者个人在复制品上签字或者加盖公章，并注明“此件由×××提供，经核对与原件（物）相同”的字样或者文字说明。

凡能证明案件真实情况的书证、物证、视听资料、证人证言、当事人陈述、检验报告、鉴定意见、调查笔录、电子数据、现场检查笔录等，为药品监督管理行政处罚证据。

执法人员进行调查时，应当填写《调查笔录》。调查笔录起始部分应当注明执法人员身份、证件名称、证件编号及调查目的。执法人员应当在调查笔录终了处签字。

调查笔录经核对无误后，被调查人应当在笔录上逐页签字或者按指纹，并在笔录终了处注明对笔录真实性的意见。笔录修改处，应当由被调查人签字或者按指纹。

被调查人拒绝签字或者按指纹的，应当由2名以上执法人员在笔录上签字并注明原因，并邀请有关人员作为见证人签字或者盖章，也可以采取录音、录像等方式记录。

3. 先行登记保存

在证据可能灭失或者以后难以取得的情况下，经分管负责人批准，可以先行登记保存，并向当事人出具先行登记保存物品通知书。对先行登记保存的证据，应当在7日内作出处理决定。

4. 查封扣押

药品监督管理部门对有证据证明可能危害人体健康的药品及有关材料，可依法采取查封、扣押的行政强制措施。执法人员在查封、扣押物品前应当填写《查封扣押物品审批表》，报药品监督管理部门分管负责人批准。查封、扣押物品时，执法人员应当向当事人出具查封、扣押决定书。

药品监督管理部门在实施先行登记保存或者查封、扣押时，应当通知当事人到场，并在现场检查笔录中对采取的相关措施情况予以记载。当事人拒绝到场的，执法人员可以邀请有关人员参加。

查封、扣押的物品，应当使用盖有本部门公章的封条，就地或者异地封存，当事人不得擅自启封。

对先行登记保存或者查封、扣押的物品应当开列《（ ）物品清单》，由执法人员、当事人或者有关人员签字或者加盖公章。当事人拒绝签字、盖章或者接收的，应当由2名以上执法人员在清单上签字并注明原因，并邀请有关人员作为见证人签字或者盖章，也可以采取录音、录像等方式记录。

对先行登记保存或者查封、扣押的物品应当开列物品清单，由执法人员、当事人或者有关人员签字或者加盖公章。

查封、扣押的期限不得超过30日；情况复杂的，经本部门分管负责人批准，可以延长，但延长的期限不得超过30日。作出延长查封、扣押期限决定后应当及时填写查封扣押延期通知书，书面告知当事人，并说明理由。

对物品需要进行检验、检测、检疫或者鉴定的，应当填写检验（检测、检疫、鉴定）告知书。查封、扣押的期间不包括检验、检测、检疫或者鉴定的期间。

符合《行政强制法》第二十八条规定的，应当解除查封、扣押。

需要暂停销售和使用的，应当由国务院或者省、自治区、直辖市人民政府药品监督管理部门作出决定。

三、检查结果处理

（一）违法行为较轻的，责令企业整改，可免予行政处罚

此种情形又可分两种情况：

1. 整改后可免予复查的

违法行为能立即整改的，应监督企业当场整改；需要限期改正的，应制作责令改正通知书，责令当事人限期改正，改正后，以书面形式将整改报告及相关证明材料报检查机关，检查机关不再复查。

2. 整改后必须复查的

现场检查时，发现企业存在违法行为，依据法律法规的规定，责令限期改正。整改完成后，当事人以书面形式将整改报告及相关证明材料报检查机关，检查机关必须对整改情况进行复查。复查不合格或者逾期不改正的，应依法查处或者移交稽查机构处理。

（二）违法行为应当依法给予行政处罚的

可以当场作出行政处罚的，检查人员应当当场作出行政处罚决定，制作《当场行政处罚决定书》，送达当事人；需要立案查处的，应立案调查或者移交稽查机构依法查处。

四、建立监督检查档案

各级药品监督管理部门应建立并执行监督检查档案制度，及时把握企业动态变化，增强药品监管工作的针对性和有效性，提高监管效能。监督检查档案要科学编目，便于检索。

监督检查档案，原则上“一企一档”，主要包括以下内容：①企业基本信息：企业名称，经营场所，企业法定代表人（负责人）和质量负责人姓名、职称、学历、联系电话，从业人员基本情况、查体培训情况等；②《药品经营许可证》、企业营业执照、GSP证书复印件；③每次监督检查的现场检查材料、企业整改材料及跟踪检查材料、行政处罚文书、药品抽验信息等材料；④涉及该企业有关药品经营管理方面的其他资料。

五、总结评估

根据监督检查中各单位存在的问题和整改情况，并综合其他监管情况，客观公正、科学合理地评估各药品经营企业的信用程度，根据企业信用程度不同实行分级分类监管。

监督检查完成后，药品监督管理部门要及时对整个监督检查进行总结评估，查找问题，总结经验，形成完整的药品监督检查评估报告，为今后制订监督检查方案提供参考。

思考题

1. 简述药品监督现场检查流程。
2. 实施现场监督检查时，可以采取哪些措施？
3. 模拟制作一套违法行为责令限期改正并复查的执法文书。
4. 阐述监督检查档案的主要内容。

第三节 药品经营现场检查

一、检查依据

药品流通监督检查的法律依据主要有《药品管理法》及其实施条例、《药品流通监督管理办法》、《药品经营许可证管理办法》、《药品经营质量管理规范》及其实施细则等法律、法规、规章和规范性文件。

二、检查内容

（一）遵守法律法规的情况

药品经营企业应当按照法律、法规和规章的规定开展药品经营活动；药品监督管理部门应当对其守法经营情况进行监督检查。以确保药品流通环节的质量安全，维护良好的市场经营秩序。

（二）许可认证后的条件符合情况

药品经营企业完成许可、认证后，可能会出现“滑坡”现象。药品监督管理部门应根据法律法规的要求，加强对药品经营企业完成许可、认证后的监督检查，以确定企业是否还符合许可认证时的标准要求。

（三）执行药品管理的其他情况

药品监督管理部门根据形势的需要，会及时出台一些新的规定、政策，要求药品经营企业贯彻执行。例如，基本药物电子监管，国家食品药品监督管理局《关于做好基本药物全品种电子监管实施工作的通知》（国食药监办［2010］237 号），要求相关药品经营企业应于 2011 年 3 月 31 日前按要求配备监管码采集设备，对所经营的相关药品通过药品电子监管网做好核注核销及预警处理工作。对企业的执行情况，应进行监督检查。

三、检查对象与检查要点

（一）药品批发企业的检查

1. 经营资格

对药品批发企业经营资格的检查，主要是指对其许可证、营业执照、GSP 认证证书的检查：

（1）许可证、营业执照、GSP 认证证书是否齐全。

（2）许可证、营业执照、GSP 认证证书三者内容是否一致。

（3）许可证、营业执照、GSP 认证证书是否真实、合法、有效。

（4）许可的内容与实际是否一致。《药品经营许可证》的经营方式、经营范围、注册地址、仓库地址、企业法定代表人或负责人以及质量负责人，应与实际经营现状逐一核实。看企业是否存在着超范围、超方式、异地经营药品，转让、出租、出借、买卖许可证等违法行为。

2. 人员

（1）企业负责人：是否具有大学专科以上学历或者中级以上专业技术职称。

（2）企业质量负责人：是否具有大学本科以上学历、执业药师资格和3年以上药品经营质量管理工作经历；能否在职在岗。

（3）质量管理部门负责人：是否具有执业药师资格和3年以上药品经营质量管理工作经历；能否在职在岗。

（4）质量管理员：是否具有药学中专或者医学、生物、化学等相关专业大学专科以上学历或者药学初级以上专业技术职称；是否在职在岗，是否兼职其他业务工作。

（5）验收、养护人员：是否具有药学或者医学、生物、化学等相关专业中专以上学历或者药学初级以上专业技术职称；从事验收工作的人员是否在职在岗，是否兼职其他业务工作

（6）采购人员：是否具有药学或者医学、生物、化学等相关专业中专以上学历。

（7）销售人员：是否具有高中以上文化程度；是否为挂靠、走票人员。

（8）企业是否对各岗位人员进行与其职责和工作内容相关的岗前培训和继续培训。质量管理、验收、养护、储存等直接接触药品岗位的人员是否进行岗前及年度健康检查。

（9）企业提供的人员的职称、学历、执业资格，培训、上岗、健康检查的证明材料，是否真实、合法、有效。

3. 购进

（1）供货单位资格

①生产企业：从药品生产企业购进药品，应检查其《药品生产许可证》、营业执照、《药品生产质量管理规范认证证书》是否齐全，复印件是否加盖供货单位公章原印章。

②批发企业：从药品批发企业购进药品，应检查其《药品经营许可证》、营业执照、《药品经营质量管理规范认证证书》是否齐全，复印件是否加盖供货单位公章原印章。

（2）销售人员资格　检查供货单位销售人员的资质情况。查验销售人员身份证复印件，是否加盖了供货单位公章原印章；查验销售人员的授权书，授权书是否载明被授权人姓名、身份证号码，以及授权销售的品种、地域、期限；是否加盖供货单位公章原印章和法定代表人印章或者签名。

（3）药品合格证明和其他标识　现场检查时重点查看药品生产批准证明文件、药品检验报告书是否齐全，复印件是否加盖供货企业原印章；进口药品要查验《进口药品注册证》（或者《医药产品注册证》）和《进口药品检验报告书》是否齐全，复印件是否加盖供货企业原印章。药品的包装、标签和说明书是否符合规定，发现疑问可与药品监督管理部门批准的药品说明书、标签进行比对，必要时，请药品生产企业所在地药品监督管理部门进行协查。

（4）购进药品票据。对药品批发企业购进票据的检查，重点查看：

①发票。发票是否列明药品的通用名称、规格、单位、数量、单价、金额等；不能全部列明的，是否附《销售货物或者提供应当税劳务清单》，并加盖供货单位发票专用章原印章、注明税票号码。发票上的购、销单位名称及金额、品名是否与付款流向及金额、品名一致，并与财务账目内容相对应。

②随货同行单。随货同行单是否列明供货单位、生产厂商、药品的通用名称、剂型、规格、批号、数量、收货单位、收货地址、发货日期等内容，并加盖供货单位药品出库专用章原印章。注意企业是否存在从无证单位购进药品的嫌疑。

（5）购进、验收记录 购进、验收记录是否齐全，所记录内容是否完整。

购进记录是否注明药品的通用名称、剂型、规格、批号、有效期、生产厂商、供货单位、数量、价格、购货日期及国务院药品监督管理部门规定的其他内容。

验收记录是否记载药品的通用名称、剂型、规格、批准文号、批号、有效期、生产厂商、供货单位、数量、到货日期、质量状况、验收结论和验收人员等项内容。

（6）企业提供的供货方的许可证、营业执照、认证证书，销售人员授权书，购进药品票据，是否真实、合法、有效。

4. 储存与运输

（1）仓库的温湿度是否符合标准要求 企业应有与其经营品种和规模相适应并适宜药品分类保管和符合药品储存要求的常温库、阴凉库、冷库。其中常温库温度为0～30℃，阴凉库温度0～20℃，冷库温度为2～10℃；各库房相对湿度应保持在35%～75%之间。特别注意冷库是否正常运转并符合标准要求。温湿度记录是否齐全、真实。

（2）药品是否按温、湿度要求储存于相应的库中，并实行色标管理。

（3）药品运输的温湿度是否符合药品储存的要求，企业是否按照药品储存温湿度的要求采取必要的保温或冷藏措施进行运输。

（4）特别注意药品说明书要求低温、冷藏储存的药品，是否按照有关规定，使用低温、冷藏设施设备运输和储存。能否做到冷链运输。

（5）企业储存药品的场所是否经过药品监督管理部门核准。

（6）企业是否为他人以本企业的名义经营药品提供场所。

5. 销售

（1）销售对象 企业是否依据有关法律、法规和规章的规定，将药品销售给具有合法资格的单位。

药品生产企业：应具有《药品生产许可证》、营业执照、《药品生产质量管理规范认证证书》；

药品经营企业：应具有《药品经营许可证》、营业执照、《药品经营质量管理规范认证证书》；

医疗机构：应具有《医疗机构执业许可证》。

注意企业提供的销售对象的许可证、营业执照、认证证书，是否真实、合法、有效，是否为他人从事无证生产、经营提供药品，是否将药品销售给无合法资格的单位或个人。

（2）销售票据 药品批发企业销售药品时，是否如实开具发票，是否做到票、账、货、款一致，是否开具列明供货单位、生产厂商、药品的通用名称、剂型、规格、批号、数量、价格、收货单位、收货地址、发货日期等内容，并加盖供货单位药品出库专用章原印章的随货同行单。

（3）销售记录 药品销售记录是否真实完整。销售记录是否注明药品的通用名称、剂型、规格、批号、有效期、生产厂商、购货单位、销售数量、单价、金额、销售日期及国务院药品监督管理部门规定的其他内容。

(4) 销售宣传 药品营销宣传是否经过有关部门批准，宣传的内容是否超出药品说明书。

药品批发企业现场检查要点一览表

被检查单位： 年 月 日

序号	检查项目	检查要点	检查结果记录
1	经营资格	药品经营许可证、营业执照、GSP认证证书是否齐全、真实、合法、有效 许可的内容与实际是否一致	
2	人员	质量管理负责人、质量管理部门负责人、质量管理员、验收员是否在职在岗 质量管理、验收、养护、储存等直接接触药品岗位的人员培训、健康检查是否符合要求 销售人员是否具有高中以上文化，岗前和继续培训是否符合要求；是否为挂靠、走票人员	
3	购进	供货单位资格：许可证、营业执照、认证证书 销售人员：授权书、身份证复印件 药品合格证明和其他标识 购进药品票据是否合法 购进、验收记录是否真实、完整	
4	储存运输	常温库、阴凉库、冷库的温湿度是否符合要求 药品是否按温、湿度要求储存于相应的库中，并实行色标管理 药品运输的温湿度是否符合药品储存的要求 企业储存药品的场所是否经过药品监督管理部门核准 企业是否为他人以本企业的名义经营药品提供场所 设施设备是否正常运转	
5	销售	是否按照许可的范围、方式进行销售 销售对象是否合法 销售票据是否合法 销售记录是否真实完整 广告宣传是否合法	
被检查人意见及签字： 年 月 日			
检查人员签字： 年 月 日			

注：本文书一式二份，一份存档，一份交被检查单位。

（二）药品零售连锁企业的检查

药品零售连锁企业由连锁总部和零售门店组成。对其总部的检查可参照药品批发企业的检查；对其零售门店的检查可参照药品零售企业的检查。

知识链接

药品零售连锁企业现场检查要点一览表

被检查单位：　　　　　　　　　　　　　　　　年　月　日

序号	检查项目	检查要点	检查结果记录
1	经营资格	药品经营许可证、营业执照、GSP认证证书是否齐全、真实、合法、有效 许可的内容与实际是否一致	
2	人员	质量管理负责人、质量管理部门负责人、质量管理员、验收员是否在职在岗 质量管理、验收、养护、储存等直接接触药品岗位的人员培训、健康检查是否符合要求	
3	购进	供货单位资格：许可证、营业执照、认证证书 销售人员：授权书、身份证复印件 药品合格证明和其他标识 购进药品票据是否合法 购进、验收记录是否真实、完整	
4	储存运输	常温库、阴凉库、冷库的温湿度是否符合要求 药品是否按温、湿度要求储存于相应的库中，并实行色标管理 药品运输的温湿度是否符合药品储存的要求 企业储存药品的场所是否经过药品监督管理部门核准 设施设备是否正常运转	
5	门店购进	药品是否由总部配送，零售门店购进、验收凭证是否齐全	
6	陈列储存	陈列、储存场所的温湿度是否符合药品储存的要求 药品与非药品、处方药与非处方药、内服药与外用药是否分开存放 标识是否齐全，与所放药品是否一致 药品经营许可证、营业执照、GSP证书，药学技术人员岗位监督公示牌等悬挂是否醒目 企业是否有租赁柜台的现象	
7	销售	是否按照《药品经营许可证》许可的经营范围、方式销售药品 销售凭证是否齐全，内容是否完整 处方药是否凭处方销售 广告宣传是否合法 是否违规销售药品	
被检查人意见及签字：		年　月　日	
检查人员签字：		年　月　日	

注：总部检查1－4项；门店检查1、5、6、7项。

（三）药品零售企业的检查

1. 主体资格

药品零售企业主体资格的检查同药品批发企业。

2. 人员

对药品零售企业人员的要求各省、自治区、直辖市不尽相同，根据《药品经营许可证管理办法》第六条的规定，开办药品零售企业验收实施标准，由各省、自治区、直辖市药品监督管理部门依据本办法和《药品经营质量管理规范》的有关内容组织制定，并报国家食品药品监督管理局备案。由此可以看出，对药品零售企业人员的要求，不得低于《药品经营质量管理规范》的要求，现将《药品经营质量管理规范》及其实施细则对人员的要求简要整理如下：

（1）企业法定代表人或者企业负责人应当具备执业药师资格；

（2）企业负责处方审核人员应当具备执业药师资格；

（3）质量管理、验收、采购人员应当具有药学或者医学、生物、化学等相关专业学历或者具有药学专业技术职称。从事中药饮片质量管理、验收、采购人员应当具有中药学中专以上学历或者具有中药学专业初级以上专业技术职称。各岗位人员应在职在岗，不得在其他企业兼职。

（4）营业员应当具有高中以上文化程度或者符合省级药品监督管理部门规定的条件。中药饮片调剂人员应当具有中药学中专以上学历或者具备中药调剂员资格。

（5）企业各岗位人员应接受岗前培训和继续培训，直接接触药品岗位的人员应当进行岗前及年度健康检查，并建立健康档案。

（6）企业提供的人员的职称、学历、执业资格，培训、健康检查的证明材料，是否真实、合法、有效。

3. 购进

对药品零售企业药品的购进与验收的检查详见药品批发企业。

4. 陈列与储存

（1）温湿度　陈列、储存场所的温湿度是否符合药品储存的要求。常温为0～30℃，阴凉0～20℃，冷藏2～10℃；相对湿度35%～75%。药品是否按温、湿度要求储存于相应的场所。温湿度记录是否齐全、真实。

（2）分类与标识　药品与非药品、处方药与非处方药、内服药与外用药是否分开存放；中药材、中药饮片以及危险品等是否与其他药品分开存放。拆零药品是否放于拆零专柜。特殊管理药品是否专柜存放。

上述标识是否齐全，与所放药品是否一致。

（3）证照悬挂　企业应在营业店堂内的醒目位置悬挂药品经营许可证、营业执照、

GSP证书，设置药学技术人员岗位监督公示牌（贴有半身免冠照片、姓名、职务、岗位、专业技术职称及执业资格等内容），公布当地药监部门的举报电话，设置意见簿等。

（4）注意事项　企业是否有租赁柜台的现象。

5. 销售

（1）许可范围　是否按照《药品经营许可证》许可的经营范围、方式销售药品。

（2）销售凭证　销售凭证是否齐全，内容是否完整，《药品流通监督管理办法》第十一条第二款规定：“药品零售企业销售药品时，应当开具标明药品名称、生产厂商、数量、价格、批号等内容的销售凭证。”

（3）处方药　药品零售企业应当按照国家药品监督管理部门药品分类管理规定的要求，凭处方销售处方药。

知识链接

禁止零售和必须凭处方购买的药品

国家食品药品监督管理局《关于做好处方药与非处方药分类管理实施工作的通知》（国食药监安［2005］409号）中规定，从2006年1月1日起，药品分类管理工作必须达到以下要求：（一）麻醉药品、放射性药品、一类精神药品、终止妊娠药品、蛋白同化制剂、肽类激素（胰岛素除外）、药品类易制毒化学品、疫苗、以及我国法律法规规定的其他药品零售企业不得经营的药品，在全国范围内药品零售企业不得经营。（二）注射剂、医疗用毒性药品、二类精神药品、上述（一）以外其他按兴奋剂管理的药品、精神障碍治疗药（抗精神病、抗焦虑、抗躁狂、抗抑郁药）、抗病毒药（逆转录酶抑制剂和蛋白酶抑制剂）、肿瘤治疗药、含麻醉药品的复方口服溶液和曲马多制剂、未列入非处方药目录的抗菌药和激素、以及我局公布的其他必须凭处方销售的药品，在全国范围内做到凭处方销售。

（4）广告宣传　药品营销宣传应严格执行国家有关广告管理的法律、法规，宣传的内容必须以国家药品监督管理部门批准的药品说明书为准。

（5）禁止零售的方式　①不得以展示会、博览会、交易会、订货会、产品宣传会等方式现货销售药品；②不得以搭售、买药品赠药品、买商品赠药品等方式向公众赠送处方药或者甲类非处方药；③不得采用邮售、互联网交易等方式直接向公众销售处方药。

药品零售企业现场检查要点一览表

被检查单位：　　　　　　　　　　　　　　　　　　　　　　　年　月　日

序号	检查项目	检查要点	检查结果记录
1	经营资格	药品经营许可证、营业执照、GSP 认证证书是否齐全、真实、合法、有效 许可的内容与实际是否一致	
2	人员	企业法定代表人或者企业负责人是否执业药师；企业负责处方审核人员是否执业药师 质量管理、验收、采购人员是否具有药学或者医学、生物、化学等相关专业学历或者具有药学专业技术职称。从事中药饮片质量管理、验收、采购人员是否具有中药学中专以上学历或者具有中药学专业初级以上专业技术职称 各岗位人员是否在职在岗 营业员是否具有高中以上文化程度或者符合省级药品监督管理部门规定的条件。中药饮片调剂人员是否具有中药学中专以上学历或者具备中药调剂员资格 各岗位人员是否接受岗前培训和继续培训，直接接触药品岗位的人员是否进行岗前及年度健康检查	
3	购进	供货单位资格：许可证、营业执照、认证证书 销售人员：授权书、身份证复印件 药品合格证明和其他标识 购进票据是否合法 购进、验收记录是否真实、完整	
4	陈列储存	陈列、储存场所的温湿度是否符合药品储存的要求 药品与非药品、处方药与非处方药、内服药与外用药是否分开存放 标识是否齐全，与所放药品是否一致 药品经营许可证、营业执照、GSP 证书，药学技术人员岗位监督公示牌等悬挂是否醒目 企业是否有租赁柜台的现象 设施设备是否正常运转	
5	销售	是否按照《药品经营许可证》许可的经营范围、方式销售药品 销售凭证是否齐全，内容是否完整 处方药是否凭处方销售 广告宣传是否合法 是否违规销售药品	
被检查人意见及签字：　　　　　　　　　　　　　年　月　日			
检查人员签字：　　　　　　　　　　　　　　　　年　月　日			

思考题

1. 简述药品批发企业的现场检查要点?
2. 如何对药品批发企业的药品购进环节进行检查?
3. 如何对药品批发企业的药品销售环节进行检查?

第四节 药品经营违法行为及行政法律责任

一、概述

药品流通违法行为是指药品经营企业违反药品监督管理法律、法规和规章的规定，应当承担的法律责任的行为。法律责任一般包括行政法律责任、刑事法律责任和民事法律责任。行政法律责任，根据违法主体的不同，分为行政主体的责任、公务员或行政管理人的责任以及行政管理相对人的责任。本章所说的行政法律责任，是指药品监督管理部门对实施违法行为的药品经营企业所给予的行政处罚。为便于执法人员学习掌握，将药品经营企业违法行为分成违反药品管理法及其实施条例、违反药品流通监管两个方面进行分析、归纳和总结。

二、行政责任归责原则

法律责任的归责原则是依法对行为人的法律责任进行判断、确认、追究以及免除时，应该遵循的基本准则。归责原则体现了立法者的价值取向，是责任立法的指导方针，也是指导法律适用的基本原则。法律责任有民事责任、刑事责任和行政责任，就其归责原则来说，主要有以下几种：

（1）过错责任原则。当事人因过错造成违法的，就要承担违法的法律责任。没有过错，就不承担法律责任。

（2）无过错责任原则。当事人违法，但没有过错，法律规定承担责任的，其也要承担违法责任，这就是无过错责任原则。

（3）违法责任原则。它是客观归责原则，不再关注当事人的主观心理状态，而只关注行为本身，只要行为违法就应承担法律规定的责任。

药品行政责任归责原则是要解决行政相对人在何种情况下应追究行政法律责任的问题。一般以当事人的行为客观上是否违反药品行政管理秩序（违法）为主要依据，采用违法责任原则。主要原因，一是符合我国药品监管的实情。目前，我国从事药品监督检查的执法人员相对较少，监督检查的水平、能力和工作的力度、手段不能满足当前药品监管形势和任务的需要；药品经营企业“点多、面广、量大”，呈现“低、小、散”的分布状态，从业人员素质偏低，违法行为时有发生；基层药监部门办案数量多、工作任务重，很多案件需要当场处罚和及时处罚，办案时若像刑事案件、民事案件那样过分追求主观方面，增加了办案难度，制约了行政效率，不能充分发挥监管资源的作用；违法责任原则与行政诉讼中的合法性审查原则和我国提倡的行政法治原则相和谐一致。二是符合世界上法制的发展方向。

虽然，药品行政责任归责原则采用违法责任原则，只要违法就应承担法律规定的责任，但在具体适用时必须与违法行为的事实、性质、情节以及社会危害程度相当。作为药品监督管理部门及其执法人员，应当依据药品监督管理法律、法规和规章的规定，以事实为依据，以法律为准绳，正确行使职权，既保护当事人的合法权益，又维护法律的尊严。

知识链接

关于行政处罚从重、从轻、减轻的法律规定

《药品管理法实施条例》第七十九条 违反《药品管理法》和本条例的规定，有下列行为之一的，由药品监督管理部门在《药品管理法》和本条例规定的处罚幅度内从重处罚：

（一）以麻醉药品、精神药品、医疗用毒性药品、放射性药品冒充其他药品，或者以其他药品冒充上述药品的；

（二）生产、销售以孕产妇、婴幼儿及儿童为主要使用对象的假药、劣药的；

（三）生产、销售的生物制品、血液制品属于假药、劣药的；

（四）生产、销售、使用假药、劣药，造成人员伤害后果的；

（五）生产、销售、使用假药、劣药，经处理后重犯的；

（六）拒绝、逃避监督检查，或者伪造、销毁、隐匿有关证据材料的，或者擅自动用查封、扣押物品的。

第八十一条 药品经营企业、医疗机构未违反《药品管理法》和本条例的有关规定，并有充分证据证明其不知道所销售或者使用的药品是假药、劣药的，应当没收其销售或者使用的假药、劣药和违法所得；但是，可以免除其他行政处罚。

《行政处罚法》第二十七条 当事人有下列情形之一的，应当依法从轻或者减轻行政处罚：

（一）主动消除或者减轻违法行为危害后果的；

（二）受他人胁迫有违法行为的；

（三）配合行政机关查处违法行为有立功表现的；

（四）其他依法从轻或者减轻行政处罚的。

违法行为轻微并及时纠正，没有造成危害后果的，不予行政处罚。

三、药品经营违法行为的主要类型及法律责任

（一）违反《药品管理法》及其实施条例的行为及法律责任

药品管理法是药品管理的法律依据，是我们从事药品监管的根本性、基础性法律。药品管理法实施条例对药品管理法进行了必要的补充，其规定的内容更具有针对性和可操作性。为便于基层药品监督管理部门的执法人员，掌握和使用《药品管理法》及

其实施条例规定的流通环节法律责任，见表8－1。

表8－1 违反《药品管理法》及其实施条例的行为及法律责任

序号	违法行为	违反条款	法律责任
1	无证经营药品的	《药品管理法》第14条第1款	《药品管理法》第73条 依法予以取缔，1. 没收违法销售的药品和违法所得；2. 并处违法销售的药品货值金额二倍以上五倍以下的罚款；3. 构成犯罪的，依法追究刑事责任
2	销售假药的	《药品管理法》第48条第1款	《药品管理法》74条 没收违法销售的药品和违法所得，并处违法销售药品货值金额2倍以上5倍以下的罚款；并责令停产、停业整顿；情节严重的，吊销《药品经营许可证》；构成犯罪的，依法追究刑事责任
3	销售劣药的	《药品管理法》第49条第1款	《药品管理法》75条 没收违法销售的药品和违法所得，并处违法销售药品货值金额1倍以上3倍以下的罚款；情节严重的，责令停产、停业整顿或者吊销《药品经营许可证》；构成犯罪的，依法追究刑事责任
4	未按规定实施GSP的	《药品管理法》第16条	《药品管理法》第79条 给予警告，责令限期改正；逾期不改的，责令停产、停业整顿，并处5千元以上2万元以下罚款；情节严重的，吊销《药品经营许可证》
5	从无证单位购进药品的	《药品管理法》第34条	《药品管理法》第80条 责令改正，没收违法购进的药品，并处违法购进药品货值金额2倍以上5倍以下的罚款；有违法所得的，没收违法所得；情节严重的，吊销《药品经营许可证》
6	骗取《药品经营许可证》的	《药品管理法》第14条第1款	《药品管理法》第83条 吊销《药品经营许可证》，5年内不受理其申请，并处1万元以上3万元以下罚款
7	未在规定时间内通过GSP认证的	《药品管理法实施条例》第13条	《药品管理法实施条例》第63条第2项、 《药品管理法》第79条规定，给予警告，责令限期改正；逾期不改的，责令停产、停业整顿，并处5千元以上2万元以下罚款；情节严重的，吊销《药品经营许可证》
8	擅自在城乡集市贸易市场设点销售药品的	《药品管理法实施条例》第18条	《药品管理法实施条例》第65条、药品管理法》第73条规定处罚： 依法予以取缔，1. 没收违法销售的药品和违法所得；2. 并处违法销售的药品货值金额二倍以上五倍以下的罚款；3. 构成犯罪的，依法追究刑事责任
9	药品包装标识不符合规定	《药品管理法实施条例》第46条	《药品管理法实施条例》第73条，《药品管理法》第86条的规定给予处罚，除依法应当按照假药、劣药论处的外，责令改正，给予警告
10	擅自变更药品经营许可事项的	《药品管理法实施条例》第16条	《药品管理法实施条例》第74条 由原发证部门给予警告，责令限期补办变更登记手续；逾期不补办的，宣布其《药品经营许可证》无效；仍从事药品经营活动的，依据《药品管理法》第73条规定处罚

（三）违反《药品流通监督管理办法》的行为及法律责任

《药品流通监督管理办法》是对《药品管理法》及其实施条例的补充和完善。例如：对药品经营企业的办事机构、购销人员、销售凭证、冷链运输、购销行为及资料的提供、索取和留存以及无证经营药品情形等方面的规定。具有很强的针对性和可操作性。解决了药品流通中普遍存在，基层执法迫切需要，而上位法中没有明确规定的问题。违反《药品流通监督管理办法》的行为及法律责任见表 8－2。

表 8－2　违反《药品流通监督管理办法》的行为及法律责任一览表

<table>
<tr><th>序号</th><th>违法行为</th><th>违反条款</th><th>法律责任</th></tr>
<tr><td>1</td><td>企业未对其购销人员进行药品相关的法律、法规和专业知识培训，建立培训档案</td><td>第 6 条</td><td rowspan="3">第 30 条
责令限期改正，给予警告；逾期不改正的，处以 5 千元以上 2 万元以下的罚款</td></tr>
<tr><td>2</td><td>药品批发企业未开具内容完整的销售凭证</td><td>第 11 条第 1 款</td></tr>
<tr><td>3</td><td>未按照规定留存有关资料、销售凭证的</td><td>第 12 条</td></tr>
<tr><td>4</td><td>药品零售企业未开具
内容完整的销售凭证</td><td>第 11 条第 2 款</td><td>第 34 条
责令改正，给予警告；逾期不改正的，处以 500 元以下的罚款</td></tr>
<tr><td>5</td><td>未对药品销售人员加强管理，未对其销售行为作出具体规定</td><td>第 7 条</td><td>第 31 条
给予警告，责令限期改正</td></tr>
<tr><td>6</td><td>在药品监督管理部门核准的地址以外的场所现货销售药品的</td><td>第 8 条</td><td rowspan="3">第 32 条和《药品管理法》第 73 条的规定：
没收违法销售的药品和违法所得，并处违法销售的药品货值金额 2 倍以上 5 倍以下的罚款</td></tr>
<tr><td>7</td><td>企业以展示会、博览会、交易会、订货会、产品宣传会等方式现货销售药品的</td><td>第 15 条</td></tr>
<tr><td>8</td><td>擅自改变经营方式
和超范围经营药品的</td><td>第 17 条</td></tr>
<tr><td>9</td><td>在药品监督管理部门核准的地址以外的场所储存药品的</td><td>第 8 条</td><td>《药品管理法实施条例》第 74 条
给予警告，责令限期补办变更登记手续；逾期不补办的，宣布其《药品经营许可证》无效；仍从事药品经营活动的，依照《药品管理法》第 73 条的规定给予处罚</td></tr>
<tr><td>10</td><td>知道或者应当知道他人从事无证生产、经营药品行为，而为其提供药品的</td><td>第 13 条</td><td>第 35 条
给予警告，责令改正，并处 1 万元以下的罚款，情节严重的，处 1 万元以上 3 万元以下的罚款</td></tr>
</table>

续表

序号	违法行为	违反条款	法律责任
11	为他人以本企业的名义经营药品提供场所，或者资质证明文件，或者票据等便利条件的	第14条	第36条和《药品管理法》第82条没收违法所得，并处违法所得1倍以上3倍以下的罚款；没有违法所得的，处2万元以上10万元以下的罚款；情节严重的，并吊销其《药品经营许可证》；构成犯罪的，依法追究刑事责任
12	购进和销售医疗机构配制的制剂的	第16条	第37条和《药品管理法》第80条责令改正，没收违法购进的药品，并处违法购进药品货值金额二倍以上五倍以下的罚款；有违法所得的，没收违法所得；情节严重的，吊销《药品经营许可证》
13	药品零售企业未按照国家食品药品监督管理局药品分类管理规定的要求，凭处方销售处方药的	《药品流通监督管理办法》第18条第1款	第38条第1款：责令限期改正，给予警告；逾期不改正或者情节严重的，处以1000元以下的罚款
14	药品零售企业在执业药师或者其他依法经过资格认定的药学技术人员不在岗时销售处方药或者甲类非处方药的	第18条第2款	第38条第2款：责令限期改正，给予警告；逾期不改正的，处以1000元以下的罚款
15	药品批发企业未在药品说明书规定的低温、冷藏 条件下运输药品的	第19条	第39条第1款：给予警告，责令限期改正；逾期不改正的，处以5千元以上2万元以下的罚款；有关药品经依法确认属于假劣药品的，按照《药品管理法》有关规定予以处罚
16	药品批发企业未在药品说明书规定的低温、冷藏条件下储存药品的	第19条	第39条第2款和《药品管理法》第79条：给予警告，责令限期改正；逾期不改正的，责令停产、停业整顿，并处5千元以上2万元以下的罚款；情节严重的，吊销《药品经营许可证》；有关药品经依法确认属于假劣药品的，按照《药品管理法》有关规定予以处罚
17	以搭售、买药品赠药品、买商品赠药品等方式向公众赠送处方药或者甲类非处方药的	第20条	第40条 限期改正，给予警告；逾期不改正或者情节严重的，处以赠送药品货值金额2倍以下的罚款，但是最高不超过3万元
18	采用邮售、互联网交易等方式直接向公众销售处方药的	第21条	第42条 责令改正，给予警告；并处销售药品货值金额2倍以下的罚款，但是最高不超过3万元

续表

序号	违法行为	违反条款	法律责任
19	非法收购药品的	第22条	第43条和《药品管理法》第73条 依法予以取缔，1. 没收违法销售的药品和违法所得；2. 并处违法销售的药品货值金额2倍以上5倍以下的罚款；3. 构成犯罪的，依法追究刑事责任

注：未注明经营主体的，包括药品批发和零售企业

思考题

1. 药品行政法律责任归责原则？
2. 药品批发企业未在药品说明书规定的低温、冷藏条件下运输药品如何处理？
3. 药品经营企业为他人以本企业名义经营药品提供场所和票据如何处理？
4. 药品零售企业非法收购药品如何处理？
5. 药品零售企业不进行GSP认证如何处理？

学习小结

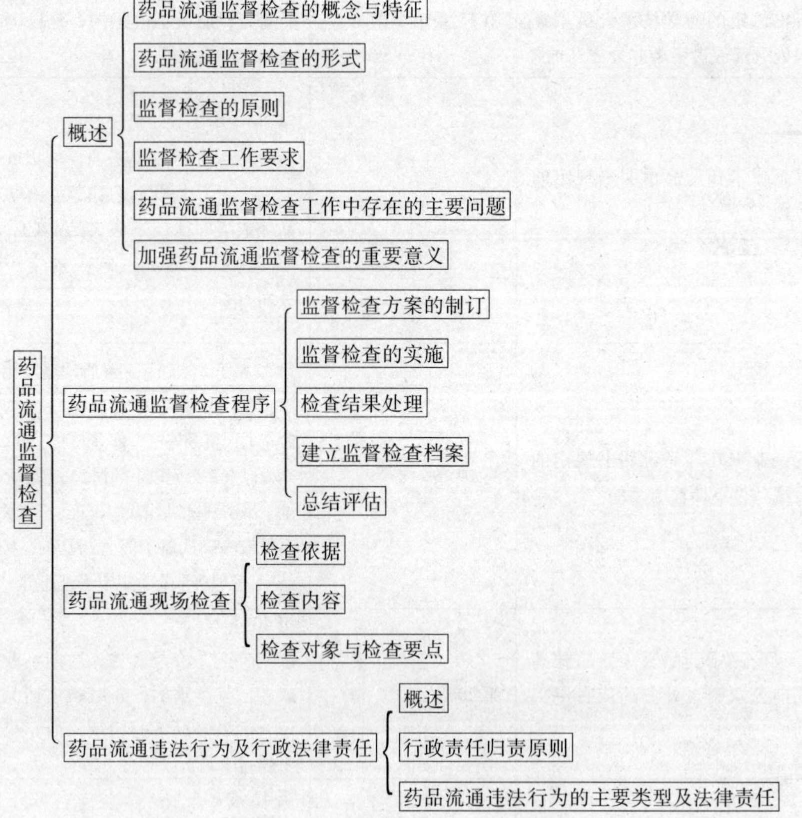

（常立照　王春玲）